なぜ、あなたがリーダーなのか［新版］

本物は「自分らしさ」を武器にする

ロブ・ゴーフィー｜ガレス・ジョーンズ＝著
アーサー・ディ・リトル・ジャパン＝訳

Why Should Anyone Be Led by You?
What It Takes to Be an Authentic Leader

英治出版

日本語版　訳者まえがき

まず、少し考えてみていただきたい。

あなたの「自分らしさ」は何でしょうか？
他人が笑って許してくれる「欠点」はありますか？
集団にとけ込むのは得意ですか？
他人の微妙な態度の変化に敏感ですか？
まわりの人たちそれぞれの夢を知っていますか？

……いずれも、リーダーシップに深く関係する、と言ったら、驚かれるだろうか。
この本を手に取られたあなたは、自らのリーダーシップを磨こうと努力しておられる方、将来よきリーダーになる意欲をお持ちの方、あるいは、今の上司の振る舞いに疑問をお感じの方かもしれない。そして本書はまさに、そんな方々を対象としている。

「なぜ、あなたがリーダーなのか?」

本書は、ハーバード・ビジネス・レビュー誌に掲載され、最優秀賞に輝いた論文、「Why Should Anyone Be Led By You?」に礎をなす。

この論文、そして本書が高く評価されたのはなぜか。

それは、ともすれば見過ごされがちだった、リーダーシップの「本質」にあらためて光を当てるものだったからだ。参考とすべき理想のリーダーの姿や条件の提示に留まるものではなかった。さらに踏みこんで、自分ならではのリーダーシップを開花させるために、「一人ひとりが自分の頭で考えるべきこと」を突きつけるものだったからだ。

初版を刊行し、それから一〇年が過ぎた。

リーマンショックに端を発した不況が世界を覆ったとき、皆が生き残りをかけてもがいた。そしてその混乱が過去のものとなりあらわれた世の中は、かつてないほどの不安定さをはらんでいる。

これほどまでに、将来に不透明さを感じたことがあっただろうか。

今後、自らの会社や仕事が、安泰であり続けると思える人がどれだけいるだろうか。

今後、自らの生活や人生が、よりよくなっていくと思える人がどれだけいるだろうか。

先進国は需要不足にあえぎ、新興国は輝きを失っている。余ったカネは迷走し、世界中に投機とひずみを生んでいる。各地でテロが頻発し、それを防ぐ有効な手段も見出せない。国家間のつばぜりあいも、安易なポピュリズムの勃興の中できな臭さを増している。

日本国内を見ても、これまで多くの企業を養ってきた内需の縮小が、はっきりと感じられるようになってきた。国家の財政も維持が危ぶまれる水準にあり、成長を底上げする妙案があるようにもみえない。大きな企業があっという間に足をすくわれ、地域経済もそれを支える中小企業とともに疲弊している。

一〇年後も好調と言い切れる会社が、はたして思い浮かぶだろうか?

あなたを取り巻いている環境は、はたして今後好転していくだろうか?

皆を率いて状況を打破し、周りに好ましい変化をもたらす「本物のリーダー」への期待は、かつてよりはるかに高まっている。そして、その役割を自らが担いたい、という志を胸に秘めた方々も少なくないはずだ。

では、リーダーシップをどう学び、身につけ、発揮すればよいのか。

巷には、さまざまな情報があふれている。リーダーシップの研鑽を促すような、書籍やトレーニングも無数に存在している。

だが、冷静に考えよう。

理想のリーダー像をいくら見聞きし真似たとしても、それでこと足りるだろうか。

たとえば、上司が突然、どこかで学んできたらしい「リーダーの極意」などを駆使しだしたとき、あなたは「ついていきたい」と素直に思えるだろうか。

情報が簡単に手に入る現代、われわれは何かにつけて外部に知を求めがちだ。自分で考えを深めることなく、次から次へと情報を得ることに終始してしまうおそれすらある。

本書が求めるものは、これとは正反対の行為――「自らに問う」ことだ。

学びは個々人の内面にこそある。本書は、そういう気づきを促す問いに満ちている。通読すれば、「自分ならではのリーダーシップ」を発揮するための道筋を、これまでにないリアリティを持って感じ取れるはずだ。

われわれ訳者一同も、自問自答と自省を繰りかえしながら本書に取り組んだ。

読者の皆さんも、ぜひ、まっすぐ向きあってほしい。

「なぜ、あなたがリーダーなのか?」

二〇一六年九月

原田裕介（アーサー・ディ・リトル・ジャパン　マネージングパートナー、日本代表）
松岡慎一郎（元アーサー・ディ・リトル・ジャパン　プリンシパル）

なぜ、あなたがリーダーなのか【新版】

本物は「自分らしさ」を武器にする

Why Should Anyone Be Led by You?

by Rob Goffee and Gareth Jones

Published by arrangement with
Harvard Business Review Press, Watertown, Massachusetts
through Tuttle-Mori Agency, Inc., Tokyo

なぜ、あなたがリーダーなのか◆目次

※原注は番号を振って巻末に記載
※登場人物の所属・肩書は原書の前版
（二〇〇六年発行）執筆当時のもの

自らを捧げ
組織を導かんとする人へ

新版への序文

本書の初版が発行されて以来、私たちの世界はいくつかの衝撃的な出来事に見舞われた。なかでも二〇〇八年に起こった金融危機は、一九二九年の世界恐慌以降、資本主義にとって最大の危機であった。リーマン・ブラザーズの破綻が引き起こした金融市場の混乱は、世界経済全体を脅かした。あらゆる規模の企業が多大な影響を受け、公的セクターも無傷ではいられなかった。地政学上の影響も著しかった。この原稿を執筆しているときでさえ、中東情勢は明日どうなるかわからず、長期的な見通しも立たない。ヨーロッパにおいては、ロシアは領土拡張の野心を再び露わにし、EUは断片化の危機に陥っている。

これらの劇的な変化は、「なぜ、あなたがリーダーなのか？」という問いと、どんな関わりがあるだろうか。私たちの答えは明快で、今こそ本物のリーダーシップが求められている、というものだ。近年のグローバル金融危機が経済史に刻まれるとき、大恐慌の再来を食い止めたのは、大西洋の両岸に現れた一部の政治家たちの勇敢なリーダーシップであることを理解するだろう。すでにビジネスの世界では、持続的な成長とイノベーションを実現すべく、偉大なリーダーたちが動きはじめた。世界は偉大な組織とリーダーを、かつてないほど必要としている。ヨーロッパと中東の状況を鑑みても、不安定な状況を前向きな方向に変えることのできる、勇敢でヴィジョンを持ったリーダーの出現を、私たちは待ちわびているのだ。

このことから、本書のキーメッセージは現在においても有効だと、私たちは確信している。実は、知識経済の出現によって、リーダーシップの実践はより重要なものになった一方で、より困難なものにもなった。知識経済の賢い住人は、ほとんどの人がリーダーになろうとしない。そのうえ、誰かに導かれるのもよしとしない！　個人のやりたいことや流行を追いかけたいから、放っておいてほしいのだ。しかし、うまく導かれれば、驚くほどの生産性の向上を見せる。この問題については、私たちの前著『クレバー――賢くてクリエイティブな人々を導くリーダーシップ』（*Clever: Leading Your Smartest, Most Creative People*）で述べている。

客観的に見て、本書における「本物《オーセンティック》のリーダーシップ」という考え方は、いまでは目新しいものではなくなっている、ということは認めるべきだろう。「本物であること（Authenticity）」は、ひとつの産業になってしまったという皮肉もあるかもしれない。しかし、私たちが本書でいう「本物であること」は、一般に言われるような意味とは、まったく異なるものであると確信している。「本物であること」とは、自らを取り巻く状況の中で、そして人と人との関係性の中で立ち現れてくるものなのだ。私たちの主張は、今も昔もこの定義から変わっていない。これこそ、スキルをそなえつつ「自分自身に忠実であれ」という本書の主題が意味するところなのだ。「本物であること」に関するほかの研究のほとんどが心理学的アプローチなのに対し、本書は社会学的な視点に根差している。

リーダーたちへのプレッシャーはますます高まっている。より限られた時間の中で、より速く状況判断を行わなければならない（本書の中で論じるスキルのひとつ「状況感知力」のことだ）。リーダーは、状況を読み、どうすればその状況を再定義できるか、ということを考える必要がある。そうしなければ、ソーシャルメディアが代わりに再定義することになるだろう。また、現代の組織はますます分散化し、バーチャルなチームによって構成されるようになっている。リーダーは想像力を働かせて「親近感」の構築に努めなければならない。新しいコミュニケーション方法によって、メンバーの文化的な違いを理解し、その違いから強みを引き出す必要がある。このような数々の変化は、本書で論じるリーダーシップ・スキルの重要性を弱めるどころか、ますます高めている。

これまで述べたようなスピードの加速化に対する懸念はあるものの、リーダーシップの開発は継続的なプロセスである、ということを私たちは本書で強調している。偉大なリーダーは、決して完成するものではない。私たち一人ひとりが、自分たちのリーダーシップ・スキルを定期的に見直し、刷新しなければならない。しかし、この作業は完全に個人の作業ではない。リーダーシップが関係性に根差すように、リーダーシップの開発自体も、他者との正直で本物の対話を通じてこそ、効果的に促進されるのだ。正直さは、多くの組織で不足している。

どうやって本物の職場や組織をつくるのかという課題については、私たちの新著『DREAM WORKPLACE（ドリーム・ワークプレイス）――だれもが「最高の自分」になれる組織をつくる』（英治出版）で論じている。

これまで、さまざまな組織で私たちのアイデアを伝えてきた。その結果、多くの人が、本物のリーダーシップについて、周りの人と正直な対話を持つことは可能なのだと認識するようになった。本書は、そのような対話を促進するような「問い」を提供することを目指している。

大きな問いは、まだ残っている。

「なぜ、あなたがリーダーなのか？」

序　章

なぜ、あなたが
リーダーなのか

Why Should Anyone Be Led by You?

「なぜ、あなたがリーダーなのか？」

世紀のかわり目、二〇〇〇年ごろに、われわれはこのシンプルな問いを起点に研究をはじめた。一見単純でありながら、そのインパクトは相当なものだった。われわれが世界各国でこの問いを投げかけた方々はもれなく、立ちすくんで言葉を失った。「自分には本当にリーダーの資格があるのか？」、また、「今率いている部下は、いったい自分について何を感じているのか？」。皆が深く考えこんだ。そして、面談の場は静寂に包まれていったのである。

一連の研究活動の中では、企業のみならず、その他の幅広い領域、たとえば教育機関、医療機関、プロスポーツチームなどの多数のリーダーたち（そしてリーダーに率いられるフォロワーたち）と議論を繰りかえしてきた。[1] なぜなら、つまるところリーダーシップは、あらゆる領域や場面で必要とされるからだ。

リーダーシップ研究が対象とすべきは、輝かしい経歴を持つ企業経営者たちだけではない。実際われわれは、大学の学生たちや現場の管理職との協業の中で、多くのことを学んできた。

先立って二〇〇〇年秋に、この命題を標題としてハーバード・ビジネス・レビュー誌に掲載した論文は、多くの反響を巻きおこした。

しかし、その後の取り組みは、一筋縄でいくものではなかった。興味深い示唆を見出したかと思えば、困惑してしまう新たな疑問を感じる。そんなことを繰りかえしながら、考察を深めてきた。

本研究は、冒頭に掲げた、たった一つの問いを起点としている。本書ではその成果のとりまとめを通じて、リーダーシップにまつわるさまざまな疑問やジレンマを考えていきたい。また同時に、皆さん各々がこれから自らに問い続けるべき、まったく新たな命題を提示したいと思う。

振りかえれば、われわれは二五年以上、リーダーシップの研究に取り組んできた。過去の関連研究をあらためて精査することはもちろん、クライアント先、また自分たち自身を対象としたフィールドワークにも精力をつぎこんできた。

われわれは一貫して、人々を奮い立たせる卓越したリーダーたち――人々の意識を、心を、魂をつかむことができるリーダーたち――に焦点をあててきた。マックス・ヴェーバーによる支配の三分類の概念を用いて語ろう。過去からの習慣に従う「伝統的支配」ではなく、また、規則によって律せられた「合法的支配」でもない。個人の資質に立脚した「カリスマ的支配」を見つめ続けてきた。

ビジネスを考えるとき、そんなリーダーシップをそなえた人材がいればすべてうまくいく、とは言い切れないかもしれない。しかしながら、優れたリーダーを有することはビジネス上、大きな価値を持つはずだ。事実、偉大な業績を振りかえってみたとき、あるいは身近な成功事例に目を向けたとき、魅力あるリーダーの存在を抜きに語れるものなど、ほとんど存在しないのではないだろうか。

ここで一点、留意点を掲げておきたい。

リーダーシップとは、その成果が問われるものだ。つまり、想像をはるかに超えるような成果を達成させるものこそ、偉大なリーダーシップである。

ただし、見誤ってはならない。リーダーシップは、最終的な成果のみで断じられるべきものではない。成果に至るまでの道のりを含めて考察されるべきものだ。これは、従来のリーダーシップ研究がしばしば見落としてきた重要な点だ。優れたリーダーは、最終的な成果を素晴らしいものにする。それは彼らが、「追求すべきものとして、皆の心に意義づけするからこそ」達成されるのだ。

広く世の中を考えてみたとき、リーダーシップがわれわれの生活に影響を与えることは、あらためて言うまでもない。仕事面でも精神面でも、あるいは政治でもスポーツでも。そしてもちろん、企業活動でも。

そのため、頼れるリーダーを求めるのは、ごく当然の意識だ。そして昨今、この意識はどんどん強まってきている。ただ役割をこなすだけのリーダーや、管理に汲々とするリーダーへの幻滅がいっそう深まりつつある西洋社会では、特に顕著だ。

頼れないリーダーを多く目にし、そのもとで自分がただ「働かされている」。そう人々が感じはじめている今、「本物」と信ずるに足る、本物のリーダーを求める社会的圧力はどんどん高まっているのだ。

「本物」の探求

「本物であること《オーセンティシティ》」が待ち望まれている兆しは、身の周りのさまざまなところにある。たとえば、編集・仕込み無しの「本物感」を売りにした、視聴者参加型のリアリティ・テレビ番組の流行がその一例だ（ジョージ・オーウェルが小説『一九八四年』の中で描いた、得体の知れない監視者に操られる管理社会も彷彿とさせる）。

　また、かつての古き良き時代の人々のつながりを、ノスタルジックに描き出したドラマも多く見かけるようになってきた。ロバート・パットナムが『孤独なボウリング』で描いた社会[2]。コミュニティが崩壊して人々が孤立感を抱く社会が、いよいよ到来したのだろう。人々が何かを、懐かしき過去に求めている証にも思える。

「本物」に関係するこうした動きは、より大きくは、人々の生き方や社会のあり方の変化にも根ざしている。

　現代社会を考えるとき、人間性が軽視されるようになってきた、あるいは、自分らしく生きることがむずかしくなってきた。そんな批評が多く聞かれる。

その背景には、世の中そのものの大きな変化が存在する。

まず一点目は、個人主義の行き過ぎだ。個人主義浸透の流れは、「自由」の拡大解釈を引きおこしてきた。そしてその核心には当然ながら、パラドックスが存在し続けてきた。皆が好き勝手に生きると、結果、個々人の自由は阻害されるのである。

個々人の自由選択の余地が増してきたことは誰も否定しないだろう。ただし、多くの識者が警告するように、度を過ぎた個人主義は、もともとこの言葉が意味として持つ「正当な自己表現」ではなく、「単なるワガママ」の発露に過ぎなくなるのだ。

個々人が自由を追求する前提には、しかるべき倫理的な価値観が社会全体で共有されていなければならない。しかし、個人主義の行き過ぎによって、この、いわば皆にとっての「本物」が、ないがしろにされはじめた。

エンロン、タイコ、ホリンガー・インターナショナル、そしてワールドコム。そんなスキャンダルが社会を揺るがし、この価値観をさらなる崩壊に導いた。

二点目は、近代社会で特徴的に見受けられるようになったものとしてヴェーバーが「技術的合理性」と称したモノの考え方だ。[3] いったん目標が決まれば、「そこにどれだけ近づけるか」だけを基準に、とるべき手段を選択する思考を指す。ここでは、手段の合理性のみが問われる。そのため、たとえば倫理性などは二の次におかれる。実際、問題が何であれ、単に「技術的に」理にかなった解決策であれば、常に存在するものだ。

これが度を過ぎると、ヴェーバーが近代資本主義の行きつく先として怒りをこめて予言した「鉄の檻」概念につながる。技術的に理にかなった手段のみが、あらゆる側面で追求されていく。すると、合理性のみに立脚して社会システム全体が形づくられていく。つまり、いずれ人は生まれながらにして、すべてがあらかじめ合理的に決定された「檻」と化した社会に「閉じこめられて」生きていかざるをえなくなるのだ。

そのような社会では、「働くこと」はもはや高尚ではありえない。自分自身の可能性を探り、それを発揮していくようなものではなくなる。むしろ、他の目的――たとえば家のローンを払ったり、ほしいブランド品を買ったり――を満たす手段に過ぎなくなるのだ。

そこでは、役員であろうが一般社員であろうが、システムを動かすための単なる投入資源となる。必要に応じて切り貼りされるだけの存在に堕するのだ。職場は自分らしさを発揮して活躍するような場ではなく、(合理的な)規則通りに動く単なる装置となる。

まるで、フランツ・カフカの小説が描く、不安と不条理が底辺に流れる世界にも似ている。西洋文化が生み出した、反体制主義のヒーローたちの長い系譜。その真逆の世界だ。たとえば、『モダン・タイムス』のチャーリー・チャップリンが、人が尊厳を失い機械のように働く社会に一石を投じ続けたような。また『キャッチ22』で爆撃手ヨサリアンが、集団的狂気にとらわれた軍隊から何とか逃げ出そうとしたような。あるいは『兵士シュヴェイクの冒険』でチェコ人の主人公が、第一次大戦中の帝国支配に抗い続けたような。そんな、自らがまるでモノのように扱われることへの抵抗からはほど遠い。世の中には、あきらめて今を受けいれる意識が広まりつつあるように見える。

三つ目は、一九世紀フランスの政治思想家、アレクシス・ド・トクヴィルが作品中で謳いあげた、「ソフトな」独裁だ。それなりの物質的・世俗的な要求さえ満たされていれば、人々がそれ以上は求めない世の中。つまり、衆愚をある程度満足させるような専制が幅をきかす社会を指す。[4] トクヴィルは、いわゆる市民社会の衰退を恐れた。世の中を、自分たちの手でより良くするような動きがなくなることを危惧した。人と人とのつながりや健全な議論のもととなる、良識的な少数意見がかき消されることを懸念したのだ。

このテーマは後に、デビッド・リースマンが『孤独な群衆』で取りあげている。周りの人々との社会的つながりを欠き、群集の中で自ら何をなすでもなく孤独にさいなまれる人たちの肖像だ。[5] 同様の懸念はパットナムの『孤独なボウリング』にも見出せる。[6] パットナムは、皆のために自ら一歩踏み出す傾向が薄れてきたことの証拠を、まさに山のように提示した。たとえば、ＰＴＡ会員の減少、公共の集会への出席者の減少、そしてもちろん、ボウリング人気にもかかわらず起こったボウリング連盟の瓦解などだ。

そんな時代の流れの中で、「本物」に焦点があたっている。なぜなら、本物――信じ続けられるもの、よって立てるもの――は、社会の混乱と混沌の反動として求められるからだ。今や、大きなうねりの中で、仕事環境も家庭環境も先行きに不安を抱えている。社会や政治のさまざまな動きは、劇的かつ悲劇的に世の中の混迷に輪をかけている。

これらの変化が速度を増すにつれ、人々はいっそう、物事の一貫性や生きる意義を見失いがちになる。そう、人々は、変調をきたし出した世の中の現状に対し、ますます猜疑と諦観の念を持つようになっているのだ。

働く上での「本物であること」

多くの企業にとって、組織ミッションの明確化や、社員の帰属意識のてこ入れが喫緊の課題となってきている。その原因は、組織の団結力を維持していたさまざまな仕組みが弱体化してしまったことにある。かつての組織構造を特徴づけていた、綿密に設計された階層制、安定的なキャリアパス、明瞭だった組織の境界などは、いまや過去のものとなってしまった。

たとえば階層制は、昨今のスピード向上やコスト削減の重圧を受け、大半の企業において以前よりフラットなものとなった。留意すべきは、階層制は「単に組織構造上の仕組みではなかった」ことだ。むしろ階層制は「働く意義の源泉」だったことが重要である。順調にコツコツとやっていけば一五年目には部長補佐や現場監督者になれた、そしてそれで満足することができた、そんな時代はさほど遠い昔ではない。しかし、階層のフラット化が急速に進むにつれて、この観点からは働く意義を見出せなくなった。それゆえに人々はなおさら、リーダーシップを求める。優れたリーダーが、自らに新たな働く意義を示してくれることを願うのだ。[7]

同様に、キャリアの形が変わったことも大きい。つい先頃まで、（全員ではないとしても）多くの人々にとって、社内で比較的固定化されたキャリアを積んでいくことが、所属組織との暗黙の約束事だった。だがこれも、もはや過去のこととなった。かわりに、属する組織が自分の将来の見通しなど提供できるはずもないと見切りをつけること、そして「自分自身にとっての」チャンスを最大化すべく、個々人が能力を磨くことが当たり前になった。これは一面では自由を意味する。なぜなら、自らの職業人生を一人ひとりが主体的に設計することを指すからだ。ただし一面では、今所属している組織で働く意義を見失わせる、一つの大きな要因でもある。

さらに、組織の境界線が取りはらわれつつある。かつての企業活動の基本理論は、誰かが勝ち誰かが負ける完全市場で競争する「個別の企業組織」を前提としていた。しかしながら今日では、企業はサプライヤーや顧客、時には競合ともアライアンスを結ぶ。そして「会社こそわが命」の組織人たちにとっては、所属企業の「枠」へのこだわりが、キャリアの源泉というよりは、むしろトラブルの源泉となる。そんな世界になってしまった。明日何が起こるかわからないような、かつてないような曖昧な世の中になったことを、現実として受けいれなければならないのだ。[8]

最後に、エンロンなどにおける企業不祥事の頻発が、企業経営者への信頼をひどく傷つけたことも無視できない。もっとも、良い結果も一つだけある。世の中はついに、英雄のような経営者を無批判に礼賛する熱病を克服したのかもしれない。

そのためか、たとえば、いわば静かなリーダー（quiet leaders）への関心が高まっている。派手な行動で世の中を揺るがすようなリーダーではなく、あえて喧伝されることもないが、日々着実に意思決定を行い続けている（いえば中間管理職的な）リーダー。そんな人々こそが企業の成功を支えている、という主張だ。

しかし、これもやがてリーダーシップをめぐる袋小路に陥りかねない。われわれはそう考えている。なぜなら、人々が求めるのは「本物」のリーダーシップだからだ。騒がしいものであれ静かなものであれ、何かステレオタイプな表現で括れるような、人まねのリーダーシップではないからだ。

企業不祥事は、倫理観を喪失したリーダーシップが顕在化した結果だ。「世の中の経済システムは、それなりに機能している」という人々の淡い想いは、激しく踏みにじられた。「資本主義社会では、企業はさまざまなステークホルダーの利益を第一義として行動する」。そんな暗黙的な共通認識は、あっさり裏切られた。いまや、米国の政治経済の現状について、世界のあちこちで冷笑さえ広がっている始末だ。

企業の役員たちはもはや、この現実から逃れられない。

働くことの意義を、経営者として問われたとき、彼らはよくある決まり文句――株主価値の向上や顧客満足の追求など――を口にした。しかしこれらは、口先だけの言葉として、もはや疑いの目で見られるものにすらなってしまった。

一方、同様に働くことの意義を、家庭人として問われたとき、彼らはおそらく、仕事からのストレスの強さや、ギクシャクした家族との関係に苦労している現実を打ち明ける。つまり、働くことの意義を、プライベートの面からも見出せないのだ。

われわれは今、価値観の混乱という社会的病理に直面している。[9]

ヴェーバーの言う「世界の脱魔術化」なる不気味な予言。すなわち、人々が社会生活の中では生きる意義を見出しえなくなってしまう世界が、あたかも現実のものとなったかのように思える。[10]

すべてが、倫理観の空白をともないつつ現代社会に残された。人々は何によって立てばよいのか確信を持てずにいる。事実、注目すべき社会現象の一つは、信じられる何かを求めて苦しむ人々が帰依するカルト宗教の台頭である。

「本物」のリーダーシップを求める声は確実に存在し、そして高まってきている。伝統的な社会の仕組みが軋み、生きること・働くことの意義が見失われつつある今、その空白を埋められるのは、優れたリーダーシップをおいてほかにない。

なぜなら、それらの意義を見出すためには、何よりもまず明瞭な目標が必要となるからだ。そしてその明瞭さを提供するものこそが、リーダーシップだからだ。

それは、あらゆるところで求められている。「今のわが社で、何をおいても必要なのは優れたリーダーだ」。多くの企業経営者が、そう口にする。今周りにいるような「取り巻き」ではないのだ。より現場に近づけば、もっと自分たちを鼓舞するようなリーダーシップへの期待が渦まいている。あるいは、自分自身がそんなリーダーとなることへの強い願望がある。

そう、「本物」のリーダーシップこそ、今、最も求められている組織的・個人的な資質なのだ。

第1章

自分自身に忠実であれ

Be Yourself —More— with Skill

企業の役員や最前線のマネジャー、あるいは大学の学長や病院勤務の医師などに「どんな能力を伸ばしたいと思うか?」と尋ねると、その活動の場を問わず、きっと同じ答えがかえってくる。「もっと有能なリーダーになりたい」。自らのリーダーシップが、所属組織のパフォーマンス、ひいては自分自身のキャリアに大きく影響することは誰もが承知している。

同様に、さまざまな企業のCEOに「一番の悩みは何か?」と聞いたら、こんな答えがかえってくるだろう。「あらゆる場面でリーダー不足に直面している」

リーダーシップを切望する声は強いにもかかわらず、なぜリーダーは足りないのか。そこには、根源的な理由が二つ存在する。

一つ目は、組織としてリーダーを求めているとしても、往々にして当の組織自体が、そもそもリーダーシップの発揮を阻害する構造になっていることだ。

民間企業、中央官庁、非営利機関。およそ世の中の組織と呼ばれるものは、極言すれば多くの場合、「リーダーシップ破壊装置」でもある。なぜなら、環境変化への対応や業務目標の達成が強調されれば(そしてそれが「組織」なのだが)、おのずと担当者は自分らしさや自分ならではの課題認識を脇におかざるをえなくなるからだ。

つまり、リーダーたるべき人材がそもそも、自分の役割を「与えられたもの」と捉えがちになるのだ。受身の意識では、リーダーとしての溌剌とした活躍は期待しにくくなる。度を過ぎると、直属のリーダーが、そのさらに上層の誰かに操られているように見えはじめる。すると、そのもとで働く部下たちは幻滅を感じはじめる。結果、最も厄介な状態、日和見主義や傍観主義が芽生えてくるのだ。

もう一つの理由は、リーダーシップとはそもそも何かが、いまだ十分に解明されていないことだ。関連文献に古きから新しきまで目を通してみたものの、実際のところ、はっきりしないことがまだ相当に多い[1]。

リーダーシップの研究に取り組んできた先達を批判する気はまったくない。しかし、これまでの分析が（そしてわれわれもしばらく前まで）基づいていた前提や手法は、あるいは適切ではなかったのかもしれない。

たとえば、これまでのリーダーシップ研究はほとんどが、リーダーの「個性」に焦点を当ててきた。このスタンスは、大きな心理的バイアスだったようにも思う。

なぜなら、個性を前提とすれば、リーダーシップとは「個人が有する特性」となる。つまり、「他人に対して働きかけるための何か」になるのだ。われわれはそうではなく、「他人とともに物事を成し遂げるための何か」と捉え直すべきだと考えている。

つまり、リーダーシップを語る場合、「周囲の人々との関係性（リーダーと、リーダーが率いる皆との関わり）」をその前提に据えるべきなのだ。

個人としての特性を掘り下げる流れの中で、巷のさまざまな書籍は、「優秀なリーダーになるためのレシピ」のようなものを謳う。企業の役員たちは、良いリーダーの特性項目をリスト化した（いかにも当たり前な）チェックシートと逐次見比べられている。しかしこのような、何かあらかじめ決められたモデル――たとえば世界的に著名な人物――の複製を目指すアプローチは、そもそも失敗が運命づけられているようにも思える。一六〇億ドル以上の年商を達成する、ロシュの製薬事業を率いるＣＥＯ、ビル・バーンズの言葉を借りよう。

「みんながジャック・ウェルチになれるなんてありえないだろう？[2]

いつなんどきも当てはまるようなリーダーシップ特性、「これだけそなえればあなたも立派なリーダー」。そんなものは存在しない。あるリーダーにとって有効に働く特性が、必ずしも他のリーダーにとってもそうとは限らないのだ。

おかれた状況を自らがどう変えうるか。リーダーは、まずそれを考えなくてはならない。その上で、自分がそなえている――有効に働くであろう――資質を見出すこと。そして活かしていくことが鍵なのだ。[3]

もう一つ、われわれが従来の研究とは異なるスタンスで捉えている点がある。リーダーシップ開発は、まず自分自身の深い理解からはじまる。一般にそう捉えられている。そのため、内面的動機の分析や、こころの知能指数（EI: Emotional Intelligence）の考え方、より広義に捉えるならば精神分析的なアプローチが脚光を浴びている。[4]

こころの知能指数が「人生において」大切なことは間違いない。しかし、優れたリーダーたちとの議論でわれわれが感じたこと。それは、自分自身を完全に理解している、あるいは理解しようとしている人などいないという事実だ。彼らは、自分自身を「ある程度」認識している。自分がリーダーとしてどんな資質をそなえているかを、深くではなく、必要十分な程度に認識している。そして同時に、高邁な目的意識を胸に期しているのだ。

リーダーシップの必要性は声高に叫ばれている。しかし、組織構造はそれを封殺しがちで、リーダーシップそのものも十分には解明されていない。

では、

どうすれば優れたリーダーになれるのか？ あるいはどうすれば育てられるのか？

まず、リーダーシップに関わる、三つの原理原則をしっかりと認識しておきたい。いずれも、ともすれば看過されがちなものだ。

リーダーシップは状況に左右される

一つ目は、リーダーシップが状況に左右されること。リーダーに求められるものは、そのリーダーがおかれた環境に常に影響されるのだ。至極当然に響くかもしれない。しかし、巷のリーダーシップ論が案外軽視しがちな点だ。[5]

歴史を顧みても、一時は絶大なリーダーシップを発揮していた人物が、状況変化の中でその力を失った例は枚挙に暇がない。ウィンストン・チャーチルは、第二次大戦のさなか国民の精神的支柱であり続けた。しかし、その「ブルドッグ・スタイル」は戦後の英国再建にはまったく通用しなかった。米国大統領ジョージ・ブッシュ・シニアも、湾岸戦争直後には圧倒的な国民の支持を集めながら、翌年の選挙ではビル・クリントンの前に敗れさった。対照的にネルソン・マンデラは、大きく異なる環境の中でリーダーシップを発揮し続けてきた例だ。ロベン島の監獄から、きらびやかな南アフリカ大統領府へ。彼は、その変化に「適応」して、皆が戴くリーダーであり続けた。

企業についても同じことがいえる。たとえば、「経費節減の鬼」のような猛烈な再建型のマネジャーが、新事業の立ち上げとなるとリーダーシップを発揮できない。そんな場合だ。そしてそんなときは、より適性の高い人間が引き継いでいくものだ。

詳細は第4章で述べるが、現状を観察し理解する力、いわば「状況感知力」はリーダーシップの鍵だ。これは察する力・見極める力の両方を含む。

優れたリーダーは組織の重要な「兆し」を見逃さない。目の前のさまざまな事象の底流で何が起こっているのかを読む。さながら、組織の発する周波数に自分自身を合わせこむようなことができるのだ。

日々の打ち合わせや廊下での挨拶、エレベーターでの会話など、ちょっとした日常のやり取りのようなミクロな場面でも、「今回の買収はうまくいきそうか？」「パートナーとして信用するに足る相手か？」といった大きな戦略的意思決定のようなマクロな場面でも、あらゆるシーンでこの能力を発揮する。その上で、自分自身の持てる能力、リーダーとしての資質を意識的に活用しながら、「状況に即して」行動をとるのだ。

リーダーシップのありようは時と場合によりけり。そう言い放つつもりはない。

リーダーがおかれている状況こそが出発点である。あくまでもそれが主張だ。そしてその上で、

「状況を変えること」

リーダーが果たすべきことをシンプルに表現すれば、そうなる。

リーダーはまず、状況を把握し、背景にあるコンテクスト――陰に絡みあうさまざまな要因――を見極める。そして、これらの要因への働きかけを通じて、現状を打破していく。自らが持つ資質を、この一連の流れの中で十分に活かしきる。そんな人物こそが、優れたリーダーなのだ。

また、一点重要なポイントを付記しておきたい。状況を変えていく方向性は、「リーダー自身のため」であってはならない。本物のリーダーシップは、「自分が率いるフォロワーのための」変革を求める。そしてこれこそが、リーダーとフォロワーの信頼を形づくるのだ。

リーダーシップは肩書きを問わない

二つ目は、リーダーシップは組織内の序列とは直接関係しないことだ。振りかえるとこれまでの研究は、組織の長に過度に着目する傾向があったように思う。思いきった表現を使うなら、序列が高い人間をついついリーダーと捉えてしまう「勘違い」こそが、リーダーシップ解明の上での最も大きな障害だったのだ。

組織内の地位とリーダーシップにつながり（たとえば予算権限など）があるのは確かだ。しかしそれは、いわば決めごとの域を出るものではない。チームリーダー・部門長・統括責任者などの肩書きは、確かにヒエラルキー上の権限を伴う。しかしそのことと、その人物が良いリーダーであることとは直結しない。いわゆる肩書きというものは、リーダーシップを考える上で、必要条件でも十分条件でもない。

実際のところ、規模の大きな（往々にして政治的な）組織でトップに上り詰めるための資質は、必ずしもリーダーシップに関係するものばかりではない。ともすれば、政治的な立ち回りのうまさや個人的な野心、あるいは業務への慣れや、時にはコネなど、さまざまなことが絡みあうのが実情ではないだろうか。

繰りかえしになるが、リーダーシップとは限られた人たちだけのものではない。たとえばトップに上り詰めた人々に限られた話ではないのだ。優れた組織ではリーダーがいたる所に存在している。

研究をはじめた頃、米軍を対象に取りあげた。軍のような、極めて序列的・上意下達的な構造を持つ組織では、リーダーシップの開発は困難だろうと想定していた。しかし、実際はまったくそうではなかった。最も優れた軍事組織は、いざというとき、序列には頼れないことを看破していた。最初の迫撃砲が着弾した瞬間に、組織内での序列構造などというものは消え去るのだ。すなわち、軍にとって組織のあらゆるところでリーダーシップを育むことは文字通り「死活問題」として必須であり、実際彼らはその開発に極めて熱心なのだ。

リーダーシップは一握りの人たちに求められるものではない。それを示す、軍隊以外の例をあげよう。

ポルトガル最大のコングロマリットであるソナエは、ベニヤ板から通信、小売まで幅広く事業を展開している。詳細は後述するが、この企業の特徴は、徹底したパフォーマンスへのこだわりを全社員に求めることだ。平凡であること、凡人であることは許されない。彼らの企業理念も、「あなたはリーダーか、リーダー候補だ」と高々と謳っている。意味するところははっきりしている。「そのどちらでもないのなら、去れ」ということだ。

成功する組織は、たとえそれが病院でも慈善団体でも営利企業でも、常に組織内の、「序列や肩書きを問わない」広い範囲でのリーダーシップ構築を重視している。そして内部の人材に、リーダーシップ発揮の機会を提供し続けているのだ。

リーダーシップは関係性に根ざす

三つ目は、リーダーシップは他の人々とのつながりに立脚するということ。単純に考えて、他に誰もいないのならば、リーダーにはなりようがない。しかしこの原則は、以前のリーダーシップ研究では無視されていた。「個人的な特性」を追うあまり、リーダーシップが周りの人々との間に形づくられる関係性に根ざすことを見逃していたのだ。リーダーシップとは、リーダーとフォロワー（＝リーダー予備軍）との相互関係の中で、連綿と再生産され続ける。なんらかの望ましい個人特性をそなえてさえいれば優れたリーダー、ということではない。良いリーダーは、自らの周りの人たちとの複雑に入り組んだ関係を、積極的・双方向的に深化させていくのだ。

そしてこのような、複数の人たちとの心理的側面も含めた「網」は脆い。そのため継続的なメンテナンスを必要とする。[6] 成功した企業のCEO、プロスポーツの監督、よきチームリーダー、どんな人に話を聞いても確認できるだろう。彼らはおそらくこう言う。「リーダーとして腐心していること。それは、周りの皆との適切な関係を維持し続けることだ」

リーダーシップは人間関係に根ざす。ただしその関係性は、必ずしも調和的でなければならないわけではない。むしろ時には、ひどくとげとげしい方が望ましい場合もありうる。いずれにせよリーダーには、周りの皆といかなる関係性を構築すべきかの判断が求められる。

人々を鼓舞し続け、素晴らしい成果をあげさせ続ける。そのためには、どんな関係を築くべきか。それを見極めなければならないのだ。

リーダーシップを一般化して語ることなどとても無理。そう主張していると感じられたかもしれない。しかしながら、われわれはそうは思っていない。

優れたリーダーシップを形づくる基本的な要件は存在する。たとえば、本書の第8章でも詳しく述べるが、どんな部下でも、リーダーから鼓舞されたい・認められたいと思うものだ[7]。あるいは、自分自身よりも大きな何か——コミュニティと表現してもかまわない——に帰属したいとの意識を持つものだ。

ただし、何はさておき、もっとも重要なのは、リーダーが「正真正銘の」・「本物の」リーダーであることだ。そう、リーダーが「本物」であることはすべてに先立つ。これなしには、お互いを信頼しあって力をあわせることなどできはしない。

ではリーダーはどうやって、自分が「本物」であると証明すればよいのか。そしてどう部下はそのことを感じとるのか。本書ではこの点に、繰りかえし言及していく。

「おかれた状況や起こすべき行動がいかに異なっていても、優れたリーダーは自らの役割を、自分らしさを活かしながら果たしている」

まず本章の段階では、そう心に留めておいていただきたい。

「本物であること」とは

「本物であること《オーセンティシティ》」の概念は心理学や精神分析学で論じられてきた。その論考の多くは、果てしない自己発見のプロセスに焦点を当てている。[8] これらの研究からの示唆も踏まえながら、「本物のリーダー《オーセンティック》」を形づくる重要な要素を提示したい。

一つ目は、発言と行動が一致していることだ。自ら口にしたことは実行する、人に説いたことは実践するリーダーを、周りは「本物」と認める。逆に、自分では絶対やらないことを他人に求める行為などは、リーダーとしての正当性を著しく毀損する。

二つ目は、常に首尾一貫していることだ。リーダーは、異なるタイミングで、異なる相手に対し、異なる役割を演じる必要性に迫られたとしても、「根底に流れるものは変わらず同じである」と周りに感じさせ続けねばならない。この「揺るぎないもの」をもって、それぞれの意思決定を整合させ続けるのだ。

三つ目、最後の要素は、「自分らしくあること」だ。簡単ではない。ただし、この「自分らしさ」こそが、首尾一貫性を醸し出す上での礎でもあるのだ。

『コンサイス・オックスフォード・ディクショナリー』は、「本物である（Authentic）」ことを、「誰の目にも明らかな原点を持つもの」と定義する。[9] これこそフォロワーが求めるものだ。本物のリーダーには、揺るぎない原点に立脚した一連の行動こそが求められるのだ。

これら三つの要素のうち最初の二つについては、これまでも相応の注意が払われてきた。一つ目の要素について、ハーバード・ビジネススクールのクリス・アージリスが、「想いの公言と実践とのズレ」について記したのは何年も前だ。[10] 近年では、ジェフリー・フェファーが『知識と行動の矛盾論』で検討を行っている。[11] 二つ目の要素、首尾一貫性を保ち続けることについては、ウォレン・ベニスが繰りかえし詳細に取りあげている。[12]

三つ目の要素、個人としての原点と目指すべき目標をつなぐこととともいえる「自分らしくあること」については、リーダーシップ関連の研究ではほとんど論じられていない。むしろ社会学の領域で考察されてきたものだ。[13]

多くの研究者がさまざまな洞察を展開してきた。優れたリーダーとはどんな特性を有するのか。とくに昨今は、この点に相当な関心がはらわれている。[14]

ただし心に留めておくべきは、「リーダーとフォロワーの関係」に起点をおいた考察は、広く未開拓だということだ。人と人との社会的つながりのなかで、「本物のリーダーシップ」を語る議論は、これまでほとんど存在していないのが実情なのだ。

リーダーシップを切望する者にとって、これらすべては何を意味するのか。

より優れたリーダーになるためには、自分自身に忠実でなければならない――そしてその「自分らしさ」を磨き続けなければならない。

簡潔ながら、まずこう提起しておきたい。

自分らしくあること

本書の第1章は、「リーダーであるためには、自分自身に忠実でなければならない」ことをテーマに掲げる。部下は、人格を有する「人物」を求める。決して単なるヒトを求めているのではない。役割にしがみつくヒト、ただその地位にいるだけのヒト、役人的なヒト、ではないのだ。

このことから必然的に、あなたが率いようとする人々の脳裏にある問いは——口に出されるにせよ出されないにせよ——こうなる。

「あなたは他の人と何が違うのですか?」

言葉を換えよう。

「あなたについていくべきだ、とわたしたちに思わせるような、あなたならではの特別なものは何ですか?」

留意してほしい。リーダーにあまねく共通する何らかの特徴を見出そうとして（失敗して）きた、「個人の特性」議論に立ちかえるつもりはない。個人の特性に着目した研究が示す、特性項目とリーダーの出来不出来の相関は、強いとはいえないのが現状だ。「優れたリーダーは平均をやや上回るレベルの自信を持つ」。しばしばそんなことがいわれる。だが注意すべき点は、「やや」程度ということ。さらに踏みこめば、因果関係も不確定なことだ。自信を持っていたからリーダーになったというよりは、リーダーとしての成功体験を徐々に積んでいくことで自信がついてきた。そう捉えたほうが少なくとももっともらしい。実際のところ特性理論は、多大な努力にもかかわらず、いまだその根拠と有効性を立証するには至っていない。

われわれの見方は、リーダーに共通する何らかの特徴を求める特性理論とは正反対をなす。優れたリーダーは、役割を果たす上で役立ちうる「自分ならではの持ち味」を認識している。そしてそれらが「どんなものであれ」活用している。これがわれわれの主張だ。付け加えればこの持ち味は、「周囲に対して意味のあるもの」だ。

たとえば、ヴァージン・グループの総帥リチャード・ブランソンを考えてみてほしい。彼の見た目そのもの——カジュアルな服装、長い髪、あごひげ——は、彼のリーダーシップとヴァージン・ブランドの中核をなす、形式ばらないスタイルと反骨の精神を醸し出している。周りの皆を惹きつけるために、個人が持ち味をうまく使っている例だ。明瞭かつリアルで、しかも目に留まる。言い換えれば、メッセージ性が高く、かつ本物と感じられ、しかも(いわずとも)周りがそうと気づく。ポイントは個人個人の特徴ではない。自らが、年月をかけて磨き上げてきた持ち味。それを、周りの人々を高揚させうる「本物」として、いかに表現するかだ。

あるいはこの例を考えてみてほしい。われわれはニューヨークのオフィスビルの清掃責任者と出会った。彼女、マーシャはプエルトリコ系の米国人で、清掃チームのリーダーとして活躍している。あらゆる面で大袈裟な性格で、その言葉づかいや服装はかなりエキゾチックだ。

自分の出自を強く誇りとする一方、チームメンバーがそれぞれ持つような、異国の文化や特徴には興味を示さない。

しかしながら彼女には、（ニューヨーク流の）無作法さが身についている。そしてポイントは、「意識して」その流儀で振る舞っていることだ。彼女は痛烈なユーモアをぶっきらぼうに口にしてまわる。「汚らしい清掃屋に苦しみあれ！」。彼女たちの働きによってこのビルが清潔に保たれている事実。彼女はそのことを、オフィスで働いている人たちに知ってもらう・認めてもらうことに情熱を傾けている。だから、（見過ごされずに）気づかれるべくそうしているのだ。チームのメンバーはそんな姿を見るとき、いかに彼女が自分たちのこと、そしてキチンと仕事を行うことを気にかけているかを感じる。こうして、恵まれた労働環境とはいえない中、彼女はしっかりと成果を出し続けるチームを作り上げている。

自分の持ち味を十分に活かしているという観点で、リチャード・ブランソンとマーシャには通じるものがある。あらためて留意してほしい。自分の持ち味を活かせるかどうかは、完璧に（あるいは深く）自己を理解しているかどうかには依存しない。むしろ「自分らしさ」は、リーダーとしての役割を担って部下と接していく中で引き出され、実用に資するよう磨かれていくものだ。

そこにおそらく、自己「理解」と自己「認識」の差が存在する。時の流れの中で、彼らのようなリーダーは、何がうまく作用するのかを見出していく。そして、ある自分の持ち味が繰りかえし効果を生み出すなら、それがなぜ、どのように作用するかは必ずしも知らなくてよいのだ。実際、われわれの研究活動の中でも、そこまで分析的な自己理解にこだわるリーダーにはお目にかかったことがない。

続く第2章では、良いリーダーは自らの持ち味にいかにして気づき、活かすようになっていくのか、そして、それが部下にどうインパクトを与えるのかを考察する。

個々人の生い立ちを出発点に、連綿と築いてきたもの。たとえば性別や出生地、家庭環境や社会階層などの影響を色濃く受けた「自分自身の原点」に礎をおく、自分の歴史。

優れたリーダーは、周りの環境が著しく変化していく中にあっても、自分にとって無理なく心地よい「らしさ」を見失わない。そうして、現在おかれた状況を、自らが歩みをはじめた地点からの一連のつながりの中に、ゆとりをもって把握するのだ。

第3章では、リーダーとしての自分らしさの打ち出しが必然的に伴う、個人的なリスクテイク——弱さの暴露も含めて——を議論する。

リーダーに、あえて個人的リスクをとらせるものは何か。われわれは、確固たる目的意識だと考える。偉大なリーダーは皆、理想や夢、あるいはビジョンといったものを心から重視する。これらへのコミットメントが、逆境や個人的リスクをいとわず歩を進める原動力となる。自らの夢の追求に向け、巨大な個人的リスクをとった公民権運動のリーダーたち。たとえばマーティン・ルーサー・キング・ジュニアを思いおこしてほしい。

リーダーとして自分をさらせば必然的に、常にその強みと共に弱みも見せることになる。しかしそれは、リーダーとしての魅力を損なわせるものではない。強みの明示は確かにリーダーとしての正統性を高める。だが、弱みを打ち消しはしない。

そして、人格ある人物についていきたいという皆の願望は往々にして、リーダーのちょっとした短所を知ることでより満たされる。そう、完璧な人間に対しては、われわれは人間性を感じにくいものだ。逆説的ながら、自分の弱さを否定すれば、リーダーとしての権威は脆くなるのだ。

自らを取り巻く状況の中で

自分の持ち味を見出し、(弱みも含めて) 打ち出して活かす。その重要性を理解することが第一歩だが、それがすべてではない。残念ながらそれほど単純ではない。リーダーシップは、何もないところに独立して存在するのではない。リーダーは、「自らのおかれた状況を前提とした上で」自分らしくあらねばならない。つまり、リーダーには、取り巻く状況 (そしてその背景をなしている要因) を読みきること、そして状況を変えるべく対処することが求められるのだ。あらかじめ与えられた条件を利用しつつ、さらなる何かをもたらす。マネジメント用語でいうならば、価値を付加することといえる。

そのためには何が重要か。筋を通すことと、柔軟に対処すること。慣習を打ち破ることと、あえて妥協すること。本書の中盤では、これらを巧みに織りまぜる力について論じる。

第4章では、状況感知を考察する。リーダーは、誰かからの説明を受けなくとも、物事を察する力と見極める力を駆使して、今何がおこっているのかを示す「シグナル」を捉え続けなくてはならない。そうして、自らを取り巻く状況を正しく解釈するのだ。感覚を尖らせ、たとえばチームの士気のゆらぎや、現状に安住する気配を嗅ぎとることが求められるのだ。

生まれつきこの感覚をそなえた人々も存在する。しかし、このスキルは習得と研鑽が可能だ。有効な方法をいくつか例示しよう。

まずは、さまざまな経験に身をさらすことだ。たとえば、幼少期の家族での引っ越しなどもこの一例といえよう。異なる環境に身をおく（おかざるをえない）ことで、多様な文化やライフスタイルを理解する機会（と必要性）を得るのだ。[15] たとえば業務上でも、異なる業種や業務を経験することが、同様の幅の獲得につながりうる。実際、キャリアの初期に組織の隅で——典型的な例では販売員として、顧客が口には出さない心底の思いを必死に考えたような——経験をもつリーダーは多いものだ。

製薬業界に君臨するロシュ社の会長、フランツ・フーマーを例にあげよう。彼は、曖昧模糊とした中に本質的変化を見抜くことに長けている。洞察力の鋭い人でなければ見逃すにちがいない声なき声や、場のニュアンスを読みとれるのだ。フーマーはそのスキルを、二〇代半ばにツアーガイドとして数多くの団体を担当したことで養ったと語る。

「給料はなかった。チップだけだ。すぐに私は、団体のなかのどのグループに狙いを定めるべきか感じとれるようになった。ついには、どのグループからはどれだけ稼げるかを、一〇パーセント以内の誤差で予測できるようになった」

二つ目は、体験型学習だ。ファシリテーターの指導を受けながら、個々人にさまざまな場面を体験させるものだ。ビジネススクールでの対人スキル開発プログラムや、三六〇度評価などがこれにあたる。自らのおかれた状況と、自らが周りに与えている影響を理解する。いずれもその「感覚」を、まず他人からのフィードバックを得ることでつかませようとするものだ。

三つ目は、すでにエグゼクティブにはある程度浸透しているが、パーソナル・コーチを使うことだ。スタイルや方法論はさまざまだ。概して、馴染みのある状況やまったく経験したことのない状況下で自らのスキルを試し、その結果を見極める。このサイクルが強調されるものだ。ただし、こうしたコーチングの効果を体験する上で、別にエグゼクティブになるまで待つ必要はない。外部のコーチに優るのは良い同僚だ。ある大きなアウトレット・ストアの一フロアでリーダーとなった、まだ経験の浅いアフリカ系米国人女性の成長を観察したことがある。スタッフの大半が彼女より年上だったこともあり、当初はかなりひるんでいた。しかし、彼女は良いメンターとなる先輩を一人見つけ、丁寧で粘り強いガイドを受け続けた。そうして彼女は、部下の気持ちを汲み取り、奮い立たせるリーダーに育っていった。

些細なシグナルを感知すること。そしてその能力を身につけることは重要だ。ただし留意してほしい。ただ反応すればよいわけではない。優れたリーダーは、逆にシグナルを出しもする。つまり、現状の背景をなす要因を嗅ぎわけて問題を発見する一方、状況をよりよくするきっかけを生み出す。この点も含め、第4章で深く考察を行う。

第5章は、「状況にほどよく同調する」ことを論じる。極言すれば、どう妥協するかということに近い。リーダーとして自分らしさを押し出していくことは大切だ。しかし同時に、いつ、どこで、どれほど現状と折り合いをつければよいかも正しく判断できねばならない。この能力なしには、生き残ることも、周囲とのつながりを築くこともできない。表現をかえれば優秀なリーダーは、明瞭な目的意識とゆるぎない価値観を持つ一方で、妥協するべき時と場所も理解しているのだ。南アフリカのネルソン・マンデラ、紆余曲折はあれIRAの武装解除を決定した北アイルランドのジェリー・アダムス、中東和平交渉で活躍した上院議員ジョージ・ミッチェル。彼らは常にその政治的信条や目標を追い求め続けた。しかし同時に、ある程度の妥協もいとわなかった。それゆえに、周囲とのつながりを失わなかったのだ。

状況への同調を通じて、良いリーダーは周囲に馴染もうとする。見方をかえれば、組織の歯車をかみ合わせるために、あえて意識的にそうするのだ。周りの皆との距離をまず縮めるために、自分がその組織の文化に十分適合していることを示すのだ。さもなくば、リーダーは一人浮き上がり、ただ空回りすることとなる。

これは、いわゆる社会的現実性の概念に近い[16]。この感覚を身につけておくことは、周りの皆に「自分たちの」リーダーであると感じさせる上で極めて重要だ。リーダーシップの資質を持っていながら失敗する人々には、この社会的現実性の感覚の弱さが観察されることが極めて多い。

人と人との関係性に踏みこむ

自分の持ち味を見出し活かすこと、そして自らを取り巻く状況を鋭く捉えて対処していくこと。次にくるのは、リーダーとして「行動」することだ。本書の後半では、リーダーシップが周囲との関係性に根ざすことを踏まえて、絆を維持して皆を鼓舞し続けるためのスキルに焦点を当てる。

第6章では、距離感のコントロールを議論する。思いやりや愛情を持って歩み寄るべきとき。目標への集中やパフォーマンスの改善、ぬるま湯的な雰囲気に活を入れるために距離をおくべきとき。優れたリーダーがこれをどう判断し、行動しているのかを明らかにする。ことに重要なのは、優秀なリーダーは肩書きの力を借りなくても、突き放し気味の距離感をつくれる点だ。ここでの基本的概念は、もともと社会学者のゲオルク・ジンメルが前世紀に生み出した、「社会的距離」にその起源を有する。[17]

「自分が何者かをはっきりと示したとしても、それを周りが容易に類型化できない人物こそリーダーである」。周囲との社会的距離について考えていくと、このパラドックスにいたる。

感情をあらわにしたかと思えば、思慮深くなる。歩み寄ってきたかと思えば、突き放す。自分たちに似ているようで、異なっている。優れたリーダーは周囲の人々には、そのように映る。ゆえに周りの皆は、リーダーに何か得体の知れなさを感じる。[18]本章で詳述するが、優秀なリーダーは、まるでカメレオンのように自らの醸し出す雰囲気をかえるのだ。

第7章では、コミュニケーションを考察する。前述した社会的距離の意図的なコントロールを破綻なくやりとげるには、相当に熟達した意思疎通の力が必要となる。

良いリーダーは、自分自身を皆がどう見ているか・感じているかに細心の注意を払う。こう思われているだろうという思いこみや、いつも同じように見られているだろうという決め付けは、極めて危険だ。では、リーダーはどのように自分の想いを打ち出せば、周囲を感化しうるのか。また、どのように最適なコミュニケーション策を識別すべきか。これをこの章で描き出していく。

たとえば壇上のスピーチで最も輝くリーダーもいれば、膝をつき合わせた議論が得意なリーダーもいるだろう。良いリーダーとなるために、自分に合うコミュニケーションの形をいかに理解し、その使い方を見出すか。また、「組織のペースやリズム」をどう把握し、自らのリーダーシップに織りこむかも考えていく。

第8章では、リーダーシップの反対側にあるもの、フォロワーシップとでも呼ぶべきものを検討する。繰りかえしてきたように、リーダーシップは関係性に根ざす。よって、もう一方の側にいるフォロワーについて知ることも大切だ。

われわれは研究の過程で、部下がリーダーに何を求めるのかを考察してきた。得られた回答は実にさまざまだった。しかしそこには、一定の類似性が観察された。大まかに四つの括りでとりまとめよう。「本物」であること、認めてくれること、胸の高まりを呼びさましてくれること、つつみこんでくれることだ。良いリーダーであるために、これら四つは深く肝に銘じておかねばならない。

最後に本書のまとめとして、第9章を記した。ここでは、物事がうまくいかないようなとき——皆いつかきっと直面する——に何がおこりうるかに触れたい。また、リーダーに求められる倫理性についても、あらためて光を当てたい。

両極端をバランスする

読み進めるうちに、両極端にあるものをバランスさせる必要性が繰りかえし語られていることに気づかれるだろう。自らの強みを打ち出すことと、弱みをさらけ出すこと。自分らしさを押し通すことと、周りに同調すること。親密に歩み寄ることと、突き放して距離をとること。それをいかに巧みに達成できるかが、リーダーシップ発揮の核にある。三つのうち、一つか二つでは、真に人を動かすリーダーシップには足りない。

おかれた状況とさまざまなシグナルを鋭く感知しながら、リーダーはこれら両極の間をたゆたう。そうして、「しかるべきとき」に、「なすべきこと」を行っていくのだ。

じっくりと考えていただきたい。リーダーシップとは、複雑なものだ。辛さ・きつさを伴うものだ。自分が傷ついてしまうリスクにも満ちている。全員がリーダーになれるわけではないし、目指すべきでもない。

世の経営者を見渡したときでさえ、「本物」のリーダーシップを身につけていない人々を多く目にする。懐広く、自らの強さのみでなく弱さを受け止め、さらけ出す。周囲との折り合いをつけつつも、自分の持ち味を活かしきる。時に部下に限りなく近くあり、時に離れてある。そんなバランスなど、まったくとられていないケースもまれではない。自分の限界を忘れるどころか、自分の強みを過大評価してしまっている。そんな人々は、すぐ心に思い浮かぶものだ。特に企業の上層に近くなると、アピールしたい自らの強さを（さりげなく他者との比較のなかで）主張しようとする。

また、部下との親密な関係を築きあげたはよいが、そこから抜けられなくなっている人々も多い。仲間の一人に堕してしまったことが、リーダーとしての力を蝕んでしまったのだ。もちろん、逆の場合もある。関係をつくり損ねて、周りから浮きあがり、孤立しているリーダーだ。

素の自分をまっすぐ、まったく議論の余地のない形で部下に押しつけることを、リーダーたるものの振る舞いと信じている。そんな厄介なエグゼクティブも数多く目にしてきた。リーダーシップとは、カウボーイの格好をして、街に乗りこんで相手を撃ち抜くやり方で獲得しうるものではない。カウボーイにたとえるなら、できるリーダーならきっと、街の雰囲気を把握ししかるべく馴染み、人々の最善のために行動している自分を見せ続けるだろう。それゆえに彼らは、銃など放つことなく変化を導くのだ。

本当にリーダーになりたいのか？

ここまでに述べたすべてを身につけたとしよう。しかしまだそれでも、良いリーダーとしての十分条件は満たされていない。そう、「リーダーになりたいという強い想い」が求められるのだ。素晴らしい資質にあふれていても、そんな責任を背負いこむことに興味を示さない人々は多い[19]。仕事なんかによりも、プライベートな生活にたっぷり時間を割きたい人も大勢いるだろう。つまるところ、人生は仕事だけではないし、仕事はリーダーであることだけではないのだ。

何を優先するかは個々人で差がある。この点も、特に企業を対象としたリーダーシップ論考はしばしば見過ごす。皆を鼓舞して目標達成に邁進させるリーダーシップ。そのための、あふれるエネルギーや原動力、あるいは揺るぎない意志の力を、誰もがもっていると考えるのはナイーブにすぎる。

しかしながら一方で、すべての人がそれぞれに有する持ち味は、リーダーとしての役割を通じて開花させうるものでもある。

「本当に、リーダーになりたいのか？」

「本当に、リーダーとしての苦労や犠牲を背負いこむ覚悟があるのか？」

われわれ一人ひとりが、あらためて自らに問うてみなければならない。

創造性を育めない教育制度、自由には選びにくい仕事、さまざまな仕組みや決まりごと。「本物」のリーダーたろうとする情熱を、容赦なくすりつぶしかねない多くのことに囲まれて皆暮らしている。もし、これらの壁をすべて取り払えるならば、たくさんのリーダーが次々誕生することも夢想しやすいだろう。しかしそんな環境下でも、すべての人がリーダーになりたいと考えるわけではないはずだ。

優れたリーダーシップは、常に最高の成果をもたらす。そう期待するのもロマンチックにすぎる。リーダーシップは結果だけを見て語るべきものではない。われわれはあまりにも結果を気にしすぎる。そして時には、その結果をもたらした手段を気にしない愚すらおかす。最終的な結果に夢中になりすぎるのは現代社会特有の悪癖だ。そしておそらく、リーダーシップを語るに際し、倫理の色合いがどんどん薄れてきた元凶でもある。

興味深いことに、はるか古典ではリーダーシップは、「働く意義を提供するもの」として描かれているのだ。

優れたリーダーが指揮しながら成果が芳しくないこともあれば、まともなリーダーがいないなかで目覚ましい成功をおさめる例もある。エンロンは破綻までの数年間、並々ならぬ好業績を叩き出していた。リーダーシップの良し悪しが、もし結果のみによって証明できるのならば、優れたリーダーを見つけるのは至極簡単だ。しかし、昨今の痛々しい企業の破綻や不祥事を見るに、物事はそう単純ではない。

自らが率いるフォロワーを、刺激し、奮い立たせ、高揚させる関係を築く力が、リーダーシップの中枢をなす。そして、本書の主張の核でもある。並外れた成果の陰には、必ずこのようなエネルギーが存在している。しかし、リーダーがそのエネルギーを解きはなった先の結果は、バラバラでありうる。興奮状態を維持して走り続けた企業が、魔が差して突然死する。素晴らしいリーダーシップに包まれた企業が、市場や政策の変化で足をすくわれたりする。一方で、リーダーシップなどなくとも、安定した寡占市場で着実に好業績をあげる企業もあるだろう。

しかし、こんなただし書きをいくら並べたてても、なお真実は色褪せない。優れたリーダーなら、変化を起こさなければならない。そして、起こすことができるのだ。そうして、リーダーとしての力を、磨きあげ続けていくのだ。

あるいはいずれ、世界をさえ、より良いものにしうるかもしれない。

「自分自身に忠実であれ――そしてその自分らしさを磨き続けよ」

本書では、これがいかにむずかしいチャレンジを伴うものであるか、そしてそれにどう向き合うべきかを描き出していく。

「なぜ、あなたがリーダーなのか?」

リーダーは、全身全霊をもってこの問いに答え続けなければならない。

第2章

自分らしく振る舞え

Know and Show Yourself —Enough

リーダーシップは自分自身に忠実であることから始まる。自分がいったい何者であるかをまず踏まえなければ、良いリーダーとしての成功はおぼつかない。人々は、肩書きなどという形式的なものでなく、リーダーの「人物」そのものを捉えて、率いられるべきか否かを決める。つまりリーダーは、自らがどのような人間であり何を目指しているのか、あるいは何ができ何ができないのかを示さなければならない。さもなければ、周りの皆の心を高ぶらせること、あるいは動機づけすることなどできないのだ。[1]

広告代理店ＪＷＴなど多くの企業を傘下に擁する、世界最大のコミュニケーション・サービス企業ＷＰＰのリーダー、マーティン・ソレル卿について考えてみよう。彼が率いる組織は、創造性あふれる人材に満ちている。そしてそのようなクリエイティブな人材こそが成功の鍵を握る。同社のミッション・ステートメントも冒頭に、「人々の才能を引き出し、育て、世界中に羽ばたかせる」と謳う。そして一般に経営者として、このようなクリエイティブな社員たちを束ねて指揮するのは簡単ではない。

ソレルはエネルギーの塊のような人物だ。自らの意思を強く持ち、まっすぐで、頭の回転も速い。彼は二〇年間にわたって、才気に満ちたクリエイターたちを率いて、世界的に事業を成長させ続けてきた。そしてその中で彼自身も、持ち味を活かした自分ならではのリーダーシップを身につけてきた。ソレルがどのような人物かをＷＰＰ社員に尋ねると、その一貫した人物像が浮かびあがってくる。

社員がまず挙げるソレルの特徴は、伝説的な電子メールへの返信の早さ――いつでも、どこにいるとしても――だ。たとえば彼は米国出張中も、ロンドンの同僚のために英国時刻のまま当たり前のように過ごす。一万五〇〇〇人の社員皆が、彼と直接やりとりできる。ソレルは明瞭なメッセージを打ち出し続けてきた。「あなたは大切な社員だ。いつでも連絡してくれ」。彼はこう語る。「もし誰かが連絡してきたら、そこには必ず理由がある。肩書きなんか関係ない。ボイスメールを送っても梨のつぶてである以上にイライラすることはない。それに、われわれはそもそもサービス業に従事しているのだ」

次の特徴は、細部への徹底したこだわりだ。「皆はわたしを、仕事中毒の経理屋や、些細なことばかりとがめる監視者のように見ているだろう」。彼は言う、「それは侮辱ではない。むしろ誉め言葉だ。徹底的に物事の仔細に入りこむのは大切なことだ。何が起きているのかを十分知らなければ、リーダーシップは発揮できない」。ソレルと面談する者は手厳しい質問を覚悟する。いかに事業がクリエイティビティに支えられているとはいえ、そのクリエイティビティはビジネスとしての成果をあげるべく発揮されなければならない。細部への執着を通じて、ソレルはこの原則を社員にすりこみ続けるのだ。

また、満たされることなき向上心も彼の特徴をなす。これまでのＷＰＰの成功を誇りとしつつも、「長く険しい道のりはまだまだ続く」と絶えず社員に語り続けるのだ。

ソレルはいちいち内省するような人間ではない。そしてそんな暇もない。しかし彼はおかれた状況の中で、リーダーとしての自分ならではの持ち味を十分に認識している。その持ち味――常に傍にいること、細部にこだわること、歩みを止めないこと――を活かし、WPP成長の鍵となる「事業性と創造性の両立」を果たしてきた。官僚主義や安住意識が創造性に支えられた事業を蝕むのを阻み、無節操なアイデアが事業のコントロールを失わせるのを防いできたのだ。

人はそれぞれに生きる

自分を知り、打ち出す。言うは易いが行うは難し。職場はえてして、自分らしさを打ち出しにくい場所だ。馬鹿にされるかもしれないし、下手をすれば処分されるかもしれない。そうして人は、働いている間は自分を抑制し続けることとなる。自分「らしさ」のエネルギーは、家族・友人や趣味、あるいは地域活動のためにとっておくのだ[2]。

この職場における自己抑制は、ワーク・ライフ・バランスを議論する上で極めて重要なテーマだ（しかし実際はあまり取りあげられない）。家で過ごす時間を増やすことだけが、ワーク・ライフ・バランスではない。むしろ、そもそもの自分らしさを発揮できる職場の創出を意味すべきものだ。しかし実際のところ、自己表現を奨励する先進的な組織にあっても、なかなかそう踏みきるのはむずかしい。人々は、そうして長いこと自分を抑制し、自分らしさを考える力も表現する力も失っていくのだ[3]。

自分が何者かを周りに知ってもらうこと。そのためには、知ってもらう努力だけではなく、自分らしさを認識することも必要だ。どちらか片方ではどうしようもない。

自分がどんな人間かは認識しているものの、それを他人に伝えられない人々を多く見てきた。周りの皆は（おおかたの場合）読心術の専門家ではない。内にこもりがちな自分の殻を努力して破っていかない限り、鬱屈した謎めいた人に見られかねない。内向的なエグゼクティブが陥りがちな罠だ。また、成果を早急にあげるプレッシャーを強く感じている場合にも顕著だ。部下たちに気を配る時間（および意識）が喰われがちになるからだ。そして近年、成果を求める時間軸は短くなり続けている。シリコンバレーで働く、ある才気あふれる女性エグゼクティブと議論したときのことだ。彼女は、自分たちの技術が人々の生活をいかに良くしうるかを、われわれに熱く語った。そしてその実現に向け沸々と闘志を湧きたたせていた。しかし、職場の部下と話すと、彼女のそんな想いはまったく伝わっていない。彼女は自分自身が胸に抱くものを、皆と共有できていなかったのだ。

逆に、自分の意見を皆と共有はしても、礎の部分、自分「ならでは」の部分が欠けてしまっている場合も少なくない。往々にして、どうも薄っぺらに見える人々だ。人はうそ臭さ、上辺だけの人物であることを敏感に見抜く。誠意はつくろえないのだ。ボストンで出会ったあるベンチャー・キャピタリストの例をあげよう。お高くとまって周りから浮いていると見えたので、より多くの時間を皆と過ごすよう勧めた。すると彼は突然、毎週金曜日に部下を飲みに誘うようになった。そして愛想のよさを醸し出そうとした。彼自身はうまくいっていると思っていたようだが、実のところ誘われた部下たちは「わざとらしい」と感じていたのだ。

自分らしくあるためには、自分自身を知ること、そして打ち出すことが必要となる。言葉をかえれば、自分らしさとは何かを理解する努力、そして適切にそれを周りに伝える努力が求められる。

しかし、留意してほしい。自分らしさを知る努力、自己省察には際限がない。自分らしさを打ち出す努力、自己開示も同様だ。手段におぼれてはならない。リーダーシップを最大限発揮するという目的のために「十分な程度に」努力するのだ。

これまでの研究は、個々人の内面の掘り下げに焦点をあててきた。自己発見・個性・アイデンティティ、たとえばこのような概念が相当に論じられてきた[4]。学究的な内容自体には明るくなくとも、おそらくその成果の一部は誰もが耳にしたことがあるだろう。各種の自己診断ツールだ。自分が何者か、たとえば、強みや弱み、性格や適性を測ろうとするものだ。

このような自己診断は役に立つ。自分がどんな業界や職業、職種に向いているのか知りたい場合などだ。しかし、突きつめて考えれば、そこには限界がある。一人ひとりが、自分のキャリア――そして自分らしさ――を築いていく道のりは、そんなツール（の提唱者）が前提とするほど計画的ではないからだ。

われわれは、個人の内面の掘り下げにこだわるつもりはない。専門ではないし、さらにいえば、それがリーダーシップの中核をなすとは思わないからだ。

人は人生を積みかさねていく。その中で、予想外の壁に突きあたったり、大きく回り道したりもするだろう。そしてそれぞれの経験が、気づきをもたらす。そしてそれらの気づきは、自分と周りの人々とのつながりの中でこそ得られるのだ。

個人のアイデンティティを探り当てようとする心理学的なアプローチは、ことリーダーシップを考察する上では十分でない。リーダーシップとは、人と人とのつながりに立脚するからだ。自分らしさを、「取り巻く状況を踏まえて」・「周りの人々に向けて」打ち出すことを指すからだ。

リーダーシップにおける自分らしさを一歩踏みこんで語ろう。リーダーが自分らしさ全体の「どの側面を打ち出すか」は、時と場所によって異なりうる。また、その自分らしさは、（立ち止まって見定めれば足りるのではなく）一生をかけて磨き続けるものなのだ。

人を動かす自分らしさ

「らしさ」の研鑽が生涯を通じた活動であるならば、確立した「自分というもの」を、人生のある時点で固定化するのは現実的ではない。自分自身を、深掘りし尽くし完璧に把握している人など存在しえない。なぜなら、人は時とともに変わるからだ。掲げた目標に固執するあまり自分自身のことが見えていない人、あるいは、ナルシスティックになるあまり歪んだ自己像を持ってしまっている人も多いだろう。人はそもそも、そこまで分析的に生きる動物ではない。

ただし、良いリーダーはその特徴として、「他人に影響を与えうる」自分らしい「何か」を認識しているものだ。リーダーは、周りとのやりとりを繰りかえす中で、自分がどう見られているか、また、自分への印象をどう形づくるかを学んでいく。ただし留意してほしい。前章でも述べたように、その何かが、なぜ・どのようなメカニズムできくのかの掘り下げは必ずしも必要ではない。「それがきく」と認識できていればよいのだ。

偉大なリーダーと称される人々に限った話ではない。たとえば誰もが一〇代のころ、見た目や服装に細心の注意を払ってデートに出かけた思い出があるだろう。ここ一番の勝負服、勝利を呼ぶ靴、とっておきの香水など、よって立つものが一つや二つはあっただろう。シャツにアイロンをかけ損ねていたり、小瓶が空っぽだったりで、焦りや怒りを覚えた記憶もあるかもしれない。

もっと突っこんだこだわりがあったかもしれない。どうやって相手に強烈なインパクトを与えるか。ダンスフロアで虜にするか、カフェで膝を突きあわせるか、あるいは公園を歩きながら語らうか。青春時代というのはおおよそ、自分の魅力を相手にどう印象づけるかを、意識的にあれこれ考え試してみるはじめての時期だ。

優れたリーダーは、この工夫をずっと続けていく。他人と自分の違いをよりはっきり認識しようとし、またその中でもとくに、「他人の目に好ましく映る」違いを見出そうとする。さらに、リーダーシップの発揮にあたり、その違いをどう活かすかを学んでいくのだ。

たとえば、マイクロソフトのビル・ゲイツを考えよう。誰もが真っ先に思いつくのは、彼がコンピューターについては根っからのオタクであることだ。冷笑じみた批評を受けつつも、彼はそれを自らの強みに転化してきた。ことコンピューター産業となると、ゲイツはあらゆることを熟知している。技術の表も裏も知り尽くしている。万人が認めるそのオタクぶりは、彼およびマイクロソフトが、何によって立つのかのメッセージをクリアに伝えてくる。

ヴァージン・グループの総帥リチャード・ブランソンが、その見た目で訴えかけるものを思い出してほしい。また、思ったよりもほんの一秒ばかり長く握手を続けることで、相手との親密さを醸し出すクリントン元大統領のやり方も一例だ（実際、握手した相手の誰もが指摘することだ）。

一九八〇年代、英国最大の化学品メーカーＩＣＩを率いていたジョン・ハービー・ジョーンズも同様だ。彼は、長髪と派手な幅広ネクタイで有名だった。それだけが成功理由のすべてではもちろんない。しかしその風体は、彼が冒険的であり、起業家精神にあふれ、独自性に富んだ人物であることを周りに伝える上では効果てきめんだった。はじめから狙っていたというより、多分に好みや嗜好の問題だろう。ただし彼は、これらの自分なりの「らしさ」が有効であることを認識していたはずだ。彼は、自分と他人との違いを皆に印象づけた。そしてその違いをもって、明瞭なメッセージを発し続けたのだ。

西洋人の目には、均質性や画一性がことに重視されていると映る日本のような社会においても、自らの持ち味を巧みに表現するリーダーが存在してきた。ソニー創業者として世に名高い盛田昭夫が最たる例だ。彼は、その無限のエネルギーと常識への挑戦で広く知られていた。七〇歳を越えてもなお、ずっと年若い人々と朝七時からテニスに興じていたという。また彼は、社会に根付く固定観念にもおおっぴらに挑戦してきた。著書『学歴無用論』では、「学校の成績は、ビジネスの能力とは相関しない」と、当時としては相当に思いきった主張を展開している。[6] 彼は日米の経済的つながりの捉え方にも一石を投じた。ソニーはニューヨーク証券取引所に上場した初の日本企業だ。彼は「企業とは、顧客や株主や社員に世界レベルで奉仕すべき存在であり、もともと創業した国がどこであったかは論点ではない」と喝破していたのだ。

ただし、忘れてはならない。リーダーシップは肩書きを問わない。リーダーシップ発揮にあたり、自分らしさを活かす人々は組織内のあらゆるところに存在しうる。ニューヨークの病院で出会った看護師、キャロル・ブラウンもその一人だ。他人と親しい関係を築く彼女の力は特筆すべきものだった。その愛嬌はとても魅力的だった。彼女はその持ち味を使って、看護師・事務スタッフ・医師・救急隊員など、さまざまなメンバーからなるチームを一つにしていた。患者へのより良いケアの提供の一点に向け、皆の心をまとめていたのだ。

おそらく最初は、ことさらに意図されることもないだろう。しかしリーダーは徐々に、自分

「らしさ」とその打ち出し方を意識するようになる。プロクター・アンド・ギャンブルの営業部隊を率いるポーレットについて語ろう。はじめて出会ったとき、彼女はシャイで遠慮がちに見えた。思いきっていえば、特に目立った点のない人物に思えた。しかし、チームの仲間と働く様子を見続けていると、彼女ならではの二つの際立った特徴が垣間見えてきた。一つは、並外れた分析力だ。市場・競合の動向や他社製品の特徴は彼女によって徹底的に分析され、そして皆で共有されていた。もう一つは、彼女があからさまに打ち出すようになっていた、執念ともいえる成功への熱意だ。そうして、周りの皆を鼓舞し、好業績達成へと駆り立てていた。自らの情熱をリーダーシップの資質として見事に花開かせた、なかなかお目にかかれないほど見事な成長だった。

人がリーダーを戴くとき

英国公共放送ＢＢＣの元社長グレッグ・ダイクとは、多くの時間をともに過ごした。ＢＢＣは、英国国民が誇る、現代英国の至宝とも目される企業だ。二万五〇〇〇人の職員と三〇億ポンドの売上を擁し、他のいかなるメディアよりも影響力がある。そしてその経営には、国営ゆえのむずかしさがある。世間の注目と批判を常に受け続けるのだ。番組の視聴率が高まれば「大衆に迎合しすぎ」と非難され、逆ならば、「税金のムダ遣い」と批判されるのだ。

ダイクはＢＢＣにかつてないほどの変化をもたらした。番組制作費を手厚くする一方、管理コストは徹底して削った（ずっと当然視されていた社用車の撤廃が象徴的だ）。しかし、最も印象的なのは、「すべての中心にクリエイティビティとイノベーションを据える」ことを掲げ、職員の士気そのものを変革したことだ。

グレッグ・ダイクの風貌は、これまでの典型的なＢＢＣトップ像とは似ても似つかない。彼は小柄で、髪の生え際も後退している（失礼ながらしすぎているようにも思える）。華やかなショービジネス風のスーツをパリッと着こなし、とても保守的には見えない。力強くスタスタと歩き、体中からエネルギーがあふれんばかりだ。かつては、将来を期待された四〇〇メーター走者でもあった。五〇代を迎えてもなお、まるで試合前のボクサーのようなとめどない活気に満ち満ちている。

ダイクは、相手の目をしっかりと見据える。そして、ロンドン流の都会的なアクセントで喋る（出身はウェスト・ロンドンだが、生粋のロンドンっ子のように話す）。彼は、陽気で人なつっこい。そして、さまざまなものに情熱を示す。科学や教育、美術、そして何よりもサッカーだ。特に、一時役員を務めたこともあるマンチェスター・ユナイテッドに入れこんでいる。

要するに、ＢＢＣの社長と聞いて想像する人物像からはほど遠い。彼は、前任の社長たちのような、いわゆる「エスタブリッシュ」な人間ではない。彼は、彼らしさにあふれている。そして、その持ち味を活かして、ＢＢＣに変化をもたらしていった。人々の人生を豊かにする番組の提供をあらためて高く目標に掲げた。そして、刺激に富んだ働きがいのある組織をつくりあげることに心血を注ぎ続けた。その振る舞いを注意深く見ると、彼がいかに意図的に、巧みに自分らしさを打ち出してきたかに気づく。キャリアを重ねる中で、自分の持ち味をどう活かせば、組織の活動によりインパクトを与えうるかを身につけてきたのだ。

ダイクについては、第9章でも詳細を語る。彼は、世の注目を集めた政府との対立を経て、二〇〇四年に職を辞する。しかしそれは彼のリーダーシップの欠如に起因するものではなかった。実際、彼がBBCを去る日、職員たちはかつてないほど心のこもった送別を行った。多くの職員がBBCビルに集い、拍手で彼を見送った。目に涙を浮かべる者も少なからず見受けられた。社員の誰もがダイクに心酔し、率いられてきた。その感傷的なダイクの船出は、彼の体現してきたリーダーシップが「本物」であったことを、いみじくも証明するものだった。

それぞれに「らしく」あれ

良いリーダーになるために、何も見た目をスーパーマンのごとく振る舞う必要はない。製紙会社キンバリー・クラークのCEOを二〇年間務めた故ダーウィン・E・スミスは、内気で控えめで、不器用でさえあった。厚い黒縁メガネと時代遅れのファッションを身にまとい、とても大物の企業経営者には見えない。小さな町から出てきたばかりの田舎者といった方が相応しいほどだ。しかしこの見た目を、彼は自分の利点として意識していた。製紙という固い業界で現場感がにじみ出るよう、また、メディアなどの余計な雑音をあおらぬよう活かしたのだ。流行を身にまとわない偉人、といえた。派手に目立ちはしないが実直な企業統治を通じ、彼はキンバリー・クラークの圧倒的な成長を牽引した。プロクター・アンド・ギャンブルのような同業だけでなく、GE、ヒューレット・パッカード、コカ・コーラ、3Mなど、きら星のような企業たちを上回る成長率を達成し続けたのだ。[7]

　優れたリーダーは「らしさ」を最大限に活かす。現ロンドン市長のケン・リビングストンもその好例だ。彼は、やつれた学校教師のような身なりをして、鼻にかかった独特のしゃべり方をする。イモリも大好きだ。従来の慣習を破り、つとめて市営地下鉄で通勤するという少し変わった偏屈者でもある。歯に衣着せないモノ言いで自分の考えをぶちまけ、首相とも大喧嘩してきた。市長として彼は、市内中心部を走る車への渋滞税導入など、交通システムの変革に多大なリーダーシップを発揮した。新税導入のような不評を買いかねないアイデアを、職を失うことなく導入できた政治家は他にほとんどいないのではなかろうか。リビングストンは大多数の支持を得て二〇〇四年に再選された。変わり者と揶揄しながらも、人々は彼を選んだ。彼の（派手な）一挙手一投足は「自分は誰よりもロンドンを愛するロンドン市民である」という自負を感じさせるものだ。人々がそれを認めていたことが、再選を支えたのだろう。なかには政策に反対する人々もいるだろう。しかし、「ロンドンをよりよくしたい」という想いが、彼らしさとして全身からにじみ出ているからこそ、皆が彼を支持し続けるのだろう。

また、思わぬところを、周りがその人物の特徴として捉える場合もある。スイスに本社をおく製薬企業ロシュのフランツ・フーマー会長を取りあげよう。われわれはここ数年にわたり、同社の数多くの社員と議論を重ねてきた。そしてしばしば、フーマーの持ち味を彼らがどう捉えているかを尋ねた。さまざまなことが列挙された。企業家としての才や、マーケティング上の洞察力、イノベーションへの情熱などである。しかし、最も多く語られたものは何か。それは、突き刺すような青い瞳を通じた感情表現だった。極めて論理的と目されるスイス人の科学者たちが、このような情緒的な要素を取りあげたことが、さらにわれわれの驚きを深めた。

フーマーとはじめて面談したときのことを話そう。ライン川をのぞむ彼の大きなオフィスに通され、われわれは部屋の端の応接コーナーに案内された。そして最初の質問を投げかけたときのことだ。彼は静かに椅子から立ち上がって悠然と窓際に近づき、しばしライン川を眺めた。やがて机に戻り、太い葉巻に火をつけた。そののち、葉巻をくゆらせながら、座っているわれわれに歩み寄った。さらに、薄い片メガネ越しに射るような視線を投げかけた。それからようやく質問に答えたのだ。

質問から返答まではおそらく一分少々だろうが、われわれにはまるで二〇〇年もの時が経ったかのように感じられた。表層的に捉えれば、地位を誇示するために尊大に振る舞っていると見えるかもしれない。しかしそれは誤解だ。社員たちも証言するように、フーマーの醸し出す沈黙や表情は、彼自身の想いの強さや思慮の深さを鋭く感じさせるものだ。世界規模に展開する、複雑で知識集約色の強い医薬品ビジネスを率いる上では、かかる資質こそが求められるのだろう。

またフーマーは、イノベーション創出には個々人の情熱が欠かせないと考えている。それゆえに彼は、周りの人々の情熱を引き出すための巧みな演出を行う。皆を前にする姿を見れば、彼がいかにその振る舞いを研ぎ澄ましているかに気づく[8]。

「ある経営会議の後、皆でコンサートに出かけた」。同僚の一人が語る。「バイオリニストは美しい女性で、演奏も素晴らしかった。曲が終わると、観衆は大きな喝采を送った。そして拍手が鳴りやんだ頃、フーマーはすっと席から立ち上がった。そして、ピアノに飾ってあった花束を手にとり、そのバイオリニストにプレゼントしたんだ。彼のおさえられない衝動、堂々たる威厳、豊かな創造性が凝縮された、素晴らしく美しい瞬間だった。会場は、さらに大きな喝采と純真な微笑みに包まれた。フランツの人となりが詰まった思い出だ。彼の熱い衝動、思いきってとった行動、そして皆が受けた感動のすべてが、完璧に調和していたんだ」

「らしさ」は周りが評価する

人と人との違いを列挙すれば、際限のないものになる。そして、リーダーとして活躍するための特性をリストに仕立てる試みはいずれ徒労に終わるだろう。なぜなら、ある個人をリーダーとして際立たせるのは、その人物ならではの「らしさ」だからだ。

WPPに君臨するマーティン・ソレルを思いおこしてほしい。彼は自分の持ち味を活かしているか？　それらはWPPを率いる上で意味あるものか？　そしてそれらは「本物」の彼らしさか？　いずれも疑いの余地などない。

取りあげてきたリーダーたちは、自分らしさを巧みに活かす。自分が何者で、何を大切にするかを、自分ならではの持ち味でもって体現しているのだ。リチャード・ブランソンの型破りな風貌、ビル・ゲイツのコンピューター「オタク」ぶり、ビル・クリントンの醸す親密さ、ハービー・ジョーンズの起業家らしい溌剌さ、キャロル・ブラウンの患者に対する配慮、グレッグ・ダイクの皆に愛される力、ダーウィン・E・スミスの穏健さ、ケン・リビングストンのロンドンを愛する姿勢、そしてフランツ・フーマーの劇的な感情表現。すべてにおいて、おかれた状況に沿いつつ、リーダーたちは自分らしさを活かしている。伝えたいメッセージを正しく受け手に届け、かつそれを「本物」と感じさせている。

しかしいかにして人は、「本物」であるか否かを判断するのだろうか。哲学的で難解なテーマだ。極言してしまえば、人間というものは「偽物」を見抜く本能的な能力をそなえている。そう心しておくべきと思える。そして、いったん「偽物」のレッテルを貼られると、それをはぎとるのは容易ではない。

名をあげた経営者が綴る自伝的な書物は世に多い。しかしこれらの文献は、ときに危なっかしさをはらむ。著者が意図しようとしまいと、書かれていることを真似れば自分も偉大なリーダーになれる、そう読者が思いこみかねないからだ。それは現実からはほど遠い。ジャック・ウェルチらしく振る舞えるのは世界でただ一人、ジャック・ウェルチだけだ。リー・アイアコッカ、ビル・ゲイツ、スティーブ・ジョブズ、リチャード・ブランソン、その他さまざまな「伝説的」人物像が、リーダーシップのロールモデルとして長年にわたり示されてきた。ただし、リーダーたらんとする者にとってのチャレンジは、誰かの真似をすることにはない。自分自身を知って、巧みに打ち出すことにこそあるのだ。

そのためには、自分の持ち味を見出し磨き続けること。そして、周りが自分をどう見ているのかの「リアリティ・チェック」を絶えず行い続けることが鍵となる。

自分の持ち味を見つめなおすには、生い立ちを振りかえることが一助となりうる。おって詳しく述べるが、たとえばマーティン・ソレルは、すべての人の声に耳を傾ける姿勢を父親から引き継いだと語る。「すべての人はかけがえのない存在である」。彼の父親はソレルにそう示し続けたという。同様にグレッグ・ダイクは、「人々とともにある」彼のスタイルは父親の教えにもとづくと言う。「あらゆる人に話しかける。深刻になりすぎている人を見かけたら、歩み寄って微笑む」。そうあり続けた父親だったとダイクは語る。

良いリーダーはまた、自分が周りに「本物」と見られているかどうかの「リアリティ・チェック」も怠らない。自分は本物だと思いこんでいるだけでは駄目なのだ。ロシュのCEO、ビル・バーンズは言う。「周りがかつぎあげようとしても、地から足を離してはならない。腰掛けの座におさまると、真実は耳に入らなくなる。周りは気をつかって都合の悪い話をふるい落とすだろう。するといずれ、働きバチのことを何一つ知らずに、巣箱の奥にたたずむ女王バチのようになりかねない。だから、ちょっとでも調子にのったそぶりが見えたら、力いっぱい横っ面を張り飛ばしてくれ。そう妻と秘書に口酸っぱくお願いしているんだ」

バーンズがフィードバックを得る方法はもちろんこれだけに留まらない。数年にわたり、彼を含めたロシュの役員は皆、相当なボリュームのある三六〇度評価に身をさらしてきた。今の自らのリーダーシップの是非を、周りの目を通して検証するためだ。またバーンズは、他の良いリーダーと同様に、あらゆる形でフィードバックを得ようと努めてきた。フォーマルな査定の場のみに閉じず、皆が自分をどう捉えているかを常に知ろうとしてきた。姑息に嗅ぎまわろうとする権謀術数の類いではない。自分自身について、自分が他人に与えている印象について知りたい。彼は純粋にそう欲しているのだ。

自分を演じるということ

ビル・バーンズの心がけに学ぶべきこと。周りの人々が自分をどう見て、何をその人らしさと捉えているかを探り続ける。良いリーダーはそう心がけるということだ。

リーダーシップには「芝居じみた」要素がある。リーダーシップは、周りの皆を利するための「パフォーマンス」ともいえる。自分らしさを知り打ち出すこと。それは程度の差こそあれ、意識的な振る舞いだ。「それによって何を達成したいのか」に立脚した、自覚的な演技なのだ。

芝居や演技という言葉を使った。しかしそこに不誠実さを込めたつもりはない。なぜなら、リーダーとは、（自身も含めた）周りの皆にとって良いことを目指し、その達成のために「パフォーマンス」するものだからだ。

そしてリーダーは同時に、その芝居や演技にのめりこみ過ぎてはならない。自らの振る舞いが、取り巻く状況に適したものかどうかを客観的に測る意識も持ち続けなければならない。ブラジルで働いていたあるソーシャルワーカーについて語ろう。彼は、不良がたむろする地域に足を踏み入れた。おかれた状況の中で、まず何をすべきかを考えた。そして、サッカーのコーチとして第一歩を踏み出した。周りは当初、この見知らぬ紳士的な活動家を強い不信感で迎えた。その局面の打開に寄与したもの。それは、彼の類をみないような激しいタックルだった。彼はそうして、自分がタフな人間であることを人々の心に激しく刻みこんだ。流麗なボール扱いが強調されるブラジルのサッカーだが、猛烈なタックルはそれ以上に賞賛される。彼は、まず尊敬をもって皆の心をつかみ、それから次第にうちとけていった。往々にして驚きの演出は、周りに強烈な印象を与えるものだ。

小売業マークス・アンド・スペンサーの人事部門のディレクターであったジーン・トムリンの例を示そう。[9] トムリンはアフリカ系の英国人女性だ。そして、相当に栄達したポジションに就いている。彼女は、自分らしさの「演出」についてこう語った。それは大変示唆に富む言葉であった。

「新しい環境に足を踏み入れる前に、そこで働く人々の意識に思いをはせる。自分が果たすべき役割、口にすべき言葉は何か、に考えをめぐらせてみる。まだ見知らぬ人々と実際にふれあう前に、いわばちょっとした宿題として、あらかじめそうしてみる。自分らしくあることは大切。でも、『どの』自分らしさがその状況に合っているかを考えることも大切なのだ。

でっち上げやまがい物ではなく、あくまで本当の自分らしさを見せなくてはならない。ただ、その状況に最も即する、自分らしさのある一面を強調して打ち出すのだ。

リーダーとして最近心がけていることがある。それは、相手と目を合わせて、ゆっくり話すことだ。ちゃんと議論するときにはそうすべきだ、というアドバイスをもらったからだ。でもポイントは、そのやり方そのものではない。周りの人々が、わたしのわたしらしさをもっと大きな意味合いで理解してくれていること。そして、わたしがより良いリーダーとなるために、目線や話し方を工夫していると感じてくれていることが大事なのだ」

ジョン・レーサムを紹介しよう。彼は、模範校としてさまざまな賞を獲得している公立学校の校長を務めている。彼も、どのように自分らしさを打ち出すかに心を砕いてきた人物だ。もともとは、熱心で情熱にあふれ、ビジョンを高く掲げてその達成に邁進するような性格だ。しかし赴任当初、彼は意図的に控えめに振る舞った。なぜなら、彼の前任者がそれまでの四年にわたり、激しい改革を行ってきていたから。そして、残されたスタッフの多くに改革疲れの雰囲気が漂っていたからだ。

「校長としての最初のひとことを、それこそ長い時間をかけて考えた」。彼は語る。「前任者は自分を名字で呼ばせていたし、つねに何かにせかされているような人物だった。だからまず、『わたしの名前はジョン』と口を開いたんだ。そして、教えること・学ぶことがわたしを突き動かす原動力であること、そして、それはたやすくはないと思っていることを話した。それから、皆の期待すること・気になっていることに耳を傾けた。教室にも足を運んで話をした。たとえばドアノブを修理してほしいとか、時計が止まっているとか、そんな些細な声も拾いあげた。そしてわたしはそこからはじめた。着任した日の午後、家に帰る前に、できる限りのところまで済ませてしまった。すると、わたしと周りの皆との心の壁がさっそく崩れはじめた。やることはやる人だ、そうまず皆に感じてほしかったんだ」

良いリーダーは自分らしさを、できるだけはやく、そして「正しく」伝えようとするものだ。レーサムの話はその一例だ。教育と学習へのたぎる情熱を秘めながらも、そのむずかしさを認める謙虚さ、人の声に耳を傾ける姿勢、日々の些事にも進んで踏みこむ意欲をまず強く伝えたのだ。

初期に形づくられた印象は、強く心に刻みこまれる。サイモン・グリフォードが、バークレイズ銀行のマーケティング・ディレクターとして着任した際のことだ。彼はサウスウェールズの工業地域出身だ。彼は、自分が元来持つウェールズ風の愛嬌や率直さが、官僚的な社風には馴染みにくいと感じていた。その強いウェールズ訛りは、今風でも洗練された風でもなかったからだ。

しかしその言葉は、（祖父から受け継いだという）力強さにあふれ、説得力をもってわれわれの耳に響いた。当時彼は、各地に散らばる支社の訪問を計画していた。「ロードショー」と称された、彼の考えやアイデアを皆に語りかける場だ。われわれは彼に、その計画をどんどん前倒しするよう勧めた。なぜなら、彼の語り口が見事なものだったからだ。そのテンポやリズム、時折織り交ぜるウィットは、聞き手の心を捕らえて放すまい。そう思えたからだ。そしてその朴訥だが真摯に響くウェールズ訛りは、むしろ効果をアップさせるだろう。実際「ロードショー」に触れた皆は、グリフォードに心酔した。彼は、その卓越したプレゼンテーションの能力を通じて、周りの皆とのつながりを勝ちとったのだ。

舞台に立つ

ネスレ社の環境報告書の表紙には、CEOピーター・ブラベックが載っている。登山服姿で、スイスの山々を背景にたたずむ姿だ。一方、『ネスレ　マネジメント及びリーダーシップの基本原則』では、本社をバックにダークスーツをまとっている。彼は語る。「環境報告書では、登山家のイメージを使いたかった。水や環境への配慮は情緒的な問題でもある。ひとりの人間として語る印象を強調したかったのだ。ただし、つくりものではない。実際に週末、山に登るときの格好だ。また、本社前にスーツで立つ姿は、組織の長として語る雰囲気を押し出したものだ。双方とも、伝えたいメッセージを正しく届けられたと思う。二枚の写真はまったく違う。しかしどちらも、取りつくろった姿ではない。本当のわたし自身だ」

人となりの浸透に歩調をあわせ、皆はリーダーが演じている役割を認識していく。そして良いリーダーは、際立つ自分らしさを巧みに織りこんでいく。そうして、自分が心から望んでその役割を果たそうとしていることを、皆に印象づけるのだ。さらにいえば、良いリーダーは、そんな印象づけを行う機会も意識して創り出していく。

トーマス・サッテルバーガーは、ルフトハンザ航空のシニア・バイスプレジデントであった折、こう語っている。「自分の舞台が必要だった」。二万五〇〇〇人の従業員に対し、会社のメッセージをきちんと伝えるための舞台だ。彼は優れた演説の才を持っていた。そして、聞き手のすべての人と目を合わせる能力があった。一対一よりむしろ、一対多の状況下の方が自分としてはメッセージを伝えやすい。彼はそう認識しており、二〇〇人規模のタウンミーティングを好んだ。「人々はわたしの目を見る」。彼は言う。「だから大抵、場の中央に腰掛けた。机やプロジェクターは不要だ。むしろ、自分の目や表情からメッセージを感じてほしいんだ」

もちろん、こうした演出には細心の注意が必要だ。よく見受けられる危うさは、自分の優秀さを誇示していると捉えられてしまうことだ。そうなると多くの場合失敗する。ロバート・

ホートンがこの罠にはまった。一九九〇年代初期に、ＢＰ社の会長兼ＣＥＯを務めていたときのことだ。彼のすさまじく知性を前面に出した表現は往々にして周囲に、高慢で自分を美化する人物、との印象を与えてしまった。その自意識あふれる振る舞いは、米国籍の企業にいたころは、うまく働いていたようだ。しかし、ＢＰの英国本社にあっては、そうではなかった。事実、彼はわずか三年後にその職を解かれるに至る。

サッカーのイングランド代表チームの前監督、グレン・ホドルも同様だ。彼が、チームのスター選手であったデビッド・ベッカムに対して、あるプレーを求めたときのことだ。ベッカムは、なかなかホドルの期待通りに動けなかった。そこで、自身もかつては高名な選手だったホドルは、「よし、私が手本を見せてやる」と口にし、実際そうしてみせた。そしてその瞬間、彼はチームとのつながりを失った。皆の目には、その行為がベッカムへの侮辱に映ったからだ。ホドルはこの後、「チョコレート」と呼ばれる。ヤツは「とろけるほどうまい」自分に酔っている。そう皆には思えたからだ。

ナルシスティックなリーダーほどこの落とし穴にはまりやすい。リーダーシップ論の中でもよく取りあげられるテーマだ[10]。われわれの同僚ジェイ・コンガーが言うところの「カリスマの影の側面」が、人を知らず知らずのうちに自意識過剰に導く[11]。自分らしさは認識しているが、それが曲がった印象で伝わっていってしまう。やがて周りとのつながりは軋みだし、散々な結末につながる。実例も数多い。ポラロイド社のエドウィン・ランドや、スカンジナビア航空のヤン・カールソン、ボルボのペール・ユーレンハマー[12]。アップルのスティーブ・ジョブズも一時そうだった。自分自身を過度に絶対視してしまい、結果、会社をリスクにさらしたのだ。

皆が力を秘める

優れたリーダーは常に、チーム全体にとっての良きことを目指して振る舞う。そして、「つまずいたら、自分が手を差し伸べる」安心感を皆に与える。自分ができることでも、あえて任せて部下を成長させようとしている。皆の目にはそう映る。一歩下がる姿勢を持ち続けられれば、「偉ぶりやがって」という非難も受けにくくなる。

ピート・ゴスは、ヨットマンであり冒険家でもある。ベンディ・グローブの単独無寄港世界一周レースの最中、彼は競争相手のフランス人をハリケーンの猛威のなか救った。彼はこの一件で時の人となり、勇敢な人物を称えるレジオン・ドヌールをフランスから授与された。MBE（英国王室会員）やヨットマン・オブ・ザ・イヤーにも推挙された。また、数多のレースでの華々しい実績も誇る。また、チーム・フィリップスの名のもとに行われた、革命的な双胴船の開発にもたずさわってきた。

ピートは強烈な人物だ。荒々しいほどの情熱と、成功を目指す強靭な意志に突き動かされている。いったん心を決めれば、とにかく全身全霊をつくす。その輝かしい履歴が示す通りだ。

しかし、英雄然とした人間ではない。実際の彼は、謙虚で控えめ、そして（彼自身も認める）シャイな人物だ。人前でのスピーチでどれほど緊張するか。また、ともに活動する同僚や、資金援助してくれた企業担当者、インタビューを受けたジャーナリスト、そんな人々からどれほどの学びを得てきたか。彼はそんなことを口にする。

自らが乗り越えてきた幾多の艱難を振りかえって、「どんどん歩みを進めて、それを楽しむこと」が秘訣だと、さも当然のごとく語る。「グラスに半分ワインが入っている。半分もあると考えるか半分しかないと考えるか……どっちでもいいから飲み干しちまえ、って僕らなら言うんだよ」。彼は常々、「単独」レースなんて表現は間違っていると主張してきた。これまで自分が成し遂げてきたことは「とても大きなファミリー」皆の努力の賜物。そう彼は考えているのだ。

このような「静かなリーダーシップ」と称されるスタイルが昨今脚光をあびている[13]。この言葉が示す、「オレオレ」ではなく地味に控えめに自分を位置づける特徴を、ゴスは確かに有する。ただし、見逃してはならないことがある。それは、彼が皆を目標の達成に向けて駆り立てている点だ。自分自身の打ち出し方はおとなしくとも、皆を鼓舞するリーダーとして際立っているのだ。彼が体現していること。それは、周りの皆の心をたぎらせられれば、謙虚な人物であっても偉大な成果を達成しうること。

要は、彼の好きな言葉を借りれば人は皆、「内なる巨人」を秘めているのだ。

足を踏み出す

いかに自分「らしさ」を見出して磨いていくか、を考える上で、ひしひしと強く感じることがある。それは、良いリーダーたちはすべて「やってみて、フィードバックを得る」という、実に明瞭でシンプルな原則を大切にしていることだ。

二〇年以上前ではあるが、心理学者デビッド・コルブが人の学習メカニズムを提起した。何かを実際に行ってみて「経験（Concrete Experience）」する。そしてその行動を振りかえり「省察（Reflection and Observation）」する。そこから今後に活かすべき学びを引き出して「抽象化（Abstract Conceptualization）」する。その上でその学びを以降の活動で「実践（Active Experimentation）」していく。この四段階からなる経験学習のサイクルだ[14]。

この理論にそって語れば、良いリーダーは経験と実践にこそ重きをおくものだ。省察や抽象化ももちろん行うだろう。しかし、このような内省的・理論的な部分（省察・一般化）ではなく、実行の部分（経験・実践）こそが、彼ら自身の研鑽に効いていると思えるのだ。ビジネススクールが伝統的に理論を強調することは、皮肉にも感じられる。

ネスレのピーター・ブラベックもこう述べる。

「リーダーシップを合理的・分析的に語るのはむずかしい。どうしても、うまく表現できない部分がある。確かにテクニックを磨くことはできるだろうし、それは否定しない。だが、リーダーシップは経験に基づかないと駄目だ。若かりし頃、軍隊を経験した。想像してみてほしい。弱冠一七歳のときのことだ。人生ではじめて、ゴミのように扱われたんだ。いや、なんとも味わい深い経験だった。逃げ出そうとした者、自殺を試みた者さえいた。ただ、そんな経験でも、どう消化するかが大切なんだ。そしてそうすることで、自分は何者かが見えてくるんだ」

幅広い経験をリーダーシップの糧にするリーダーは多い。エレクトロニック・アーツ（EA）社の前ヨーロッパCEO、デビッド・ガードナーを取りあげよう。彼はもともとゲームの開発者として出発した。出身地であるカリフォルニアからはるか離れ、EAの世界各地にある拠点を転々としてきた。そしてそれを楽しんできた。彼は、EAの文化を各国の拠点に根づかせる努力を熱く語る。英国、フランス、ドイツと、それぞれに状況や文化的背景が異なる。彼は、欧州各地を訪問する予定をねじこみ続けたという。そして、各拠点の営業部隊や開発部隊、社内スタッフや顧客を訪れ、できるだけ多くの声に耳を傾けてきた。一方で、各拠点のエグゼクティブとの議論に時間を割きすぎることは何としてでも避けたという。

ちなみに、われわれが面談したとき、彼は休暇を取ろうとしていた。日本を訪れたり大学で教鞭を執ったりと、ちょっと毛色の違った新しい経験をしたい。そう考えていた折だったようだ。

物事を「やってみる」こと。それはしばしば、居心地のよい世界から足を踏み出すことを意味する。ジョン・レーサム校長は、自らの学校の雰囲気を捉えて「少しピリピリしている」・

「やや危なっかしい」・「のんきな場所ではない」などと語る。なぜ彼がそう感じているかというと、それはまさに彼が新しいことを試し続けているからだ。彼のやることが、常に皆にすんなり受けいれられるわけではない。教員の一人は、レーサムの権限委譲の思想を「人気取りだ」と評した。その思想の一環として、生徒たち自身にテスト問題を作らせてみようとしたとき、周りはレーサムが「イカれた」と思った。しかしいずれも、レーサムの情熱をくじくものではなかった。むしろレーサムは、そんな反応を糧にしながら、自分らしさの打ち出し方を調整しつつ磨いていったのだ。

EAのデビッド・ガードナーが、欧州赴任の際に気にかけていたこと。それは彼の熱意——社員を大切に思い、皆を巻きこみ、チームワークを称える熱意——を、皆が冷ややかに受け止めかねないことだった。ともすれば、米国企業らしい集団洗脳、と揶揄されかねない。それゆえに彼は、スタイルを意図的に変化させた。(米国にいたときのように)どんどん話しかけるのではなく、質問を受けたり議論を交わしたりすることを重視した。そうして、EAの理念を皆と共有していったのだ。

ガードナーが一年間の休暇を取ると告げたとき、ある開発スタッフが「無責任にすぎる」と非難した。逆にいえばこの非難は「自分は会社の歯車である」とそのスタッフが自白しているにも近い。ガードナーは、彼と膝を突きあわせて語りこんだ。そう踏みきった理由や、オフィスを空けることへの不安やためらいを率直に話した。その社員はガードナーのあまりの正直さに心打たれた。そして自分自身が、典型的な会社人間としての立場から批判を口にしていたことに気づいたのだ。

いずれも、自らの持ち味の使い方をリーダーが学び続けていく例だ。ジョン・レーサムの権限委譲の思想、デビッド・ガードナーの耳を傾ける姿勢。おかれた状況が変われども、その持ち味をプラスに働かせるように、学び工夫し続けているのだ。

自分の原点はいずこに

卓越したリーダーたちは、居心地よい場所から飛び出すことをいとわない。しかし彼らは同時に、極めて「地に足がついている」ようにも見える。自分は何者なのか、どんな経緯でここに至ったのか。その見極めがついていると思えるのだ。自分が自分らしくいられる「原点」を理解しているのだ。

ＢＢＣのグレッグ・ダイクは繰りかえす。彼の父親が、いかに人々に平等に接してきたか、という話だ。彼は誇り高く語る。あたかも自分自身のことを話しているかのように。バークレイズのサイモン・グリフォードも、面白おかしく祖父のことを語る。彼の祖父は齢七〇歳を越えてなお、あらゆる女性を虜にしているつもりらしい。自分の内なる自信は、そんな祖父の姿勢にも由来する。そう彼は語る。

人は自分らしさを、それぞれに形づくっていく。自らの人生の中でさまざまに折り合いをつけながら、少しずつ築いていくのだ。それゆえに鍵となるのは、そもそもの原点、自分の生い立ちを振りかえることだ。人によってさまざまだろう。家族環境が自分に最も影響を与えたと思い起こす人もいるだろう。あるいは、階級、性別、民族、地位、宗教、地域などを挙げる人もいるだろう。

国柄や文化ごとに典型的な特徴もある。たとえば米国では、出身地が大きく影響しそうだ。ヨーロッパの多くの国では、社会的な階級や地位がいまだ鍵かもしれない。アジアではむしろ、家族環境が強く働くのではないだろうか[15]。

良いリーダーは自らの原点を、複数のレンズを通して見つめている。

ソニー・ミュージックで成功をおさめているリック・ドビスを例にとろう。彼はユダヤ人で、ブルックリン生まれで、ニューヨーカーだ。彼はトーラー（モーセが記したとされる律法）を敬虔に遵守するような、正統派ユダヤ教徒ではない。しかし彼は、ユダヤ教のヨム・キプル（贖罪の日）を大切にしている。ひとこと付言すれば、贖罪——神に向かって自らが犯した罪をあがなうこと——を、彼なりにアレンジしている。「もうちょっと違う風に——皆がよりよろこぶ風に——できなかったものか。そう自分を振りかえってみるのは大切なことだ。もともとのヨム・キプルの精神を、今の状況に合わせて解釈しているってことだね」

彼の机はドジャースのグッズであふれている。ユダヤ系米国人の多い土地に本拠地をおき、ユダヤ系選手を好んで獲得するプロ野球チームだ。愛犬の名もドジャースだ。まだまだある。

昨今顕著な、東欧から英国への移住の増加傾向を話していたときのことだ。彼は感情をあらわに、自分自身ももともとのルーツは東欧にあること、そしてなぜ人は移住に踏みきるのかということを、われわれに説いた。かつてチャールズ・ライト・ミルズが述べたように、歴史と人物史の交点で、特別な何かが起こるのだろう[16]。

オセアニア最大のビール会社ライオン・ネーサン社のCEO、ロブ・マーレイは実績ある経営者だ。そして今も相当の権力を有している。彼は優れた成績をひっさげてケンブリッジ大学に入った。また、社会人としてのキャリアの中で世界を股にかけて飛び回ってきた。しかしそれでも、彼は労働者階級の出自を見失ったことはない。その名残か今も、あけすけで歯に衣を着せない喋り方をする。好きなサッカークラブはずっとウォルソール、イングランド中部の工業地域に根づいたチームだ。たとえ世界の反対側にいたとしても、彼はシーズン中ずっと、その試合結果を確認し続けている。

ドビスもマーレイも、ビジネスの世界で相当の成功をおさめたにもかかわらず、自分の原点を常に心の片隅におき続けている。

そしてこれもまた、企業のトップだけに限られた話ではない。シカゴ銀行の郊外にある小さな営業所で、クレアという名の女性が働いている。一社員の立場から、バックオフィスの監督責任者にまでなった人物だ。彼女のデスクの周りは、写真であふれかえっている。シカゴ近郊で暮らす家族の写真や、将来有望な水泳選手だった若かりし頃の写真だ。その前を通りすぎるだけで、部下たちは彼女がどんな人なのか、彼女が口にせずとも感じるのだ。

生い立ちを踏まえる

文化は多様で複雑に絡む。けれども良いリーダーは、自分の生い立ちと今の立ち位置を、えてして淀みなくつなげて語る。その都度、われわれは心揺さぶられてきた。ユニリーバの前共同会長ナイアル・フィッツジェラルドは、自身のアイルランド気質と、自身の道徳観・世界観に母親が与えた影響をしばしば口にする。同時期に共同会長の地位にあったアンソニー・バーグマンも、そんな地位にあるにもかかわらず、オランダの農家の出であることにこだわる。服装だけでなく、歩き方にもその出自が察せられるほどだ。バーグマンはフィッツジェラルドほどオープンに語りはしないが、その生い立ちを誇りとしているのは間違いない。それは彼の一部をなし続けるものなのだ。

世界規模でプロフェッショナルサービスを提供するプライスウォーターハウスクーパーズに、英国での企業再生を手がける部門がある。イアン・パウエルは、その部門のリーダーだ。彼も、生い立ちが自分をどう形づくってきたかを認識している。パウエルは、かつて英国産業の中心だったブラックカントリー出身だ。そのため、はっきりとした中西部の訛り、英国大企業の役員室では非常に珍しいアクセントで話す。家族は勤勉な労働者階級に属し、父親は工場長にまで昇進した（そのため学校教師になる夢は諦めた）。規律の厳しさで有名なメソジスト派でもあった。それもまた彼の道徳観に強い影響を与えた。生い立ちをどう今に活かすか。彼の話は興味深く、誇り高いものだ。皆を率いる立場にある今のパウエルには、これまでの彼の生涯を彩ったさまざまなことが見事に調和している。心なごむ独特なアクセント、にじみ出る謙虚さ、物事への寛大さ、スポーツやロックを好む大衆的な嗜好性。彼はすべてを自分らしさと捉えている。そして、彼の同僚たちもそう見ているのだ。

ブリティッシュ・テレコム会長、また以前はBBCの会長であったクリストファー・ブランド卿も自分らしさをあからさまにしている。彼の場合はまた特徴的だ。彼は、貴族出身である。また、アイルランド北東部アルスター地方の保守党員層、重責を担うことを尊ぶ層の出でもある。上層階級の威厳に満ちた口調で語り、時にはラテン語を織りまぜもする。中には鼻白む者もいるが、少なくとも彼がどんな人物かは誰の目にも明白だ。(気に入るか入らないかは別として)リーダーの振る舞いはいずれにせよまず「本物」でなければならないのだ。

より複雑にことが絡んだ例をあげよう。アパレルの巨大企業GAPでシニア・エグゼクティブとして働いていたパティ・カザトだ。彼女は、カンザス州の田舎町の出身だった。しかし立場上彼女は、都会的に洗練されたニューヨークのデザイナーたちとうまくやっていかねばならなかった。彼女は当時相当に悩み、自分の出自を恨めしく感じていたと語る。肩にカンザスの土埃がついているのではないか。都会的な人々と触れあうとき、彼女はそんな引け目を感じていたという。どうしても、ぎこちなく、ひっこみ思案になりがちだったようだ。あるとき彼女は自分の出身地、カンザスの田舎に帰省した。そのとき彼女は、もともとの自分の生い立ちにあらためて向きあった。出は出、その吹っきりともいえる誇りを胸に、彼女は自分らしく振る舞いだした。取り巻く状況に無理にあわせるのでなく、そこでどう自分らしくいられるのかを考えだしたのだ。

自分らしさを知り、それを打ち出す。自らの生い立ち、原点に立ちかえることはその一助となる。しかしそれが唯一ではない。

人は人生の中で、うつろい続ける。社会的な地位や住む場所も変わるだろう。会社の中で異動したり、あるいは会社を跨いで飛び出したりもするだろう。組織の階段を上ったり（降りたり）するだろう。

そして、こうしたうつろいは、しばしば自分らしさを見失わせる。米国で特に顕著といえるかもしれない。米国の社会的な流動性は極めて高い。そしてそのことが、根無し草の意識や孤独感を芽生えさせてきた。評論家たちはそう指摘する。デビッド・リースマンの古典『孤独な群衆』が深く示唆した、孤立した人々の姿だ[17]。

良いリーダーには、これとは対象的な特徴がある。これまで述べてきた、自分の原点を意識することが一つ。いま一つは、取り巻く状況の変遷に、ただ流されないことだ。おかれた状況に適応していく。そしてそれを、自分らしさを見失わずに行っていくのだ。このテーマについては、追って第5章で掘り下げていく。

自分らしくあるために

自分らしさの原点を振りかえること、自分らしく変化に対処すること。それが「本物」のリーダーであり続ける上で鍵となる。

では、良いリーダーたちは、そんな力をどのように身につけていくのだろうか。実践的な取り組みのコツを以下に記そう。すべてがすべての人にずばり有効ではないかもしれない。あくまでも参考に、自分に適したやり方を考えてみてほしい。厳しいことをいえば、何ら自分に効きそうなものが見えないとすれば、それはリーダーシップの才の限界を意味するのかもしれない。

新たな状況、新たな経験に身をさらす

所属する課を移るようなことから、異業種に転職するようなことまでを含む。

あるCFOが、一カ月の休暇をドラッグ中毒者の更生施設で過ごした。彼は、その体験が自身のリーダーとしての資質をあらためて問いなおすものだったと語る。

なにせCFOなどという肩書きは、そこではまったく何の意味もないのだ。彼と、彼が指揮する人々、そして助けるべき人々が、ただそこにいたのだ。

居心地のよい場所から飛び出してみることだ。自分らしさを見つめなおすには、新たな何か

に自ら踏みこんでいくとよい。日々のルーティンに浸かりきってしまうと、なかなかそこからは抜けられないものだ。

フィードバックを正しく得る

良いリーダーは周りからの率直なフィードバックを求める。

職場での人事評価（たとえば三六〇度評価など）も、率直に向き合えば素晴らしいフィードバックの一環だ。

客観的な第三者の視点から語ってくれる、いわばコーチを見つけるのも一つだ。

さらにいえば、最も他意なく意見してくれそうな、かつ自分をよく知っていそうな人たちを頼ってみよう。そう、友達や家族だ。

歩んできた道を見つめなおす

良いリーダーの多くは、今の自分の人となりをなす、それまでの経験や記憶を丁寧に掘り下げているものだ。

同じような経緯をたどってきた人たちと話しあってみよう。

自分を自分らしくしてきたと思える、過去の出来事に思いをめぐらせてみよう。

生い立ちを振りかえる

GAPのパティ・カザトの帰郷は、彼女に自らの原点を思い出させた。

バークレイズ銀行のサイモン・グリフォードは、毎年短期のゴルフ休暇をとる。一緒にラウンドするのは古くからの友人、ポンティプリッドという彼が生まれ育ったウェールズの町の友人だ。

組織の力学がまったく働かないところで、昔のあなたを知る人々と共に時を過ごしてみよう。

第三の場所を見つける

米国人作家レイ・オールデンバーグは、皆、仕事と家庭に次ぐ、第三の場所を必要としていると説く[18]。仕事上の義務や家庭内の役割から、完全に自由になれる場所。純粋に仲間と交われる、肩に力を入れなくてよい場所だ。

米国の有名なコメディドラマ「チアーズ」でいうなら、登場人物たちがくつろぐバーのような場所だ。

自分らしさを知り、自分らしくあり、自分らしく振る舞う。

良いリーダーであるためには、すべて欠かせないことだ。このことを踏まえた上で、続く第3章では、これらにつきまとうリスクをリーダーとしてどう受け止めるかを議論する。

第**3**章

リスクに身をゆだねよ

Take Personal Risks

前章でジョン・レーサム校長を紹介した。彼は着任間もないころ、意図的にあえて控えめに振る舞った。些細なことではあるが皆が気になっていたこと。壊れたドアノブや止まった時計の修理から手をつけはじめた。そうして、新しい同僚とのつながりを築き、信頼の礎としていったのだ。[1]

しかし、彼がもともと内に秘めていた情熱やエネルギーが噴き出し、大きな変化が起こりだすまでにそう長くはかからなかった。レーサム校長のもとで、その学校はたちまち「モデル校」、他の学校の模範として指定されるに至る。

誰もがそうであるように彼も、自分ならではの強みの一方で弱みも持つ。その熱心さは万人の認めるところだ。しかし、時にそれは行き過ぎて問題を起こす。彼の時間管理は相当に雑なのだ。秘書は、携帯電話の発明に心から感謝しているはずだ。一台持たせることで、そして電源を入れておくように念押しすることで、ようやくレーサムの居場所がある程度把握できるようになったからだ。それ以前はひどいものだった。どこにいるのかさっぱりわからないのだ。手帳に書き込まれたスケジュールなど、彼はおぼろげにしか覚えていない。来客が到着したときにも、校庭の隅でゴミを拾っていたり同僚と話しこんでいたり、そんな調子だったのだ。

しかし興味深いことに、秘書が小言を口にするトーンはとげとげしいものではない。ちょっとあきれたような、愛情のこもったような口調なのだ。これこそ、本章で議論したいことだ。強みと弱みのどちらもあからさまにするレーサムは、とても人間くさい。そしてそれゆえに、皆が彼を「本物」と認めるのだ。

レーサムの体つきは華奢で、顔には大きなアザがある。見た目には、とてもカリスマには思えない。しかし、彼が口を開いた瞬間に、そんな先入観はどこかに吹き飛んでしまう。そうそうお目にかかれないほど能弁なのだ。父親は牧師だったという。生来の才と生い立ちが、彼をそうしたのだろう。周りの人々が潜在的に持つポテンシャルを解き放つ。この一点に、彼は情熱を集中させている。誰もが伸ばすべき素晴らしい才を秘めている、それが信念だ。彼は心からそう考えている。そして子供を預ける親たちにもそれが伝わる。この学校は自分の子供を成長させてくれる、保護者にもそう感じさせるのだ。

レーサムは、自らの想いを同僚たちにも繰りかえし伝えてきた。モデル校としての名声と、それゆえに得られる恩恵も存分に活用してきた。たとえば、優秀な教師を引っぱりこんだり、ＩＴ教育の指定校申請を通じてＰＣ購入の特別予算を獲得したりだ。そうして、この学校をより良い場所にし続けてきた。ときに職員たちの目には、彼が高望みして突っ走りすぎているようにさえ映る。しかし、彼はなんやかやで常に何かしらを手にして戻ってくる。ムダ足に終わることなどほとんどないのだ。

また、職員たちが口をそろえて称えるレーサムならではの特徴がある。それは彼が、同僚一人ひとりの才を認め、頑張りを後押しし、辛いときには励ましてくれることだ。手書きのメッセージや誕生日祝いのレター、そして、支えてほしいときに支えてくれる彼に、皆が感銘を受けてきたと語る。

まだまだ修業中の身と自称する若い女性教師が、ある思い出を紹介してくれた。散々なことが起こったある日、彼女は相当に落ちこんでいたという。そして翌日、彼女はレーサムから一通の電子メールを受けとる。たった一行の短いメッセージだ。「あなたはかけがえのない人だ」。それがいかに自分を救ってくれたか、彼女は語る。校長は見ていてくれた、そして支えてくれた。これ以上ないタイミングで。

「大切にする」ということ

優れたリーダーは、目指す目標を心の底から大切にする。レーサム校長は、学校のあらゆることに対し、その大小を問わず、常に真摯に向きあっている。ほうきとチリ取りを手に、彼はそこかしこを歩き回る。そんな姿を子供たちがからかったりもする。校長の時間の使い方として、いかがなものか。そういぶかる人もいるだろう。しかし、そんな行動は、周りに明瞭なメッセージを伝える。彼がいかにこの学校を気にかけているかということ。そして彼が、皆に説くことを自ら実践する人物であることを訴えかけてくるのだ。

レーサムはまた、「もろさ」もさらす。自らの強さのみでなく、弱みも打ち出している。自分のちょっとした欠点を皆が知っても、彼は気にしない。校長は完璧な人間ではない、そう周りが思っても気にかけないのだ。[2]

レーサムは、最近ちょっと疲れを感じているという。そして最近、すこしだけ手をゆるめることを覚えたそうだ。これまでのように、次々に湧き上がる新しいアイデアやプランをどんどん実行に移すのではなく、やると決める前に二四時間の「頭を冷やす時間」をおくよう心がけているらしい。また、最も信頼する身近なスタッフには、突っ走りすぎに見えたら諭してくれ、と伝えているという。予算や経費を細かく見るのも、昔から同僚たちの仕事だ。要は、レーサムが抱えるもろさや弱さが、学校運営に支障をきたさないように、周りの皆が支えているのだ。

しかし、かといって本人が変われるかというと、そこにはどうやら限界がある。

彼は今でも、大事な客が来たときに校庭のゴミを拾ったり子供と語らったりしているか？――そのようだ。掃除道具を手に歩き回る彼を子供がはやしていると気づいているか？――もちろんわかっている。彼はいずれ変わるだろうか？――そんな兆候はまったくなさそうだ。

他の良いリーダーと同様に、レーサムは自らの弱さをそのまま自分らしさとして受け止めている。そこはもう皆でフォローしなければならないこと、そして付け加えれば、そんな些細な欠点が彼の魅力を高めていることに、レーサムは気づいているのだ。

欠点をさらす

リーダーとして自分らしさを打ち出せば、リスクは避けられない。そしてそのリスクは自らに降りかかってくる。しかし、自分自身を賭けることなく、良いリーダーとして振る舞うことはできない。それは幻想に過ぎず、危なっかしい考えですらある。

レーサムが体現するように、リーダーが弱み——彼の場合は若干のエキセントリックさ——をさらすのは、避けがたいことだ。欠点は往々にして、ゴールを目指す情熱の副産物として、いやでも目につくものだからだ。組織として掲げた目標を心の底から達成しようと思うからこそ、リーダーは自分の人となりをあらわにする。何をなぜ目指しているのか、どうすればそこに到達できるのか。そんな想いをはっきりと打ち出すがゆえに、リーダーは自らをむき出しにするのだ。

しかし一方で優れたリーダーには、同時に自分を客観視するところがある。自らの行動が、皆に正しく伝わっているかどうかを意識し続けるのだ。

前章で、その人「ならでは」の強みとなる持ち味が、はじめから自己認識されているわけではないと述べた。弱みについても、おそらく同様のことがいえる。良いリーダーは、表に出た欠点が周りに何か影響を与えたことに気づき、自分「らしさ」の理解をより深めていく。そしてその影響を踏まえて、どう自らを変えるべきか(あるいは変える必要がないか)を見極めていくのだ。

想いの強さのあまり弱みもさらす。そんな例をもう一つ示そう。化粧品専門店ボディショップの創始者アニータ・ロディックだ。環境の問題や第三世界が抱える課題に、彼女は心を痛め続けてきた。提供する商品のほとんども、たとえばアマゾン川流域のババスオイルを用いるなど、伝統的な先人の知恵を活かしたものばかりだ。その徹底したこだわりはときに彼女を、頑固で短気な喧嘩腰の人間にする。しかしその姿は社員たちに都度、彼女が本気であることを思い出させ続ける。

どちらかといえば欠点になりそうなことが、次第に彼女ならではの持ち味に変わっていった。そういうことである。

リーダーシップとリスクの関係は複雑だ。それを解明するには、まずリーダーシップとは「何かしらの目的を達成するためにある」ことを踏まえなくてはならない。目指すゴールがあるからこそ、リーダーは情熱を湧きたたせる。そしてその情熱をフォロワーと分かちあう。優れたリーダーは、掲げた目標をなんとしても達成したいと願う。心の底から大切にする。それゆえに、自分の人となりすらもぶちまけていくのだ。

「大切にする」、これはリーダーシップを語る上で重要な言葉だ。その響きは優しい。しかし、本当に大切にすること。それはやさしくはない。どんなことが起ころうとも、どんなことを犠牲にしようとも、心の底から何かを大切にする。それがいかにむずかしいことか。皆、苦い思い出とともに心に刻んできたはずだ。何かを本当に大切にするとき、人は自分自身を無防備にさらけ出すのだ。

掲げた目標を絶対に大切にする。そう腹の据わったリーダーは、自らの情熱をもって周りの人々を焚きつけ、がっちりと固い組織のドグマや因習を破壊してでもそれを達成しようとする。そこには往々にして軋轢が生じる。また、その成功は確約されたものではない。リーダーの努力は、必ず報われると保証されたものではないのだ。うまくいかない可能性だってある。そしてそのとき、責任はリーダーに降りかかるだろう。かくしてリーダーは、自らをリスクにさらさざるをえないのだ。

　自らをリスクにさらしてでも、強烈に何かを「大切にする」意識を、「妥協なき自己移入（Tough Empathy）」とわれわれは称する。そのもとではリーダーは決して、最終的に皆で何を目指すのかを見失わない。そして周りの人々には、彼らが「必要とするもの」を与え続ける。掲げた目標の達成にあたり、一人ひとりが果たすべきこと。そして一人ひとりがその役割を果たすうえで必要とするもの。それこそを与え続けるのだ。決して、彼らがただ単にほしがっているもの、「求めるもの」を与えるわけではないのだ。[3]

「大切にする」という言葉に源をなす、「妥協なき自己移入」の概念を紹介した。しかしそれは、チームワーク研修やメンタリング研修を受講して戻ってきたばかりの上司が示すような、部下を丁寧に扱う姿勢などとは次元が違う。

　良いリーダーたらんとすれば、単に皆を尊重するだけでは足りない。自らの周りの人々のことに加えて、今なすべきこと、さらには最終的に目指すこと。すべてをバランスさせて「心から大切にする」ことが求められるのだ。そんなリーダーは、ただリーダーとしての役割をこなしているのではない。掲げる大目標に、一身をもって殉じているのだ。

別の例を挙げよう。ＥＭＩミュージックの元社長、以前はポリグラム・ミュージックの社長だった、アラン・レヴィだ。ポリグラムでフランス事業の責任者に任じられたとき、彼は高飛車で高慢ちきな印象を振りまいていた。彼はやたらと数字に強かった。あたかも、羅列された数字に、他人には聞こえない微かな旋律を感じとるような能力があった。どんなに些細であっても、問われてパッと答えられない数字があったら大変なことになる。部下たちはそう囁きあった。一方、彼がしばしば披露する、以前米国で学んだという専門的な音楽知識は、周りの批判の声を封じこめるものだった。彼は、もともと無愛想で攻撃的な人間でもある。

しかしその矛先は、組織の決まりごとや官僚主義を破壊する方向にも向かった。それは、（特にクリエイティブ部門の）部下たちの喝采するところだった。そしてまた、少人数相手のときは滅法強いが、大人数を目の前にすると落ち着きを失うようなところもあった。

ある役員会議のときのことだ。アルバムから、どの曲を最初にシングルカットするかが議題だった。音楽業界では、シングル曲の選択いかんが業績を大きく左右する。この意思決定は極めて重要で、それゆえに口角泡を飛ばす白熱した議論になりやすい。このときの会議も例外ではなかった。「いまいましい馬鹿どもが！」。どよめく場の空気を切り裂いて、レヴィの怒声が響き渡った。「何にもわかっちゃいない。俺たちはいつだってダンスナンバーを最初に持ってくるんだ！」。翌日を待たずして、この話は会社中に伝わった。大勢の前で話すことが苦手なレヴィにとって、かつて経験したこともないほど効果的な社内コミュニケーションだった。彼は本気な男で、しかも相当な手練れだ。そんな評価が一気に浸透したのだ。「レヴィはシングルの切り方を本当によくわかってる」

彼はビジネスの成功を心から願う。そしてその気持ちを大切にするあまり、強烈な感情を派手に吐き出したのだ。

情熱が人を動かす

「妥協なき自己移入」をもう一例紹介しよう。ロンドン大学インペリアルカレッジの教区牧師リチャード・サイクス卿だ。グラクソ・ウェルカム（後のグラクソ・スミスクライン）の科学者としてキャリアを踏み出し、会長にまで上りつめた。彼は、その情熱とあふれんばかりのエネルギーでよく知られている。また、短気で癇癪もちということでもよく知られている。研究開発部門を率いていた頃の、ある会議でのことだ（著者の一人もそこに居あわせた）。主任研究員たちを集めた年度末の成果評価の場で、終了時刻が近づいた折だった。一人の研究員が、新しい化合物についての質問をサイクスに投げかけた。そして二人は、激しい議論に入った。のち、周りの研究員も巻きこんだ質疑応答がはじまった。そうして二〇分ほどして、その研究員が再度問うた。「サイクス博士」。続けて質す。「あなたはまだこの化合物の構造を理解しておられないようだ」。サイクスの頭にみるみる血がのぼるのがわかった。会社が誇る頭脳集団が見守る中、彼はズカズカと議場を横切り、その研究者の前に立った。そして怒鳴った。「いいだろう、若造！　貴様のノートで議論しようじゃないか！」。そのままその場で二人は、何が食いちがっているのか納得いくまで議論を続けたのだ。

公の場でこれほどに気性をあらわにすることを、不適切と感じる人もいるかもしれない。しかしもちろんこの行動は、サイクスの基礎科学にかける想いを強烈に皆に伝えるものでもあった。基礎科学は、この会社の経営の中核をなすものだ。サイクスは、それを本当に大切にしていた。それゆえに、自分自身を爆発させたのだ。

彼の同僚が、もう一つの出来事を語ってくれた。同じく、サイクスの情熱にまつわるものだ。このときも、社内第一線の研究者たちが相手だった。彼はＤＮＡのらせん構造を提示した。そして、ある深刻な疾患の原因をなすと目される部分を指差した。「なんとしても治療法を見つけ出す！」。彼は単刀直入に言いはなった。聞き手のなかには感涙を流す者さえいた。そのあふれでる感情を目の前にするとき、彼が組織の大目標にすべてを投げうっていることを疑うものなど、誰一人存在しないのだ。

なぜリーダーシップにリスクが伴うのか

リーダーとして振る舞う。それはあらわに自分自身をさらすことを伴う。当然思い浮かぶ疑問は、ではいつ、どのようにさらせばよいのか、だろう。この点はのちに触れる。ここではあえて、もう一度考え直してみたい。「なぜ」さらさねばならないのか。あるいは、「何が」さらさせるのかだ。

米国大統領史の権威でもあるジェームズ・マクレガー・バーンズが、三〇年ほど前、「取引型リーダーシップ」と「変革型リーダーシップ」の概念を提唱した。そして数年前に、スウィンバーン工科大学のアリスター・マントがこれを発展させ、人の志向性について「二元型」「三元型」の二種類のモデルを提起した。

前者「二元型」に属する人は、自分と他人の関係に限定して物事を捉える。それゆえに、自分をより有利にすべく行動する。つまり、相手をそそのかす。あるいは、コントロールしたり支配したりする。そんな欲求に突き動かされやすくなる。

後者「三元型」に属する人は、自分と他人の関係に加え、双方を律しているより上位の何かを踏まえる。その何か、第三の極には、自分と他人がともに仰ぎみるべきものが位置する。たとえば、共有化された理念やゴールなどだ。マントはこう説明する。「三元型の人は、〈自分は（この相手に）勝てるか?〉ではなく、〈何のためにわれわれは向きあっているのか?〉を考える」。そしてこう付け加える。「良いリーダーとなりうるのは三元型の思考をする人だ。なぜなら、私欲に——自分がどう生き残るかに——わずらわされないからだ」

このような人々は、大所高所、いわば見晴らしのよい場所から全体を俯瞰する。そして、一つには、自分と相手がともに目指すべき目標とは何か。そこにどう手を携えて到達するかを捉えようとする。またもう一つには、自分たちは今どんな状態か、目標と照らしてどの位置にいるのかを、自らも客観視した状態で捉えようとするのだ。

この二段の抽象化は同時に行われる。そして、往々にしてその間には大きなギャップがある。リーダーは、大目標を掲げてそれに心酔する自分を認識する。しかしまた、そこには遠く至らない自分たち（自分と自分が率いる人々）も認識するのだ。リーダーは、そのズレに気づきつつも突き進む。うまくいかなかったとき。目標に到達できなかったとき（そして今のところ目標ははるか遠くにある）。そのとき、皆を率いるものとしてリーダーは責任を負うだろう。しかし、それこそがリーダーがあえてとらねばならないリスクだ。かくしてリーダーは、マントが表現する「冗談のわかる人」[4]になる。主観的なオモイコミと、客観的なツッコミを、自らのなかで両立しているのだ。

マントの洞察は、われわれの考えとも極めて近い。卓越したリーダーたちは、揺るぎない高邁な目標に駆りたてられて行動する。そしてそれがもたらしかねない、自分が背負いこむだろうリスクも認識する。しかしそれでも、突き進んでいくのだ。ヨットマンのピート・ゴスはこう表現する。「なすべきことのために人はある。ボートが世界を一周させてくれるのではない。自分がボートを世界一周させるのだ」

そこでは、やや逆説的なことが起こる。つまり、「自分が心底大切に想う何かを打ち出している」リーダーの姿は同時に、「自分そのものも打ち出している」のだ。かくして皆の目には、リーダーは単に与えられた役割をこなしているのではない、と映る。必要最小限の義務を果たそうと汲々としているのではない、と映るのだ。リーダーは、掲げた目標の達成に自分自身を賭けている。そう感じとるのだ。

しかし同時に、リーダーは客観的な視座も維持し続けなくてはならない。周りはどの程度ついてきているか、自らの振る舞いは皆にどんな影響を与えているか、自分たちは掲げた目標に近づいているか（あるいは遠ざかっているか）。これらを冷静に測らなくてはならないのだ。

そのためには、役割距離――自分が果たしている役割と冷静に見たときの自分の位置とのギャップ――の認識が求められる。それはリーダーが持つべき能力、そして覚悟だ。かくしてリーダーは、マントの言う「冗談のわかる人」になるのだ。

ジョン・レーサム、アラン・レヴィ、リチャード・サイクス、ピート・ゴス。彼らは、自分たちが何を果たそうとしているのかを見失わない。彼らは皆に、「ほしいもの」ではなく、「必要なもの」を与える。そして「妥協なき自己移入」に立脚する。周りの人々、今なすべきこと、そして究極的に目指すこと。すべてをバランスさせて「大切にする」のだ。

かかるバランスを取り続けて歩を進めるのは容易ではない。そしてその中で背負いこむだろうリスクは、率いられるものより率いるもの――つまりリーダー――の方が大きい。

「リーダーシップの理論は往々にして、『大切にすること』を簡単なものであるかのように描く」。カルバン・クライン化粧品の会長兼CEOだったポラン・マンキューゾは語る。「リーダーは、個人的にはやりたくないこともやらなければならない。それは本当に辛いことだ」。ネスレのピーター・ブラベックはこう表現する。「いかなる場合においても、軸がぶれてはならない。目の前にいる部下と自分との間の個人的感情に流されてはならないのだ。組織として成し遂げようとしていることは、そんなものよりはるかに大きい。重視すべきは、自分個人がどうしたいかではない。組織を率いる身として自分が何をなすべきかなのだ」

心をつかむということ

いかなる困難が待ち受けていようとも、リーダーは高く目標を掲げてその達成に邁進していく。自らを賭け、自身をリスクにさらすことをいとわない。そしてそれゆえに、リーダーは周りからの尊敬を得る。

米国内陸部に、ある公営団地が存在する。その管理責任者、ポール・マクダモットがまさにそんなリーダーだ。この団地はかつて相当に悪名高かった。残忍な殺人事件の現場にもなったし、一九八〇年代には繰りかえし暴動が発生していた。しかし、皆の執拗な努力のもとに変容を遂げ、いまや世界各国から視察団がやってくるまでになった。アイルランド系米国人であるマクダモットは相当にタフな人物だ。そしてこの変革の中心にあり続けてきた。彼は、それぞれに得意分野を持つ有能な人材を集めてチームを組織した。そして、チームの皆に対して、常に率直であることを重視してきたという。率直に語らうことなくして敬意は生まれえない、彼はそう考えてきた。居住者の生活をより良いものにする。その一点に自らを賭け、皆からの尊敬を得てきた。彼は、敬意を得る努力は一度きりのものではなく、終わりなく続くものであるとも語る。

彼の行動にその実例を探ろう。彼は着任早々、管理事務所を引っ越した。離れた場所にあったものを、件の団地のど真ん中に移したのだ。彼は団地に巣くっていた麻薬の売人たちを立ち退かせなければならなかった。もちろん売人たちも、「はいそうですか」とすぐ引きさがりはしない。身の危険すら感じられる状況だった。しかしマクダモットは、チームの皆に「われわれは逃げない」と言い続けた。彼は振りかえって語る。「自分たちが本気であることを見せつけなくてはならなかった」。この場所を皆にとってよきものとしたい。この熱意に彼は突き動かされていた。そろそろ見切りをつけて別の仕事でも探した方がよい、そんな忠告は彼の耳にはまったく入らなかった。この仕事がいかにエキサイティングであるか、同僚たちをいかに気をかけているか。彼は活き活きと語る。実際、そんな厳しい環境にありながらも、リーダーとしての役割を楽しんでいる風さえあった。容易なチャレンジではない。しかし彼はすべてを、心底大切にしていたのだ。

もう一人、ＢＢＣのグレッグ・ダイクの例を紹介しよう。社長に着任した時期、競合するメディア各社はＢＢＣよりもはるかに大きな割合を番組制作予算に割いていた。ダイクは、きたるデジタル社会で勝ち残るには、ＢＢＣも番組制作の予算をもっと増やさなければならないと考えていた。彼はこの考えを、オープンかつダイレクトに皆に語り続けた。そして、皆もそう感じはじめた頃あいを見計らって、予算配分にてこ入れしていった。仕事を失う職員もいた。しかし、彼は皆の心をつなぎとめ続けた。「いったん皆の心をつかめたら」。彼は言う。「避けて通れない困難な意思決定も下せるようになる」[5]

　しかし、スタッフの心を捉えて士気を高め、良質なプログラムの提供をＢＢＣの中核に据え直していたダイクは、一方で敵もつくった。そして、その敵の一部は、極めて手ごわかった（第9章で詳述するが、ＢＢＣの理事たちだ）。彼らは、ダイクが何かしら失敗するのをじっと待ち続けた。そして彼らは、あるトラブルにさらされて無防備になったダイクに襲いかかる。結果、ダイクは職を失った。

　リーダーシップを発揮し、変化を起こしていくこと。それは危険なゲームでもある。そう、誰にとっても、である。

あなたは踏み出せるか？

　われわれが挙げるリーダーの多くは、すでに力のある役職に達しているからこそ、報復を恐れずに自分を打ち出せるに過ぎない。そんな印象を持たれる方もあろう。確かに、たとえばグレッグ・ダイクは、すでに相当の実績と資産を築きあげており、もはや自分らしくもありやすいだろう。

ただし、見逃してはならない重要な点がある。それは、紹介するリーダーのほとんどは、(現在の地位につく)はるか以前の段階から、自分らしさを打ち出し続けてきたことだ。トップの座につくまで、じっと息をひそめていたわけではないのだ。考えてもみてほしい。長いこと自分らしさや目指すゴールを抑えつけておきながら、ある日突然それを打ち出せるか? そんなことは起こりがたい。むしろ、自分自身を抑制し続けながら望む役職を手にしたとしても、その時にはすでに、自分らしさを知る力も打ち出す力も失ってしまっているものだ。

リーダーとして自分らしく振る舞い、皆を牽引していく。なかなかそう踏みきれないバリアは、個々人の内面にこそ存在する。多くの人々は、自己防衛意識のためにリスクをとれなくなっている。

もう少し掘り下げよう。心理学が提起する「自己概念」を紹介したい。父親、母親、息子、娘、夫、管理職、テニスクラブの会員、町内会の会長など、人は皆それぞれに、日々の暮らしの中で、異なった顔を持つ。そして個々人の心の中には、自らが果たしているそれぞれの役割を統合した自己概念が存在している。[6]「自分は何者であるのか」の認識を形づくるものだ。

かかる自己概念が公になることもある。たとえば「運動が得意」あるいは「創造性が豊か」などと自称する人を思い出してみよう。その人は、日々の生活の中で演じるさまざまな役割に大きく横串を通している。そうして、総合的に見て言えそうな側面を、自分の特徴として口にしているのだ。

しかし一般に、自己概念のほとんどは内に閉じたものだ。親しい友人や家族のみが知っているか、あるいはまったく誰とも共有されていないものだ。誰にとっても、自分自身は大切だ。よって自己概念も大切だ。だからこそ、それを防衛しようとする本能が働く。自分が心に秘めている自分が何者かの認識。それに他人が過度に踏みこんできたり、あるいは攻撃したりすれば、ありとあらゆる自己防衛メカニズムが働く。たとえば、いつも会議に遅れてくる同僚がいたとしよう。そしてあなたが、その人物のルーズさを注意したとしよう。どんな反応が返ってくるだろうか。そんなことはない、と立腹するかもしれない。すみません、と即座に謝るかもしれない。いやいやご指摘通り、とごまかそうとさえするかもしれない。そして、これらすべては「自己防衛反応」でありうる。つまり、メッセージを受け止めていないサインかもしれないのだ。きちんと注意したつもりでも、同じことを繰りかえし続ける。そんな人々はすぐ思い浮かぶのではないだろうか。おおかたの場合、あなたのメッセージは、相手の自己防衛のバリアに遮断されている。一度たりとも、受け止められてはいないのだ。

程度の差こそあれ、誰もがこのような自己防衛機能を持つ。自分の内面をどの程度暴露するか、また相手のフィードバックをどの程度受け止めるか。人は意識的・無意識的に、自ら制限するのだ。もちろんリーダーたちも例外ではない。

さてここで、自分らしさの打ち出しが鍵、とのわれわれの主張を振りかえってほしい。要は、良いリーダーは、自分のすべてを見境なく衆目のもとにさらすわけではない、ということだ。周りの人々がそのリーダーの人となりの「輪郭」を察しうる程度にさらすのだ。付言すれば、皆の共感や共鳴を呼ぶように、自分らしさを示す。いわば「十分に」、そして「巧みに」打ち出すのだ。

しかし実際は、そもそも自分らしさなどほとんど打ち出していない。これが、世の多くの人に見られる現実でもある。さまざまな理由があろう。

一つには、世の中にはそもそも内向的な人間が多いことだ。組織のトップたちを取りあげてもそうである。[7]部下と腹を割って語りあったり、部下の心を高ぶらせたり。内向きのリーダーは、そのようなことが行えていない。結果として、自分らしさを伝える機会にも意欲にも恵まれていない。残念なことに、リーダーシップを説く書籍の多くがこの点を見逃している。たいていの場合、もともと外交的な人物像を想定しているのだ。たとえば、ＭＢＷＡ（Management by wandering about）という概念――社内を積極的に歩いてまわって情報のやりとりを行うスタイル――がよく提起されるが、これは内向的な人間にとっては相当にハードルの高いチャレンジだ。上司や同僚や部下からの三六〇度評価に、自分のことが皆にあまりにも知られていない事実を知り愕然とする人々のいかに多いことか。

二つ目は、近代経済の高度化が、細分化された専門家群を生み出してきたことだ。技術の専門家や法律の専門家など、こと専門家と称される人々は往々にして、リーダーとして必要不可欠な対人関係構築の力が弱い。実際われわれの経験でも、リーダーシップの欠如が最も顕著なのは、プロフェッショナルが集まる知識集約型の企業だ。なぜか？

おそらく、専門性の高い人物は、同僚との関係や組織としての成果というよりむしろ、（それがなんであれ）得意領域の研鑽を志向しがちだからだ。泡の質向上に取りつかれたビール会社の技術者や、嘔吐中枢にしか目がない製薬会社の研究者、あるいはデリバティブ取引に特化した投資銀行のディーラーなど、枚挙にいとまがない。そして彼らのほとんどは、自分の興味領域を片手間にしてまで、他人を率いる労を引き受けようとは考えない。彼らは、自分の専門性の周りにキャリアを築きあげてきた。そして相応に報いられてきたし、それなりに自由気儘に活動する権限を与えられてきた。彼らは自分らしさを、個人的な特徴や持ち味で示そうとは考えない。むしろ、専門性で示そうとする。もっとも専門性に秀でた人物こそが勝者。そんな世界観だ。自分の専門性さえ十分に高まれば、人にあれこれ指図されることはなくなる。そう考えるのだ。

そして三つ目は、現実的には世の大多数を占める、中間管理職や一般社員についてだ。彼らは過去二〇年にわたり、組織の中で鋭気を削りとられてきた。組織のダウンサイジングやリストラクチャリング、フラット化の中で、相応の対価を払い続けてきたのだ。よりせっせと、より長く働くことを強いられ続けてきた。業務上の成果を細かく監視され、測定されてきた。また同時に、（過去は存在していたはずの）社内キャリアパスがもろくも崩れさる様を目にしてきたのだ[8]。

往々にして一方的な会社からの要請にさらされる中、社員たちが首尾よく意識高く活動していることなどまずない。皆の心には、不信や皮肉、あるいは憎悪が鬱積している。そんな雰囲気の中にあっては、リーダーとして自らリスクをとり組織を引っぱっていく気概はうまれにくい。むしろ逆に皆、自分としてどううまくやっていくかを意識するだろう。なるべく余計な火の粉が降りかからないようにするだろう。なるべく業務にのめりこまないようにするだろう。そして、自分らしさは私生活のためにとっておくだろう。プレッシャーに押しつぶされそうな業務生活をじっと耐えて、家族や趣味、個人的なチャレンジで自分らしさを発散するのだ[9]。仕事で自分らしくリーダーシップを発揮する、そんな気分にはならないのだ。

あえて、寒々とした表現を用いた。必ずしもすべての組織や職場が、内向的な人物に率いられていたり、個人主義的な専門家だらけだったり、無気力な人々にあふれていたりするわけではない。優れた人材マネジメントを行い、社員の意識を高め、リーダーシップの開発努力を続けている企業も存在する。ビジネス誌によく見かける通りだ。しかし、巷で目にするたとえば事業報告書の類いが、自社人材の開発になどほとんど頁を割いていない事実を見るとき、暗澹たる気持ちになる。一握りの優れた企業を除けば、おおかたの組織で働く人々にとって、われわれの提言の実践はどんどんむずかしくなっているように感じる。

「自らリスクをとれ！」「自分の弱みをさらせ！」

あなたの耳には、どの程度大変なことに響くだろうか。

自ら踏み出してリスクをとる力も、何も組織のトップだけに求められるものではない。優れた組織においては、良いリーダーがあらゆるところに存在する。われわれは、企業の社員のみでなく、看護師や教師、地域の役場の職員の中にいる、多くの良いリーダーと出会ってきた。彼らは、日々の業務の中で、自分らしさを十分に打ち出している。そして、弱みも巧みにさらして、自分のリーダーシップ発揮に役立てているのだ。

目的を見失わないために

では、何をなせばよいのか。その答えはあなた自身の中にある。「自分の目指すものをはっきりと理解」し、「自分がなすべきこと」を踏まえ、「心から大切にするものを守るべく」行動していない限り、リーダーとしては振る舞えない。さもなければ、先行きの不透明さや苦難――どの道避けようがない――を、乗り越える意志もエネルギーも持ちようがないからだ。優れたコーチングやメンタリングを通じても、人は自分らしさに気づきうる。しかしわれわれは、自分らしさを「仕事に」見出す大切さを、ことさらに主張したい。それこそが、一人ひとりの心を健やかにし、社会における人と人とのつながりをより豊かにする。そう信じてやまないからだ。

米国人作家のスタック・ターケルが、著書『仕事！』に忘れがたい一文を記している。「仕事とは、パンを買うためだけにはない。生きる意味をかみしめるためにもあるのだ。収入を得るためだけではなく、自らを世に問うためにあるのだ。簡単にいえば、仕事とは、月曜から金曜まで死んだように過ごす以上のことを指す……生きる意味や自分の存在意義、生きざまを求める権利を、誰もが持つのだ」[10]

目的意識を持ち、自分らしさを——弱みも——さらすように気を配る。良いリーダーとなるにはそれで十分かと問われれば、そうではない。しかしこれらは、リーダーシップの基盤として決定的に重要だ。そう述べた上で、では次のステップは何か。先立って触れたもの——どのように自分をさらけだせばよいのか——だ。リーダーシップは人間的関係に立脚する。人と人とのつながりのなかで「十分に」、そして「巧みに」どう自らを打ち出せばよいのかを考えよう。

自分らしさを、十分に、巧みに打ち出す。その留意点は何か？　まず理解しておくべきは、自らの弱点をなんでもかんでもさらせばよい、というわけではないことだ。それは現実的でない（自分の弱みを知りつくした人はそういない）上に、「やりすぎ」だ。他人のあらゆる欠点が目についてしまえば、その人物を信頼することなどできはしない。弱点があまりに目につけば、その人物の強みの印象などかき消されてしまう[11]。

良いリーダーは、周りの皆の不満を、「ちょっとした」自分の欠点に集中させる。だからこその弱みを、自分ならではの持ち味として活かしうるのだ。周りの人が助けてあげたいと自分から思うような、リーダーの人間臭さを醸し出すような弱みだ。

ただしそれは、「本物」でなければならない。そしてまた、業務遂行上「致命的なもの」であってはならない。

弱みも「本物」でなければならない。本当に隠しておきたい自分の欠点から皆の注意をそらすために、何か別のものをひねり出すようなことは絶対に避けねばならない。人は、「偽物」を即座に見抜く。採用面接を担当したことがおありだろうか。自分の短所を問われたとき、いかに多くの応募者がもっともらしくこう口にすることか。「わたしは少し野心的すぎます」「わたしは皆に厳しすぎます」。そんな、弱みの衣をまとわせて、それとなく強みを持ち出そうとする姿勢が、どれほどうそ臭く見えることか。また、まったく新しい弱みを捏造しようとするのも無意味だ。矛盾や嘘を指摘されて、「まるで気づかなかった」かのような、放心したそぶりをする人をあなたはどう思うだろうか。

そして、弱みはまた、業務遂行上致命的なものであってもならない。財務部門の長に任じられた人間が割引現在価値について何一つ知らないと宣言したならば、周りからの信頼はとても得られないだろう。ヨットマンのピート・ゴスが、航海術について何の知識もないと告白したなら、チームの皆が惹きつけられることはないはずだ。

どこで自らのリーダーシップを発揮するか。この選択には慎重を期さねばならない。つまり単純に、「自分には向いていない」領域も存在するのだ。ここまであからさまだと、誰の目にもすぐそれとわかる。しかし現実的には、もっと微妙だ。たとえば人事部門の長にとって、情報漏洩癖などは致命的なものといえよう。なぜなら、業務上得られるさまざまな情報の秘匿性を維持することで、その役職が成りたっているからだ。しかし、そこには矛盾する要素がある。社員から何らかの（正直な）情報を得るためには、何かの情報をこちらからも与えなければならないからだ。よって、「しかるべき」種の情報を伝えることが鍵となる。「スージーが昇進するなんてまずありえない」などではなく、「福利厚生を手厚くしようとしている」程度のことを伝えるのだ。

さらすべき弱みは、偽物であってはならないし、致命的なものであってもならないと述べた。では次は、「どのように」さらすかだ。これは、相当に芸術的だ。自らがおかれたさまざま状況を、鋭く読みとることが求められるからだ（この点は次章でも詳説する）。例として、ボビー・ロブソン卿を取りあげよう。彼は、サッカーチームの監督として、ニューカッスル・ユナイテッドやバルセロナ、イングランド代表チームを率いてきたベテランだ。そして、選手の名前を混同したり、すっかり忘れたりすることで有名だった。可能性としては、相当に致命的な欠点だといえよう。そんな人物がリーダーとして生き残るとは想像しにくい。しかし、ロブソンはその弱みを、彼のサッカーに対する情熱の副産物として、やむをえないもの、と皆に思わせた。チームの選手たちは、年老いた風変わりな大学教授のように彼を扱い、特に糾弾もせず放っておいた。かくしてロブソンはその忘れっぽさを、ロッカールームの冗談のネタとして活かすやり方を学んだのだ。

このように弱みは、リーダーにとって役立つ。ちょっとした個人的な欠点が、人間としてのリーダーをより味わい深くするのだ。そしてこれこそ、われわれが弱みや不完全さの暴露をリーダーシップの鍵に据える理由だ。リーダーは単に役割をこなす機械ではない。心をもった人間であることが、周りの皆に伝わっていくのだ。

たとえば、J・F・ケネディ大統領やモハメド・アリ、ダイアナ妃への世の人々の愛情を考えてみてほしい。皆かなりあからさまに、人間的な弱さ――人々が許容する弱さ――をさらした。それぞれに、他の政治家やスポーツ選手、王族とは一線を画す印象を人々に与えている。十分に自分自身をさらしていたからだ。そして彼らの印象は、損なわれることなく語りつがれてきた。

ケネディ大統領を考えよう。彼の欠点を誰かに問えば、おおかた「女たらし」の印象をあげる。嫉妬からそう言う人もいれば、道徳的立場からそう言う人もいよう。彼は実際、相当に無分別だったようではある。しかしポイントは、彼のこの欠点の是非ではない。世代を越えて語りつがれるこの欠点が、その他にもあったかもしれない彼の欠点から、人々の目をそらしていることだ。

弱みを見せることはまた、周りの皆に「どうリーダーを支援すればよいか」の手がかりも与える。そうして、率いるリーダーと率いられるフォロワーの間に、一体感が芽生えていく。「スケジュールの整理が苦手でね」と示せば、アシスタントは日程調整を手伝う必要性を感じるだろう。「技術的なところは実はよくわからない」と示せば、技術に詳しい部下は自分の知見がチーム全体にとって重要なことを知るだろう。

ロシュのビル・バーンズは、部下に素早い意思決定を強いられたとき、しばしばあえて結論を先延ばしにする。「時に、その案件に自分としても深く入りこみすぎていることがある。優柔不断だとか、凜とした決断が下せないとか思っている部下もいるだろう」。しかし彼は往々にしてその先送りを、皆の自発性と主体性を引き出すために使っている。「周りの皆が自ら意思決定するようにしたいのだ」

ニューヨーク在住のある雑誌編集長も同様だ。彼は、自らが赤緑色盲であることを皆に告げている。それゆえに色目の選択は、すべて美術スタッフに任せている。スタッフたちは、彼の弱みを知るがゆえに、より熱心に業務に邁進する。微にいり細にいり、彼らは徹底して議論する。間違った意思決定をしたとしても、編集長を責めるわけにはいかないのだ。

また逆説的ではあるが、自分の弱みを皆に知らせてしまうことで、「気が楽になる」という要素も見逃せない。周りの皆に指摘されてしまい、自己防衛的になったり無力感に苛まれたりするよりは、「白状してしまう」方が気を揉まずにすむ。つけ加えれば、(より知られるとダメージの大きい)その他の弱みを、皆が詮索するのを防ぎもするだろう。同時に、フォロワーも気が楽になる。なぜなら、公然の秘密としてあけっぴろげに文句（やジョーク）をぶつける対象が与えられるからだ（陰で執念深くあら探しされることと比較してほしい）。リーダーのちょっとした欠点は、組織にとっての「嘆きの壁」のようなものだ。皆の不平や不満が、そこに集約されるのだ。

自分の弱みを白状する。その効果は、これまでの例を鑑みても理解しやすいと思う。それがどうリーダーを利するのかも、把握できるはずだ。しかし、組織にはこれを妨げる力学が存在する。たとえば人材養成のプロセスには往々にして、「完璧さ」を強いる力学が働く。またリーダーシップそのものより、その個人の強みを徹底して引き出そうとする力学も働くからだ。たとえばスポーツや美術、科学の分野の「エリート」育成では、個々人をなるべく完璧に近づけることが眼目となるだろう。しかし、それは必ずしもリーダーシップ開発には当てはまらない。自分がより優れている――あるいは最高に優れている――ことを証明するような努力は、個々人が相手を打ち負かすことが求められる状況では求められるかもしれない。しかし、個人が手を携えて何かをなさねばならない状況下では適切ではないのだ。余談ながら、著名なビジネススクールは、コンサルタントやアドバイザー、ストラテジストに求められるような分析の力を磨くには優れている。しかし一方、リーダーシップを育むという観点からは、まだまだとも思えるのだ。

念のために記しておきたい。われわれは、弱みこそがリーダーシップの中核にあると主張しているのではない。それはばかげた主張だ。弱みとは、強みを提示したのちに、控えめにさらすべき性質のものだ。弱みが組織の危機を救うなどということは、そもそもありえない。たとえば、BBCのグレッグ・ダイクは時折、大噴火した。しかし彼は後日、不幸にもその矛先を向けられた人間を呼んで詫びた。そしてこんな欠点は、連日見せつけられるべきものでもない。あまりに常態化すると、弱みは決定的な個人特性となる。看過できる例外的なちょっとしたものではなくなる。ダイクは、自らのこの欠点をどう活用するかに、実際は相当気をつかっていたのだ。

弱みは、触れるべきでない、減じるべきでない、なくしてしまうべきでない。そう主張しているわけでもない。このような意識は、妙な自己満足につながりかねない。また、自己研鑽する努力すらもなおざりにさせかねない。

われわれの主張は、背負わざるをえないリスクへの覚悟と、自分自身の弱みの暴露は、不可避であるということだ。「大切にすべきもの」への徹底したこだわりの副産物として、いかんとも避けがたいのだ。また良いリーダーは、どう自分の（些細な）欠点を皆に表現するか――皆がその欠点を肴にすることも認識しつつ――を学んでいくということだ。ジョン・レーサム校長の同僚にインタビューしたとき、われわれは驚きを覚えた。われわれのような見知らぬ人間が相手で、しかも会話はテープレコーダーに録音されている。そんな状態にもかかわらず、彼らはレーサムの欠点をあけすけに語った。そこに悪意はこもっていない。ただ率直に語るのだ。校長はそんなことを気にしない。彼らはそう理解しているのだ。

また、弱みの打ち出しは、言葉よりも行動の方が効果的だ。実際に目に焼きつけられれば、口コミで伝播していく。

グレッグ・ダイクは、ＢＢＣのリーダーシップ・グループが集ったクリスマスのランチの際にそんな機会を設けた。このグループはダイクが新たに設定したもので、八〇人からなるエグゼクティブたちが集う場だ。彼は、このグループでもって、組織のさまざまな課題を解決しようとした。管理過多で牽引力不足、そんな印象が強かったＢＢＣの改革を目指す中心的な集まりにしようとした。ランチの会場は、マジック・サークルというマジシャン集団が本拠地をおく劇場だった。プロのマジシャンが素晴らしい手品で皆を魅了した。しかるのちに、ダイクが壇上に立った。そして、骨折って練習したという手品をお披露目した。ソーセージのような太い指で、たどたどしい。タネもどうやらあからさまで、会場は同僚たちの爆笑につつまれた。ダイクが再びそのマジシャンとしての才（のなさ）を披露することはなかった。しかし皆、今にいたるまで親しみをこめて語りついでいる。

ダイクは、最初から弱み——この場合、手の不器用さ——を見せようと思っていたのだろうか？　もちろん違うだろう。しかしおそらく彼は、人間臭さが彼のリーダーシップに役立つことは知っていたはずだ。そしてもちろん彼は、自分が率いる事業がどんなものかも認識していたはずだ。そう、エンターテインメントだ。

自らマジックを披露しようとする。その試みは、素晴らしい状況判断、（愉快で些細で笑って許せる）弱みの見極め、同僚たちとの一体感・親近感醸成の、すべての力が組み合わさったものだ。手品そのものはとても褒められたものではない。しかし、リーダーシップのマジックとしては、間違いなく最高レベルだ。

繰りかえし、「本物」のリーダーとして振る舞うなら、個人的な強みと弱みをさらすことは避けようがないと述べた。本書を脱稿しようとしていたとき、われわれはある訃報に接した。高名なサッカー監督だった、ブライアン・クラフだ。彼は、当初パッとしなかった二つのチーム、ダービー・カウンティとノッティンガム・フォレストを、二部リーグから全英チャンピオンの座にまで導いた。特に目立った選手もおらず、資金も限られていた中で、である。ことにノッティンガム・フォレストは、欧州のクラブチームにとって最も権威ある大会、ＵＥＦＡチャンピオンズカップで連覇を果たすに至った。

クラフは、あきらかに優れたリーダーだ。彼は、（並の能力の）選手たちを、より高いパフォーマンスに向けて駆りたてたのだ。しかしどうやって？　恐らく、驚くような奇策によってではない。ありし日を回顧する追悼記事は、彼の比類なき人心掌握術を振りかえっている。

「ユーモアたっぷりの」「常人とは異なる」「一匹オオカミのような」「カリスマ性にあふれた」人物と彼を評する。

クラフのこの持ち味は、選手たちにどう伝わっていたのか。その一人、ジョン・ロバートソンはこう語る。「彼は、太った怠け者みたいなチームを、国を代表するしっかりとしたチームに仕立ててあげた」。さらにこうも言う。「監督は決してチャンスを見逃さなかった。なにせ、そのアドバイスはすべて的を射ていたんだ……そりゃ尊敬もするさ。ともに過ごした三年間、土曜日が待ち遠しかった……彼のためにプレーしたかったんだ[12]」

クラフの自叙伝の中で、「優れた選手だがむかつくヤツ」と評されたマーティン・オニールは言う。「恐ろしく自分勝手で、時には威張り散らしていた。耐えがたい監督だったよ。でも、彼に率いられていたときのことを一日だって忘れたことはない。何といっても、監督としてはどうしようもなく素晴らしかったからね[13]」

ジャーナリスト、マイケル・パーキンソンはクラフをこう描いた。「クラフは好んでこんなフレーズを口にした。『わたしは監督だ。雇われ監督じゃない』。事実はその両方だったのだが、いずれにせよ彼は愛すべき存在であり、手に負えない存在でもあった。素晴らしく聡明であり、限りなく愚かでもあった。魅力たっぷりであり、おっかなくもあった。どうにもつかみどころのない、茶目っ気たっぷりな人物だった[14]」

クラフは何かを大切にしていただろうか？　もちろんだ。彼は「正しく勝つ」ことを心底大切にしていた。彼は、流れるようなパスサッカーをチームに叩きこんだ。一方で、審判に詰め寄った選手を厳しく罰した。規律にも厳しかった。選手個々人の服装や見た目も、相当にキチンとしていることを求めた。教育も大切にしていた。若い選手たちは学位を修めるべきだ、と主張し続けた。彼は社会的な正義も大切にした。一九八〇年代のイギリス炭鉱労組のストライキの際、鉱山労働者に無料で試合を開放したりもした。

その情熱――正しく勝つことへの情熱――は、彼に強みや弱みをさらさせたか？　間違いない。彼はなにせ、茶目っ気たっぷりだったのだ。選手たちは、クラフに畏怖と愛情の念を抱いた。皆の目には、軍隊の曹長と年長の兄貴が混ぜこぜになった人物として映っていた。間違いない。彼は「妥協なき自己移入」を体現していたのだ。

クラフは、自分の長所や短所を、意図的に使っただろうか？　そうだろう。ＯＢＥ勲章（大英帝国四等勲章）を授与されたとき、彼はこう洒落た。「ＯＢＥってのは、わたしのあだ名（Old Big 'Ead）の略か？」。ノッティンガム市から名誉市民の称号を授かったときは、市内を流れるトレント川を称えてこう述べた。「素晴らしい川だ。なんせ一八年も身を委ねてきたんだから、そのくらいは知っているよ」。また、自分を史上最高の監督と思うかどうかを問われてこう返した。「まさか！　でも、トップ・ワンのうちの一人ではあるだろうね[15]」

ブライアン・クラフは、自分らしさを――欠点も含めたありのままを――さらけ出して、自身を輝かせ続けた素晴らしいお手本だ。その途上では、相応のリスクにも身をさらした。そしてそれゆえに報われた。あまりに物言いが率直だったことが、彼自身熱望していた、イングランド代表チームの監督になれなかった原因かもしれない。また、皆の知るところとなったそのアルコール依存症は、彼の晩節を汚しもした。しかしいずれにせよ、卓越したリーダーとしての彼の名声は、今もなお轟いている。

優れたリーダーは、自らの欠点も役立てていく。弱さをさらすことで人間味を醸し出し、そうして、ただのリーダー役から脱皮していく。しかし、欠点の暴露は、十分に注意して、かつ、おかれた状況を鑑みて行わねばならない。

次章では、リーダーが自らを取り巻く状況をどう読み、「今」できることの限界をどう見極めていくのかを考える。また、リーダーがいかに状況を変えていくかにも触れる。

そこでは、「何が変えられて、何が変えられないのか」。これを把握する力こそが鍵となる。

第4章

おかれた状況を感知せよ

Read —and Rewrite—the Context

リーダーシップは取り巻く状況に色濃く影響される。いついかなる場合においてもだ。どんな状況下でも重宝できるような、普遍的なリーダーシップのかたちなど存在しえない。

優れたリーダーは、これを理解している。「効果保証付き」の型通りの振る舞い方などない、と認識しているのだ。彼らは逆に、おかれた状況を正しく捉える力を実践の中に磨こうとする。また、その状況をしかるべく変えていく力を発揮しようとするのだ。[1]

第4章と続く第5章では、リーダーたちが、いかに「状況」を読み、そして変えていくかを描き出していく。

第4章では、「身近な」状況を取りあげる。リーダーが日々実務的に接する、チームやそのメンバーたちとの関わり方だ。こころの知能指数（EI：Emotional Intelligence）の研究が掘り下げてきたテーマでもある。[2] ケース・ウェスタン・リザーブ大学のリチャード・ボヤツィス教授は、社会的能力（本章と関係するものだ）を構成するEIとして、一連の特性群を掲げている。たとえば、他者への影響力、チームワークの醸成力、軋轢の調整力などだ。[3]

第5章では、「より大きく捉えた場合の」状況について議論する。日常的に切磋琢磨するもの同士の世界ではなく（これは本章で語る）、より広範な、たとえば全社の状況などだ。そして一歩踏みこみ、その状況下でのリーダーシップがいかに決定的に重要であるかについて考察していく。

われわれの出発点はシンプルだ。否定しようもない。まったく何もない世界では、人は行動しようがないということだ。人々の活動が絡みあって生じる社会的現実があってはじめて、個人は行動を起こす。そしてこの社会的現実こそが、「今」の状況をつくりあげている。重力から逃れられないように、この事実からも逃れようがない。

つまり優れたリーダーシップとは、おかれた状況を起点とするものなのだ。その中でなしうること、およびいかんともしがたいことの見極めにこそ立脚するのだ。良いリーダーは、もれなく現実的なものだ。彼らは、何が変えられて、何が変えられないのかを察する感覚を身につけている。自らを取り巻く状況の、「本当のところ」を理解して、課された制約のなかで行動していくのだ。[4]

リーダーシップは取り巻く状況に左右される。この見方自体は目新しいものではない。社会学者ジョージ・ホーマンズが、次のような印象深い洞察を提示したのははるか昔のことだ。「あらゆる状況に適応できる行動原則など存在しない。人は元来、はっきりしたものを好むため、そんな原則をそれこそ数千年にわたって探し求めてきた。だがいまだ見つけられずにいる。何かが見出されれば、必ず矛盾する何かが見つかる。そんなことが繰りかえされてきた。近年、実務に携わる人々――たとえば企業の経営者たち――が、心理学者や社会学者に教えを請うようになってきた。あまねく使える手法や法則を求めてやってくるのだ。社員とどう向きあうべきか、という問いに答える万能薬をほしがっているのだ。しかし、そんなものはない。もしあったとすればむしろ危険だ。何かしらの手法や法則が、ある状況下では効くかもしれない。

しかし、時が流れ状況がうつろえば、それらは不適切なものになりかねない。にもかかわらず、古いやり方に縛られた頭で新しい状況に対応しようとする。そんな危ない橋を渡ることになりかねないのだ。

　リーダーシップの指針は絶対視すべきものではない。あくまでもそれぞれの状況下でそれぞれのリーダーが、参考に留めるべきものだ。指針がどれほど役に立つかは状況次第だ。場合によっては矛盾するようなことも起こるだろう。

　リーダーが身につけるべきもの。それは何らかの原理や法則などではない。直面する現実を、正しく分析し理解する能力なのだ。適切に状況が把握できれば、あとはその状況が何をなすべきか教えてくれる。実践的に語るなら、どこまでが限界かも見えてくるのだ[5]」

状況を感じる

　まず、おかれた状況を踏まえることが決定的に重要だ。したがって状況に対して敏感であることも不可欠だ。「本物」のリーダーたちは、優れた——ときに際立った——状況感知の力を身につけている。

　ＧＡＰのパティ・カザトは卓越した状況感知力を持つ。彼女はその能力を、一営業担当者としての経験から学び、シニア・エグゼクティブとなってからでも存分に活かしていると語った。

「営業部門に在籍したことが大きかった。さまざまなタイプの人を相手にしなければならなかったからだ。わたしはまだ若く、正直にいえば怖かった。はるか年上の人々、百貨店の経験豊富な本部長などと丁々発止のやりとりをせねばならなかった。次第に、話す前に考える癖がついた。相手の考えを推しはかるようになった。そうして、さまざまな人々にさまざまなやり方で対応できるようになっていった」

実際、キャリアの早い段階で営業活動に身を投じたことが、自らの状況感知力の研鑽に役立ったと述懐するリーダーは多い。

カザトはまた、自らが実践するこの状況感知を、部下の皆にも植えつけようとしている。「とにかくいろんな質問を投げてみる」と彼女は言う。「定期的に現場に足を運んでいる。そして各地域の担当者や店舗の支配人に問いかけてみる。彼らから何の報告もないときでも自分から、『調子はどう?』と声をかけて様子を尋ねてみる」。そうして、GAPという組織の鼓動を誰もが感じ取れるよう訓練しているのだ。「中には、目先のことで一杯一杯になっている社員もいる」。「同僚や顧客が何を考えているか。皆がもっともっと意識するようにしたい。そうして、新しい組織を築いていきたい」

営業経験の最大の意義は、一対一の折衝を無数に伴う業務であることだ。しばしば指摘されるように、結局ビジネスは「一対一」なのだ。

居心地のよい場所から飛び出してみる。そんな経験も状況感知力の向上に役立つ。ネスレのピーター・ブラベックは、一七歳のころオーストリアで兵役についた。ぎりぎりの生活条件と非人間的な扱いにさらされる中、彼は周りの皆がどう反応するかを見つめ続けた。自殺を企てる者、脱走を試みる者、何の反応も示さない者、あるいは、劣悪な待遇をむしろ心地よく感じだす者さえいた。おかれた状況を把握する力がいかに大切なものか、彼ははじめて認識したという。上官たちの理解に努めれば努めるほど、次に彼らが何をするかブラベックは読めるようになった。そしてそれゆえに、トラブルを回避することができるようになった。状況の感知と今なすべきことはつながっていると、彼はそのとき気づいたのだ。

アデコで会長兼CEOを務めた、ジョン・ボウマーを取りあげよう。アデコは、カリフォルニアに本拠地をおく世界的な人材紹介会社だ。ボウマーは、西ナイジェリアの学校でキャンプ生活を送った経験があるという。そこで使節団と現地住民とのややこしい交渉に直面した。そして彼もそんな経験が、自身の状況感知力を養う上で非常に有効だったと語る。

いつもの場所から足を踏み出したときに自覚すること。それは、何が起こっているのかまったく見当がつかない感覚だ。そしてその感覚に突き動かされて、人は状況を感知しようとする（せざるをえなくなる）のだ。

そこに何が含まれるのか

状況を感知する力は、三つの相関しあう要素に分けることができる。

一つ目は、観察すること、認識することだ。リーダーは、周りで何が起こっているのかを感じ続ける。そしてそれが何を意味するのかを解釈し続ける。口頭で説明されることのない、微妙な空気の変化すらも拾いあげる。チームの士気の揺らぎ、現状に満足する意識の芽生え。そんな兆候を見逃さない。あたかも体中にアンテナをはりめぐらせたかのように。そしてそのアンテナであらゆるシグナルを受信するように。そうしてリーダーは情報を積みあげていく。そして、自らが率いる組織がおかれた状況を認識していくのだ。

観察と認識のプロセスは繊細だ。誰もが身につけているものではない。職場でもこのスキル（あるいはその欠如）は往々にして観察される。たとえば誰かが会議に遅れてきたところ、しかも、瀬戸物屋に乱入した雄牛のように振る舞うところを思い浮かべてほしい。そんな混乱を巻き起こすのは、往々にして状況感知力に乏しい人々だ。一方で、場の空気や雰囲気を苦もなく察知し、すぐに周囲に溶けこむ人々も思い浮かぶだろう。

ビジネスで意思決定を行う場面でも問われる。たとえば、合併や買収交渉の中では、あらゆる数字の検討が終わり、あとはリーダーの意思決定に委ねられる。そんな場面が必ず訪れる。意思決定はリーダーの状況感知力にかかる。「この取引は筋が良いか？」。それを感じとれるかどうかが、判断の正誤を左右するのだ。

タスク志向——解くべき課題や取るべき行動を重視する傾向——が過度に強いエグゼクティブは、えてしてこの基本的な観察作業をなおざりにする。状況を完全に把握する前に、行動を急いでしまうのだ。そして往々にして最悪の結果を招く。追って紹介するが、状況の観察と認識については、参考となる頭の使い方が存在する。個々人が自らの能力を磨き、実践する上での一助となるだろう。

二つ目は、行動すること、適応することだ。状況を観察して認識する。そしてそれに応じながら、足を踏み出していく。しかし優れたリーダーは、自分らしさは失わない。状況に流されはしないのだ。われわれはこんなリーダーたちを「本物のカメレオン」と称している。カメレオンは、環境にあわせて劇的に体色を変え適応する。しかしカメレオンではあり続ける。

つまりリーダーは、おかれた状況下で最大のインパクトを得るべく、自分の振る舞いをコントロールしなければならない。自らの対人能力をフル活用して、（自分らしさは失わず）さまざまな行動を使い分けねばならないのだ。周りの皆に歩み寄ったり、逆に突き放したり。凛とした強さを示したり、人間くさい弱さをさらしたり。素早く行動したり、タイミングを丁寧に制御したり。そんな幅を持って自らの行動を制御するのだ。

前ニューヨーク市長のルドルフ・ジュリアーニを考えてみよう。9・11のどうしようもない衝撃に包まれた数日間、彼はニューヨークの街に出ていた。彼は取り巻く状況を鑑みた。そして、リーダーとして市民とともにあることが絶対に重要、そう感知した。ブッシュ大統領の行動とは対照的だ。マイケル・ムーア監督の映画『華氏９１１』は、訪問先の学校にいた大統領の姿を描いている。最初の一報が入ったとき、彼は何もできずに数分間凍りついていた。そして姿をくらまし、どこにいるのか国民の目には見えなくなった。軍に保護されながら、上空のどこかにいたのだろう。

ブッシュ大統領がリーダーとして果たすべきだったことは何か。おそらく、安全を確保しつつ、指揮命令系統を維持し続けることだったはずだ。しかし実際の彼の行動は国民に、大統領が手の届かない遠くに身を潜めているかのように感じさせるものだった。一方、ジュリアーニの状況感知は、より迅速で、彼の率いる人々の期待にも応えるものだった。ニューヨーク市民は危険にさらされていた。ジュリアーニは、彼らと一蓮托生であることを行動で示した。誰もが、やるせなく激しい苦痛にさいなまれていた。彼は自らの言動をもって皆に、ニューヨークという街、そしてそこで暮らす自分たちへの「誇り」を思いおこさせた。そしてその誇りを胸に、皆が惨劇に向きあっていったのだ（彼は状況を変えはじめた――次に触れるポイントだ）。

三つ目、最後は、状況を変えていくことだ。今とは異なる新しい状況を創り出していくのだ。グレッグ・ダイクはBBCの社長に着任したとき、暗く淀んだ職員のあまりの多さに衝撃を受けた。そして彼は、より前向きで心躍る展望を示そうとした。また自分の振る舞いでもってそれを体現しようとした。彼は、彼らしくあり続けた。生来の自分らしさ、陽気さや明るさを前面に押し出し、廊下ですれ違う皆に声をかけ続けた。新しいショーやドラマをどれほど楽しみにしているかを語り続けた。彼は、どんよりと陰鬱だった役員会議の雰囲気も変えようとした。ある日、会議に呼び出された重役が、指定された部屋から笑い声が漏れていることに気づいた。

その人物は、どうやら部屋を間違ったと感じたらしい。そのときダイクは、状況が少しずつ変わりつつあることを確信したという。

ここから学ぶべきこと。それは、リーダーは状況をただ受けいれるわけではないことだ。むしろリーダーは、周りの人々と歩調を合わせながらも、新しい状況――社会的現実――をつくりあげていくのだ。[6] そしてこの能力の有無こそが、ただ現状に甘んずる人々と、状況を変えていく人々とを分かつのだ。

リーダーは皆、状況感知の大切さを理解している。そしてまた、組織のヒエラルキーをのぼるにつれ、その能力がより重要になることも理解している。地位があがればあがるほど、耳に入る情報は消毒されたものになっていく。取り巻く人々が、「リーダーが知っておくべき」と彼らが考える情報のみを選りすぐりだすからだ。頂点にのぼりつめたとき、耳に入る情報量は最も多くなるだろう。しかしそれは、信頼性の観点からは心許ないものとなりうる。アデコのジョン・ボウマーはこう表現する。「成功すればするほど、人は畏敬の念で見る。そしてその結果、正直さや率直さが削ぎ落とされた情報ばかりがあがってくるようになる」

「本物」のリーダーは、この怖さを十分に理解している。それゆえに、意識して現場感を維持し続けようとする。うつろう状況に敏感であり続けようとするのだ。

目一杯研ぎ澄ます

状況感知をさらに深く考えるために、さらに事例を紹介しよう。

グレッグ・ダイクは着任の際、「果たすべきチャレンジは相当に大きい」と感じたという。彼は、食うか食われるかの熾烈な競争が繰りかえされる民放業界で、恐るべき辣腕と評価されてきた。しかし、息苦しく堅苦しい公共企業BBCを率いることは、相当に勝手が違うものだったという。エレベーターで明るく挨拶を投げかければ、職員たちはうつむいて靴を見つめる。カフェテリアで昼食をとれば、周りは空席だらけになる。役員レベルの同僚でさえ、あえてダイクが喜びそうなことしか口にしない。そんな状況だったのだ。

「実に奇妙な場所に思えた。皆が四六時中、芝居しているように見えた」。ダイクは往時を回顧する。「誰一人、本当の自分らしさを出さない。聡明で思慮深く、才能にあふれているはずの人材が、まったく別の人間として振る舞っている。自分らしくあることは許されない。そう皆が感じているとしか思えない状況だったんだ」

ダイクは、BBC帝国をもっと知ろうと考えた。そして、社内ツアーに乗り出した。地方のラジオ局（注目されにくいが着実に稼ぐ人たち）や科学番組の制作班、ドラマの撮影現場やニュースの編集室。あらゆるところに足を運んだ。またその訪問が「お偉いさんの視察」と思われないよう気を配った。赤絨毯に先導されたり、お供をぞろぞろ引き連れたり、そんな雰囲気を微塵も出さないようにした。社内的な肩書きが、組織の現状の正しい理解を妨げかねない。そうダイクは感じていたからだ。そうして彼が目にしたのは、どうにも複雑な構図だった。

皆の士気は低く、誰もが愚痴をこぼし、全体的に批評家然としている。表層的にはそう感じられた。しかし、掘り下げてみると、熱気が沸々と煮えたぎっている。創造を尊ぶ意識や、イノベーションを目指す志向、公共放送に携わるものとしての誇り。そんなものが見え隠れするのだ。

組織を日和見意識が覆っている。それが、憂鬱な雰囲気や活力の減退につながっている。彼はそう見た。リーダーとしてなすべきこと。創造性やイノベーション、業務へのコミットメントを、表に叩き出して状況を変えていくこと。そしてそのための鍵は、自分の仲間を増やして――いわば支持基盤をつくって――いくことにある。彼はそう考えた。周りが見えてくるほど、ダイクはその思いを強くした。そしてそのためには当然ながら、ダイク自身の振る舞いが決定的に重要だった。

実は、ダイクの社内ツアーそのものさえ、状況を変える一つのきっかけになっていた。繰りかえすが、赤絨毯や取り巻きに彩られたお偉いさんの視察ではなかったのだ。事務所やスタジオに、ひょいと顔を出す、そんなものだった。皆の目にダイクは、親しみやすく思いやりのある人物に映った。レーサム校長がそうしたように、ダイクも自らに問うた。「どうすれば物事がうまく動き出すだろう?」。往々にして、些細なことでも十分だった。ラジオ局の配線を新しくしたり、過密状態にあったオフィスのレイアウトをいじって皆がくつろぐ場所をつくったり。「瑣末なことばかりだった。コストもたかがしれている」。彼は言う。「少しばかりカネを使って、ちょっとしたことを変える。でもそれだけで、皆の心が動いた。前向きに頑張る気持ちをくすぐることができたんだ」

ダイクは状況の認識と同時に、適応も図った。BBCの伝統にも丁寧に歩みよったのだ。著者の一人も、実際に目にしてきた。BBCの役員会議室は壮麗だ。過去の社長たちの肖像画がずらりと並んでいる。しかも創設者リース卿の胸像が、すべてを凍りつかせるような眼差しで議場を見下ろしている。社長たちはここで、BBCの理事たち──業務監査役でもありチアリーダー役でもある不思議な人たち──との長ったらしい議論に耐えるのだ。ダイクはこの伝統に、敏感にかつ実務的に適応した。そのような場では、服装も態度もスピーチも、しかるべく落ち着いた印象を醸すべく努めた。会長を正式な敬称をつけて呼びさえした。だがごくまれに、苛立ちを隠せないこともあった。眼鏡ケースを神経質そうにパチパチと開け閉めするなど、遅々として進まない理事たちの議論にイライラしているオーラをにじませたのだ。敵たち──最終的に彼を社長職から追う人々──を彼がつくりはじめたのは、おそらくこのときだったろう。

象徴的な変化をもたらす

相応の苦労を伴うという意味でのダイクの最初の改革は、状況を変えていく上で象徴的な意義を持つものだった。

役員一人ひとりにあてがわれていた運転手付き社用車を段階的に廃止していった（なお運転手たちには手厚く補償した）ことが一つだ。職員たちはきわめて好意的に受け止めた。もともと平等意識が強い人たちだ。本社の前に黒塗りの車がずらり並んでいる様子を皆、にがにがしく、往々にしてやるせなく感じていたのだ。

また彼は、コンサルタントに支払っていた予算を大幅に削った。一時は二二〇〇万ポンドに達していたものを、三〇〇万ポンドに減らした。そしてこれは、従来の経営のあり方からの決別を意味するものだった。内部の職員への信頼を象徴するものだったのだ。

こうした変化の背景には、ダイクの組織運営に対するコミットメントが存在していた。彼は、自分が率いる人々、そして組織を心から大切に思っていた。それをよく表す出来事を紹介しよう。

彼はある会議を招集した。ＢＢＣ運営の肝となる職員たち――スコットランド、ウェールズ、北アイルランド、そしてイングランドの代表者たち――が一堂に集う場だ。ところが会合の前日、ダイクの自宅は火災で焼失してしまった。幸いにもけが人はいなかったが、彼が大きな打撃を受けたことは想像にかたくない。それでもダイクは会議に出席した。

「わたしは完全に打ちひしがれていた。きっと表情にも出ていたと思う」。彼もそう語る。しかし、かかる悲惨な事態にもかかわらずダイクが登場したことは、皆の底知れぬ感嘆を誘った。

「皆に伝えたかったこと」。彼は語る。「ここにいる皆を大切に思っている。皆の努力を大切に思っている。そのことだった」

ダイクの指揮のもと、BBCは変わっていった。自分たちの考えをブルドーザーのように押し通していた管理職たちが、部下の意見に耳を傾けるようになった。隣の部屋に陣取る同僚を敵視していたジャーナリストたちが、社外に目を向けはじめた。以前は、朝のニュースは昼のニュースと競い、そして双方とも夕方のニュースと競うような状況だった。それが、他社が何をやっているのかを（少なくともある程度は）意識するようになったのだ。

このBBCの変化はあるパターンに沿っている。良いリーダーに率いられた他の組織がたどるのと同様の、リズムとでも称すべきパターンだ。まず状況を観察する、次いで認識する、その上でしかるべく適応しつつ、そして実際に変化を起こしていく。そんなリズムだ。

リズムを操る

リック・ドビスの例をあげよう。彼は、RCA、ソニー、ポリグラムといった音楽産業の会社で、豊かな経験を積んできた。ドビスは生粋のニューヨーカーだ。われわれが最初に出会ったのは、彼がポリグラム・レーベルズ・グループを率いていたときだ。買収した中小規模の独立系レーベルを緩やかに束ねる会社だ。彼は、新人の発掘・契約や育成・作品製作を司るA&R部門に属する芸術家肌の人たちの気持ちを大切にした。また、所属するアーティストたちも

る市場だ。

グループ全体の利益の半分を占める欧州地区を率いることとなったのだ。大小二六カ国からな

強く押し出していった。そしてそうこうしているうちに、新しいチャレンジの機会が訪れる。

もちろん尊重した。一方で、彼が蓄積してきていたマーケティングの「コツ」を、組織全体に

米国のエンターテインメント業界の幹部が欧州で成功することは稀だ（逆の場合もおおむね同じことがいえる）。そもそもの文化的背景や人間関係のつくり方が根本的に異なるからだ。こと欧州においては、状況の感知は大変なことだ。フランスやドイツは規模の大きな市場で、かつそれぞれに独特の音楽文化を育んでいる。スペインは市場としてはほどほどの規模ながら、ラテンアメリカでもヒットする曲を多く生み出す。イタリアやスカンジナビア諸国は、優れた楽曲を送り出しつつある。ポルトガルやベルギーなどは、市場規模は小さく国際的なヒット曲を出すことも稀だが、国内の音楽業界は相応に活気がある（なにせサックスはベルギー生まれだ）。

ドビスは、こうした多様性を大切にした。それぞれの文化にあくなき好奇心を示し続けた。そして、それぞれの国での事業を喜んで支援すると伝え続けた。また、同僚たちから学ぼうとするオープンな姿勢を示し続けた。その一方で彼は、「自分に任せて自分の言うとおりにやれ」と言いたくなる気持ちは抑え続けた。

彼は欧州事業の状況を観察し、認識した。そして自らを適応させていった。しかるのちに、変化を起こしはじめた。彼は、各地域を統括する一六人の取締役たちが一堂に会する場を設け

た。そこで、たとえば、各地域でのベストプラクティスを共有した。また、地域ごとの特徴を踏まえた地元アーティストの発掘も奨励し続けた。そして一方で彼はずっと、中央に位置する本社からドンと指示を落としたくなる誘惑は抑え続けたのだ。

次第に、いつの間にか、皆は強固なチームとしてのまとまりを見せるようになった。国境を跨いだ楽曲の流れも増え、米国や英国のヒット曲を各地域に展開する調整もスムーズに進むようになった。そうして欧州事業は、ポリグラム全体を見渡しても、おそらく最強のユニットに成長していった。

リック・ドビスに学んでほしい。リーダーシップは、何が変えられ、何が変えられないかを踏まえて発揮されたときにこそ、最大の成果をもたらすのだ。

個々人を捉える

あらためて考えてみたい。リーダーはいったい、何を感じとればよいのか？　また、取り巻く状況の類型化はできるのだろうか？

感知対象となる「状況」を三つのレベルに分けて考えることが一案だ。第一のレベルは、重要な人、リーダーの活動に大きな影響を与えうる「個人たち」だ。第二は、物事を成し遂げるためにうまく巻きこんでおくべき「チーム」だ。第三は、自分が所属する「組織全体」だ（この点については第5章で議論する）。

重要なメンバー一人ひとりをよく理解する。優れたリーダーは、これを成功の前提に据える。各人が胸に秘めている動機や価値観、能力や情熱は、状況を構成する極めて重要な要素だ。成功するリーダーは、鍵となる人物のことを、しつこく知ろうとする。言動の裏にある動機や、よって立つ強み、そしてとりわけ心理状態を読もうとする。これらを暗示する微細なシグナルを拾い続けるのだ。

捉えやすい側面もあるだろう。ある人物の技術的な能力、財務諸表を分析する能力、マーケティングプランを描く能力、あるいは薬剤の毒性をテストする能力。たとえばこのようなものは、少なくとも部分的には測定可能だ。しかし、その人物の動機や感情を把握するのは、はるかにむずかしい。より本能的に感じとらなくてはならないし、計測もより困難だからだ。

ではどうやってリーダーはそんな情報を集めるのか？　われわれの見るところ、いくつかのコツがありそうだ。

一つは、公式の場より非公式の場を活かすことだ。たとえばランチ、あるいはハイキングやピクニックなどだ。そんな場では、リーダーとフォロワーの双方が、組織構造の垣根を取りはらいやすくなる。いずれにせよ、オフィスであれ、くだけた場所であれ、誰にとっても居心地よく邪魔の入りにくい場を設定することが、相手の本心を引き出す上では有効に働くものだ。

もう一つは、直接的な意向より間接的な証拠を探ることだ。「きみの動機は何だね？」と問

えば、聞かれた側は身構えるだろう。そして、リーダーが望みそうな答えをひねり出そうとしかねない。未来の仮説を問うよりも過去の経験を聞くほうが、個々人を知るのに役立つのも同じ理由だ。「これからの二年間で何をしたい?」よりも、「この間の仕事で何が一番印象に残った?」のほうが、より参考になる答えを引き出しやすい。

また、過去の人生経験も、相手がどんな考えを持つ人かを推しはかる上で役立つ。背景にある意識も察しやすくなる。若い人であれば、学生時代の思い出に残る瞬間など。転職歴のある人であれば、勤務先選択のパターンなど。息が詰まる官僚的な雰囲気が嫌になって一年でアップルを辞めた、たとえばそんな人はしっかりした意識など持っていそうもない(先々を見通す意欲なんてまるでない人だ)。なるだけ多くの金銭的報酬を第一義に据える人もいるだろう。あるいは、自身の選択余地を広げるような、権力や独立性の確保を強く意識する人もいるだろう。

個々人が内に秘めるものを引き出すためには、必ずしも仕事関連に限る必要もない。スポーツや地域活動などの経験も有用な情報だ。ゴルフ部のキャプテンだったり、教会の委員だったり、地域のPTAの運営に携わっていたり、そんな人たちは往々にしてどんどん足を踏み出す精力的な人だ。趣味の仲間を集めたり、何かの団体に所属したりする人は、人と人とのつながりを大切にするのだろう。良いリーダーはこんな情報も幅広く拾って考察する。そしてもちろん、活用するのだ。

時間の効果も無視できない。ジョン・ボウマーはこう語る。「時間を要することだが、リーダーを信頼しはじめると、皆は自分のことをよりさらすようになる。そうして、周りの状況がさらによくわかるようになっていく。ちょっとした兆候も目につきやすくなる。皆が気にかけていることを自分に伝えてくれるような、腹心と呼べる仲間もできてくるんだ」

また、心に留めておくべきことがある。ある人物の人となりを示唆する何かの手がかりを得たとしても、そこから全体像を決めつけてはならない。人間は複雑だ。誰かを完璧に理解することなどできない。個々人の内面的なもの——たとえば動機——を拾うことは、あくまでも推定でしかありえない。むしろ、重要な人物については、都度修正しつつ人となりを探り続けていくべきだ。そしてこれは、リーダーシップを発揮する上で欠かせないことだ。そう理解しておかねばならない。

最後に付言したい。人間は一人ひとり複雑だ。それゆえに、良いリーダーたらんとする皆さんには、人的なネットワークを図に描いてみることをお勧めする。身の回りの重要な皆の人物像を記してみるのだ。[7] それぞれの人について、気づいたことや、動機や感情など察したことを記録していく。部下や上司、同僚、あるいはサプライヤーや顧客の名前が入るだろう。自分がリーダーとして振る舞う上で、看過できない人たちだ。試してみるといい。そしてどこにギャップが存在するかを考えるのだ。重要なのにほとんど何も知らないような人が見出せないだろうか。そんな場合、リーダーとして最大の過ちを犯しかねない。「その人は自分と同じような人物である」、知らず知らずのうちにそう思いこみかねないのだ。

やるなら真剣に取り組もう。それぞれの人物についての書きこみは、きれいに体系化しよう。データを集める段階では、堅苦しく考えずあらゆるチャンスを活かすことが望ましいと述べた。しかし、それを図に表すにあたっては、常に更新できるように、整然と記録しておくべきだ。

こうして取りまとめたデータは、自分を取り巻く皆の一人ひとりが、どんなモチベーションで働いているのかの推察に役立つ。同時に、掲げた目標への支持や協力を得る上での参考にもなる。ロシュのビル・バーンズの言葉を借りれば、「組織として掲げた目標を追求すれば、自分自身の欲求も満たされる。そう皆に感じさせることが鍵」なのだから。

良いリーダーは、部下が内に秘める才能を引き出すべく尽力する。ピート・ゴスの言う、「内なる巨人」を目覚めさせる力添えをするのだ。バージニア州マクリーンに、金融サービス会社キャピタル・ワンの本社がある。そこでCOOを務めていたナイジェル・モリスもこう言う。

「わたしは、人々が夢をかなえる手伝いをしている。半期ごとのレビューの際に、時間をかけてそれぞれの想いを拾う。日常的なことだけではない。自分自身の学びや成長をどう捉えているか、心に何が引っかかっているかに耳を傾ける。この人物をより羽ばたかせるために自分は何ができるのか。それに頭をめぐらせる。今うまくできていることから逆引きして、次に鍛えるべきところを考えるのだ」

今、秀逸なところを起点にその周りを鍛えていく。ビル・バーンズの考えもこれに近い。

彼はこう見る。児童心理学者の見解にも沿うものだ。「人の個性は四、五歳までには決定づけられる。ならば、そもそも内向的な人物をチアリーダーに仕立てようとしてはダメだ」

動機や価値観、感情の洞察力を研ぎ澄ませば、それはリーダーにとって大きな強みとなる。やっかいな局面にあってはなおさらだ。一九九〇年代初頭、レイ・ファン・シャイクがオランダのビール会社ハイネケンの会長だった頃のことだ。彼には魔法のような感知力がそなわっている、周りはそう感じていた。彼は、同僚の放つ微弱な信号を常に丁寧に拾い続けていた。また、「そこにいないはずなのにいるような」存在感を皆に持たせる自分を誇りとしていた、創業三代目の大株主フレディー・ハイネケンの醸す暗号すらも解読していた。ハイネケンの真意を何とか勘ぐろうとして、いたずらに時間を費やす役員も多かった。しかしファン・シャイクはハイネケンの気持ちを、どういうわけか「ただわかる」のだった。お互い、まったく似ても似つかない人間なのに、である。

カリスマで強固な意志を誇る創業者一族のオーナーと、自分自身が骨折って集めた役員たち。この狭間でファン・シャイクは、緩衝材の役割を果たしていた。超一流の状況感知力がもしなかったとしたら、どんな大惨事が起こったかわからない。しかし、ファン・シャイクのもとハイネケンは世界的に大きく事業を成長させたのだ。

個々人を理解することの大切さも、何も組織のトップに限った話ではない。オハイオ州の国道沿いにあるカフェのシェフと話したときのことだ。彼は、昼の混雑時にウェイトレス一人ひとりへの対応を使い分ける必要性を語ってくれた。はっきりと明確な指示が必要な人もいれば、褒め言葉をかけ続けるべき人もいる。あるいは、放っておいても自分でなんとかする人もいるという。メンフィスのフェデックス社に勤務する、あるラインマネジャーにも同様の感銘を受けた。取り扱いのややこしい小包の配達状況を追跡する仕事があるとき、どの部下は安心して任せられるか、あるいはどの部下は注意深くチェックしなければならないか。彼はそれを正確に把握していたのだ。

集団を捉える

重要人物についての理解を深めることは極めて重要だ。しかしそれで全体像が完成するわけではない。良いリーダーたちは、人々の集まり――グループ――にも注意を払う。その複雑で微妙な力学を理解し、そして変えていくのだ。

いかなる場合でもリーダーシップは、率いるリーダーと率いられるフォロワーの間の相互作用である。良いリーダーたらんとすれば、グループ行動にまつわるさまざまな研究成果が大いに参考になる。[8] おおかたの場合、リーダーは個々人の集まりを率いているのではない。グループを率いているのだ。

個々人を理解する労がそうであるように、自らが率いる集団を知る努力も終わりなきものだ。グループは、メンバーをただ足しあわせたものではない。その中には、個人対個人の関係が、全人数の二乗分存在する。こうして、グループそのものが複雑な社会的構造を持つ。ビル・バーンズはこう指摘する。「人の性を感じとる。リーダー役を果たす人物が自然と生まれつつあるかどうか。組織全体の印象やムードに気を配る。タスクや活動の進捗だけでなく、組織全体の印象やムードに気を配る。任命したリーダーが本当にその責を果たしているかどうか。要は、対処すべき要素をさぐるということだ。軋轢や緊張、ミスマッチを感じとるのだ」

多くの場合、グループ（が抱える内部力学）は見過ごされがちなものだ。ゆるやかに人が集まっただけの「グループ」を、高いパフォーマンスを見せる「チーム」に転換していくことがどれほど意義あることかは、皆よくわかっているにもかかわらず、である[9]。

一つ考えられる理由は、（特に西洋文化のもとでは）そもそもチームをつくる訓練が弱いことだ。チームスポーツに励む場合を除けば、あらゆる学校が協働ではなく競争を奨励する。課題は個々人に提示され、他人の助けなく独力で解決するよう訓練されるのだ。

会社組織にあっては、チームと呼ばれるものの形や大きさは多種多様だ。管理職と直属の部下だけの場合、機能横断的に組成された場合、時限的目的のためのタスクフォースの場合、特定課題の集中解決のために招集された場合。さまざまでありうる。メンバーたちが廊下をはさむ程度の場所に集まっている場合。あるいは、あらゆる大陸に散らばって活動している場合もあるだろう。

チームの構成は実にさまざまでありうる。しかしチーム行動に関しては、すでに相当に確立された基本理論が存在する。良いリーダーたちは、トレーニング（あるいは本能）を通じて、これらをよく理解している。

たとえば、高い業績をあげるチームは、二つの特徴的な行動パターンをバランスさせつつ進化していく。タスク志向とメンテナンス志向。そう称されるもののバランスだ。やるべきことをやる、これがタスク志向だ。活動を立ち上げる、目標をセットする、役割を割り振る、進捗を管理する。このようなことだ。チームに強いプレッシャーがかかるときは特に、この志向性が芽生えて支配的になる。しかし緊張がほぐれだすと、タスク志向の強すぎるチームは往々にしてバラバラになる。一方、メンバーを一つにまとめようとする、これがメンテナンス志向だ。何かを皆で共有したり、諍いをいさめたり。そんなことだ。しかしこれも度をすぎるとひどいことになる。メンバーの皆が仲良くはなったが、何一つ成し遂げられない。そんなチームになりかねないのだ。

ある日本企業の経営幹部たちと議論したときのことだ。彼らはさも当然のごとくこう語ってくれた。皆が集まった際に、次はいつ集まるのかを決めること。これがチームにとって最も重要だと言うのだ。つまり彼らにとっては、人間関係はメンテナンス志向からはじまるのだ。まずお互いを知り合い、それから仕事に踏みこむ。日産自動車で、ある第一線の管理職と議論したときのことだ。リーダーシップの一環として、彼は毎日部下と食事をともにするという。彼と彼の部下たちにとって、チームの基盤をなすものとしてこの行動が機能しているのだ。人間関係がまずタスク志向からはじまる米国とはまったく対照的だといえよう。まず仕事して、それからお互いを知りあうのが流儀の社会だ。

良いリーダーは常に、タスク志向とメンテナンス志向のバランスに気を配る。現在のチーム状況を踏まえて、どちらに振るべきかを意識しながらバランスさせるのだ。そして基本的に不安定なそのバランスを、時と場合に応じて変化させていく。極端な場合、一瞬一瞬で切り替えていく必要すらあるかもしれない。タスク志向で、即断即決が求められるときか。メンテナンス志向で、皆の意見を聞きコンセンサスを探るべきときか。そんな判断を繰りかえしていくのだ。長期的な観点でいえば、チームの体制や構造をどう変えるべきか、も念頭におき続けていく。時が流れ状況が変われば、チームに求められることも変わるからだ。

チームをつくる

サイモン・グリフォードが、バークレイズ銀行のマーケティング・ディレクターに就任したときのことだ。彼が引き継いだチームは、ひどく士気が低下していた。皆で協調する意識はほとんどなく、中傷も渦巻いていた。そして、銀行にマーケティングなんているのか？　という皮肉めいた猜疑心が強く根づいていた。彼は心に決めた。自分たちは金融サービスのセクターで最高のマーケティングチームだ、そんな自負を持つチームをつくりあげよう。そして、これまでに蓄積してきた知恵と才をフルに活用して、そんなチームの創出を目指した。まとまりがあり、しかも効率よく動く、そんなハイ・パフォーマンスなチームだ。もちろん、彼は状況感知の力も存分に発揮した。個々人の強みや動機を示唆する情報を集め続けた。そして機が熟したとき、彼は十分な判断材料をもって厳しい決断を下した。何人かには新しい役割をあたえ、何人かからは役割を剥奪したのだ。

チームの発達は段階的なサイクルを経ること。そのサイクルは意図的に制御可能なこと。制御することでチームとしてより良い成果をあげうること。良いリーダーはこれらを認識している。このサイクルはしばしば、四つの段階で表現される。チームが組成される形成期（Forming）、何をどうなすべきかでメンバーの意見がぶつかり合う混乱期（Storming）、実際どう物事を動かしていくかの共通認識が形づくられる統一期（Norming）、やると決めたことに皆が集中して取り組む機能期（Performing）、である。

この四段階をどう経ていくかに一律のパターンはない。メンバー間にいかんともしがたい考えのズレがあり、混乱期で瓦解してしまうチームもあるだろう。あまりに皆が気を使いすぎて対立を避け、混乱期が訪れることのないチームもあるだろう。そして昨今、特に顕在化しているパターンがある。すぐ何らかの成果を出そうと、第一段階の形成期から第四段階の機能期にいきなり飛ぼうとするのだ。非現実的な試みといえる。これまでの行動科学の研究成果を無視する暴挙でもある。

これはチームが誰かに引き継がれるときに特に顕著だ。大手飲料会社の米国子会社でのことだ。あるタフな人物が、責任者の地位を引き継いだ。彼の前任者は、強いチームをつくりあげていた。しかし問題があった。そのチームの結束は、親会社への対抗心を軸としていたのだ。「ヤツらと自分たち」。そんな意識が根づいていたのだ。彼はこれを打破するため、まとまりはあったチームだったが、いったんバラバラにした。そして新たな方針のもとで、また一からチームを組成していった。

衝突を恐れるな

良いリーダーは、骨組みが軋んでいないか、どの発展段階にあるか、など、チームの情勢に対し細心の注意を払う。付言すれば、それはずっと行い続けるべきものとも理解している。二人メンバーが去った、三人メンバーが増えた。チームが出だしの形成期に戻るのは、そんなときばかりではない。メンバーが顔をそろえるとき、程度の多少はあるものの、毎回チームは形成期に戻るものだ。リーダーは、次に一歩を進める前に、チームを再度形成せねばならない。メンバー間のつながりの再構築・再確認を、「間に合うように」行わねばならない。単純でありながら、案外おろそかにされがちなことだ。

ビル・バーンズはこんな間違いは犯さない。役員会議の場では、しかるべく皆がつながりを感じるよう気を配る。自らのファシリテーション力を、存分に活用するのだ。それをどう行うかは、相手が誰か、議題は何かによっても異なる。あらかじめ一対一であるメンバーに釘をさしておく、タイミングよくジョークを飛ばして場を和ませる、一歩退いて皆に不平を吐きださせる、ここぞという時に議論をまとめこむ。その瞬間に合わせ、どうチームをチームたらしめていくか。彼は自らのスキルを研鑽し続けてきた。そして、対応の仕方をさまざまに使い分けてきた。

われわれが、役員皆を集めてチームビルディングのセッションを主催していたときのことだ。ある役員が、他のメンバーからやり玉にあげられ非難されていた。そしてバーンズは穏やかに、しかし断固として彼をかばっていた。休憩時間には、その人物が、いまどれほど私的に難儀な問題を抱えているかを皆の耳に入れてもいた（彼は事前にその情報を拾いあげていたということだ）。そして皆は議論に戻っていった。バーンズは百出した議論を、皆が共有すべき課題に括りなおした。落ちついた声音で場を制し、会議を終了に導いた。予定時間からはややずれこんだ（よくあることだ）。個人を非難する調子で封が切られたものの、会議終了時には皆が共通の課題認識を有していた。精緻で巧みなチームづくりの妙を、われわれはまたバーンズに堪能させてもらった。

自分がチームに何をもたらすことができるか。また、チームの皆からどんな支援を仰ぎたいか。ビル・バーンズのような優れたリーダーは、これらをよく理解している。

タスク志向が強すぎるリーダーは、ここに気が回らない。何かに取りかかる、そして完了させる。そう集中するがあまり、途中のプロセスを飛ばしてしまうのだ。そんなリーダーの率いるチームには、メンテナンス志向のメンバーが十分に存在することが望ましい。さもなければ、チームが空中分解しかねないからだ。一方、メンテナンス志向の強すぎるリーダーは気を回しすぎる傾向がある。タスク志向の部下が必要とされるゆえんだ（こちらの場合はリーダーもその必要性を認識しているものだ）。

タスク志向が強いリーダーが、自分の片腕になるようなメンテナンス志向の部下を雇う（あるいは育てる）。われわれはその支援も多く行ってきた。逆に、メンテナンス志向の強いリーダーに、チーム内での軋轢や諍いに耐えるよう（さらにはそれを煽るように）勧めることも行い続けてきた。

そして、この衝突――創造的緊張、クリエイティブテンション――は、イノベーション創出の上では欠かせないものだ。ここで、自らのタイプを問わずリーダーが留意すべきこと。それはこの衝突の質だ。

認識や意見のズレにもとづく場合は、やがて好ましい成果を生みうる。しかし一方、感情論にもとづく場合は、望ましくない結果――チームの機能不全――につながる。[10] 衝突が意見のズレか、あるいは感情論かを見極めるのは簡単ではない。メンバーの数が増えれば増えるほど、またメンバー間のやりとりが求められれば求められるほどむずかしくなる。個々人を認識するのも、グループ全体の機能度合いを把握するのも困難になるのだ。メンバーの多様性も同様の影響を与える。たとえば言語や経験、人種や宗教、そして個人的な想いのズレが手間を生む。

また、状況を読みにくいものにしていく。

短期的に見れば、似たもの同士が集まったチームでは、メンバーはお互い仕事がしやすい。また、リーダーとしても状態が把握しやすく、チームとしてのまとまりも成果も早めに得られやすい。それゆえにリーダーには、全体に均質なチームを組成する誘惑が働く。一方、個々人のバラつきの大きいチームは、当初ゴタゴタでパッとしないものだ。しかしやがて皆がつながりを持ちはじめ、メンバーがそれぞれに有する経験や考えの幅の広さをうまく活かすことを学びだす。いったんそこに至れば、最終的には均質的なチームを凌駕する素晴らしい成果を生み出すものだ。ゆえに、直面する課題が複雑で、いずれにせよ解決に時間がかかりそうなものの場合、多様性を尊ぶべきだ[11]。

創造性や革新性。その重要性は昨今どんどん高まってきている。しかし企業組織は一九九〇年代に流行ったドグマに沿い、逆方向に姿を振ってきた。業務は細分化し標準化された。ムダは徹底して削り落とされた。フラットにバラバラになった。そして集中が加速された。さて、皆が平均化し役割定義された組織で、どうやってイノベーションを起こせというのか? 創造性や革新性は、多様化とともに芽生えてくる。そして均質化とともに衰えていく。人材の多様性の尊重と駆使に、今こそリーダーは踏みださねばならない。そのためにも、状況感知の力が鍵となるのだ。

地理的な距離を越える

グローバリゼーションの加速も著しい。これもリーダーシップのあり方に一石を投じるものだ。さまざまな場所に散らばるメンバーをチームとして率いなければならないケースがますます増えてきた。格別のチャレンジだ。廊下を渡って様子を見にいったり、仕事のあとに一杯ひっかけたり。そんなことなどできない。良いリーダーは、こんな手の焼けるややこしさをどう乗り越えていくのか？

電子メールやビデオ会議。そんな新しいコミュニケーションはもちろん頼りになる。しかしこれらは実際のところ、開発者が謳うほどの特効薬とはならないものでもある。[12] 理由は至って簡単だ。人は「人づきあい」したい生き物だからだ。

ある大手の製薬会社の例をあげよう。研究開発体制の国際化が推進されたときのことだ。最先端の電子メールシステムが導入され、ビデオ会議用に大西洋を横断するケーブルが確保された。

しかしほんの数週間のうちに、「evil（邪悪な）メールシステム」というレッテルが貼られるようになった。テレビ会議はお互いの不信感を増幅させ、非生産的な駆け引きの源泉となった。「マイクが入ってない瞬間に何を囁きあっているのか、わかったもんじゃない」「見えないところでこっそりメモを渡しあっているに違いない」。良くなるどころか悪くなる一方だった。

皆の意思疎通は、以前にも増してひどくなった。特定の個人を侮辱したり中傷したりするような電子メールが飛び交う、ＩＴ用語で「フレーミング」と呼ばれる現象すらも頻発する有様だった。そんな泥沼化した状況の打開は喫緊の課題となる。

そして大西洋を跨いで活動していた皆が、一堂に会す機会がもたれた。これまでやりあってきた間柄だ。顔をあわせても、相応の精神的しこりや諍いが発生した。しかし、四、五日経つと徐々に、お互いを人間として認め合うようになっていった。そうして、よきチームメイトとして振る舞うようになっていった。

このような事例は案外多く見つかるものだ。離れた場所でメンバーが活動するチームでは、まず直接顔をあわせる場を設ける。リーダーは、第一にそう心がけてほしい。人間とはそもそも、そのような相互交流を行うよう形づくられている。いったんお互いを知りあえば、その関係は他の手段でも維持しやすくなる。ハイテクである必要すらない。朴訥な手紙だって相当な力を持ちうるのだから。ウォール街、シティ、兜町、世界の金融センターが狭い地域に濃縮されているのは偶然ではない。取引時間終了後のバーやクラブは、交流にいそしむ人々であふれかえっている。そうして、お互いのことを知りあっているのだ。

また、顔をあわせた折には、チームメンバー間の結びつきをより強める工夫も行うべきだ。メンバーたちのよき関係を、なるべく素早く確立するのだ。せっかく集まったのだから、しっかり仕事ができるよう導くことは大切だ。でもその後は、皆で夕食や観劇にでも出かけるとよい。そうして、各メンバーの人となりについての情報を仕入れるのだ。そして同時に、自分が何者であるのかも打ち出すのだ。注意してほしいのは、このようなチーム設定下では、徐々にリーダーの役割に馴染んでいくような時間的余裕はないということだ。

最後に指摘しておきたい。直接に顔をあわせることを怠ったがゆえに支払うだろう代償は、顔をあわせるために必要な経費よりもはるかに大きい場合が多い。出張旅費の増加をとがめる経理部門の圧力を感じたら、この理屈で押しかえそう。

リーダーシップはあくまでも、率いるリーダーと率いられるフォロワーの関係性に立脚する。リーダーはフォロワー個々人とも関わりを持つが、同時にフォロワーが集まって形成する社会的なグループとも関わりを持つ。これまでに述べてきた、集団の行動にまつわる理論はすべて、リーダーが乗り越えるべきチャレンジと密に関連している。

リーダーは、自らが率いる集団の行動を理解しなければならない。しかし同時に留意すべきことは、これは理解するだけの受動的なプロセスでもないことだ。リーダーは、組織として掲げる目標の達成のために、チームのバランスをしかるべく主体的に動かし続けなければならない。そうして、状況を変えていくのだ。

状況感知の力を磨き続けよ

状況を感知する力も、遺伝的にそもそもそなわっている面と、人生経験の中で身についていく面がある。人間の他の能力と同様だ。ゴルフにたとえるなら、「どうやってもタイガー・

ウッズのようには打てやしない」と諸手をあげて降参することもできれば、「そりゃタイガーのようにはできないが、今よりは絶対ましになれる」と言うこともできる。

状況感知力は、教わることも学ぶこともできる。肝に銘じておくべきことだ。著名なビジネススクールも、対人スキルの向上を目指すコースを開発してきた。その中核は状況感知だ。一つのやり方は、さまざまな場面をビデオに撮ってみることだ。ビジョンを表明したり、目標を設定したり、フィードバックを与えたり、そんな場面だ。そうして、何が伝わり損ねたか、あるいは間違って解釈されたかを振りかえってみるのだ。そして大抵の場合、「観察する」ことを軽視している様子が浮き彫りになる。いつも何かに駆り立てられているような役員ともなれば、身の回りで起こっていることを眺める暇などないのだろう。果たすべき役割に集中するあまり、最も単純な「観察する」行為を無視してしまうのだ。

また、「観察」は実はたやすくない。美術館での絵画鑑賞を思い浮かべてみるとよい。音声ガイドがあれば、はるかに多くのことに気づくはずだ。リーダーは、そんなガイドを常に自分の中に流し続けていなければならない。

規模の大きな組織では特に、情報収集に役立つ人的なネットワークをつくることが有効だ。メンバーが地理的にばらばらなチームを率いるリーダーたちもよく指摘することだ。普通であれば探りようのない組織の末端で起こっていることを拾いあげるための、人的なつながりを大切にする。ＧＡＰのパティ・カザトもアデコのジョン・ボウマーも、昔チームで一緒だった皆との関係を今も大切にしている。インフォーマルな場でのコミュニケーションを通じて、組織階層のフィルターでろ過される前の情報を得るのだ。

状況感知は受動的なプロセスではない。リーダーは、組織として掲げた目標達成のために、状況を読み、変えていくのだ。

リーダーを志す者がみな心に刻むべきことを、次に示すたとえ話に感じてほしい。

「二人の政治家がいた。一人はアンテナを持っておらず、もう一人はアンテナしか持っていない。場の状況や声なき声を拾いあげるものがアンテナだとすれば、どちらの人物も失敗するだろう。政治の場でも、ビジネスの場でもだ。アンテナしか持っていない方は、場の雰囲気をよく読み取って動くだろうが、自分らしさは打ち出すまい。アンテナを持っていない方は、自分らしさをきっぱりと打ち出すだろうが、それが受けいれられたかどうかを見極められまい[13]」

リーダーとしての自分の立ち位置を把握している限り、活躍の場は問われない。二〇〇四年のライダーカップ、欧州と米国の代表チームが競いあうプロゴルフ大会でのことだ。米国チームには、世界最高レベルの選手たちが名を連ねていた。一方欧州チームは、相対的には見劣りする選手たちが、しかもさまざまな国々から寄せ集められていた。ただし、最もモノを言った違いはそこではない。欧州チームが素晴らしいリーダーに率いられていたことだ。ドイツ人のキャプテン、ベルンハルト・ランガーだ。彼は選手個々人、およびチーム全体に対し、とびきり上質な感知力を発揮した。欧州チームは勝利に向けてまさに一丸となっていた。対照的に、米国チームのキャプテン、ハル・サットンは不運だった。ペアリングしたプレイヤー同士の関係が実はあまりよくないなど、結果的に裏目にでる判断が散見されたのだ。下馬評を覆し、結果は欧州チームの圧倒的勝利だった。[14]

第5章

相応に妥協せよ

Remain Authentic —but Conform Enough

第4章ではリーダーが、個人とチームの状況をいかに察し、変化を促していくかに焦点をあてた。本章ではリーダーが踏まえるべきもう一つ、組織全体の状況を取りあげる。自らのリーダーシップ確立のために、リーダーは組織の複雑な社会構造も理解しなければならないのだ。[1]

重要なキーワードは「適応」である。変化をもたらすためには、まず「十分に」周囲に同調しなければならない。変革を成功させるリーダーたちはおしなべて、組織が抱える「常識」を打破していくものだ。しかしおおかたの場合、一度にすべての常識を、ではない。優秀なリーダーは、組織のありようを理解することなく、いきなり現状に真っ向からてこ入れするような愚は犯さない。リーダーシップ発揮にあたっては、（日の浅い段階では特に）組織の中で、すでに確立されている人々の社会的関係性に慎重に適応することが鍵だ。リーダーは、変化を引き起こすに先立って、周りの皆から、組織の一員としての認知を確保しなければならない。そして、この当初の時期を切り抜けるための原則は、長期的な成功をおさめるための原則とは多くの場合異なるのだ。

組織の状況を読む

この二〇年間、組織の状況を鑑みることなく蛮勇をふるったＣＥＯが数多く登場してきた。確かに、短期的には成果のあがった例もあった。しかし長期的な視点に立てば、現状の軽視は許されるものではない。持続的な変革を目指すのであれば、組織の鼓動を捉え、そこに自らの波長を合わせていく努力が必須となる。そうすることではじめて、リーダーは周りからの信頼を獲得しながら、変化を導くことができる。つまり、成功の可能性をより高めることができるのだ。勇み足の行き着く先には、往々にして惨憺たる結果が待つ。紙業メーカーのスコットや、総合家電メーカーのサンビームをずたずたにした、「チェーンソー」アル・ダンラップに代表されるような、無慈悲な首切り屋や乗っ取り屋の面々。彼らには、長期的な変化が演出できるはずもないのだ。

ディズニーの経営者として招聘されたマイケル・オービッツも、悪例の代表といえる。同僚だったマイケル・アイズナーは、こう語る。

「彼は、皆の神経を逆撫でする言動で何かと物議を醸した。時がたつにつれ事態はますますひどくなっていった。バスに乗り合って会社の保養所に行ったときのことだ。彼は、運転手付きのリムジンで現れたんだ。皆無線機を持っていたんだが、三万エーカーはある敷地のいたるところで、『あいつはいったい何様だ?』って声が飛び交ってたはずだ。彼は、万人平等主義のウォルト・ディズニーを率いるには、少しばかりエリート主義が過ぎた。いやな雰囲気だった。ウマが合わなかった、ってことだろう」[2]

オービッツは一年二カ月で去った。[3] 一九九〇年代の例だが、ロバート・ホートンが巨大エネルギー企業ＢＰの会長兼ＣＥＯの職にあったのも、わずか三年だった。圧倒的知性を誇示するかのようなホートンの振る舞いは、周囲の皆に尊大で高飛車な印象を与えた。企業戦略の観点から語れば、ホートンが果たそうとしていたことは、BPにとって絶対に必要だった。しかし彼はただ、皆を導くことができなかった。行き過ぎた独断専行のスタイルは、礼節を尊ぶBPの企業文化では機能しなかったのだ。皆が従ってついてくるほどには、彼は周りに同調しなかった、ということだ。

プロクター・アンド・ギャンブルのダーク・イエーガーのケースも、派手に注目を集めた失敗事例だ。一言でいえば彼は、「あまりにも多くのことを、あまりにも性急に」変えようとした。そして一年半ももたずに職を辞した。後を継いだA・G・ラフリーについて、リーダーシップ論の大家、ウォレン・ベニスはこう指摘する。「前任者が強調していた〈拡大とスピード〉へのこだわりは捨てた。当初はそう思えた。しかしラフリーは、イエーガーが目指したに勝るとも劣らないほどに抜本的な変化を結果的に導いた。伝統的に根強かった〈自前主義〉とも決別して、外部の知恵を積極的に取りこむようなことまでやってのけたのだ。どう組織を動かしたのか尋ねたとき、彼はこう答えた。『組織を責めなかった。社員たちを罵倒するようなことはしなかった。組織文化を大切にしながら、皆を自分が目指す方向へといざなった。社員たちを主役にしたのだ。命令したのではない』[4]」

変化を確実にもたらすために、組織の状況を読み、ほどよく同調する必要性。ラフリーのリーダーシップに感じてほしい。

また、十分な同調は、組織のトップのみに求められるものでもない。ニューヨークの、われわれもお気に入りの、あるバーでの話だ。あるとき、新しい支配人が雇われた。彼は、酒代を長いことツケにしたまま放っておくような、スタッフと常連客との馴れあいムードにいらだった。暗すぎる内装と照明を変えれば何とかなるのではないか。そう考えて、彼は一度にすべてを変えた。そしてその結果、波がひくように客の姿は消えた。慌ててオーナーが乗り出し、また支配人を入れ替えたのだ。

社交性（Sociability）と連帯性（Solidarity）

どういう人物が組織状況を読むに長けているのか。また、どのようにそのスキルを磨いてきたのか。さまざまな環境に長いことさらされる中、本能的に身につけてきたリーダーももちろんいるだろう。あらためて何らかのコンセプトに頼ることなしにも、適切な洞察や介入を行う。そんな知恵を体得した人たちだ。しかし、より普遍的な原則はないものか。われわれの経験則で語れば、ある。組織文化にはゆるやかな類型が存在する。それを理解しておけば、状況を読む能力を磨く上で有効に働くだろう。

組織を一つの共同体――コミュニティ――と見る考え方に基づき、われわれが編みだした組織状況理解のコツを紹介しよう。社会学の思想にも立脚する。二つの文化的な関係性、社交性（Sociability）と連帯性（Solidarity）に着目するものだ。[5]

社交性とは、お互いを友人として認め合う、人と人との情緒的なつながりを指す。共通の志向性や価値観を分かち合い、相手と対等の立場で結びつくものだ。関係が存在すること自体に本質的な価値がある。通常、直接顔をあわせることにはじまり、継続的なやり取りを通じて維持される関係性でもある。また、相互に（往々にして無条件で）助け合う意識を特徴とする。

連帯性はこれとは対照的なものだ。個人とグループとを、果たすべきタスクや役割でつなぐ関係性を指す。友愛の情も、相互の面識すらも必要とされない。継続的なものでなくとも構わない。利害が共通している、その認識だけに立脚する関係性である。そして連帯性は、いったん利害が共通しているというコンセンサスが固まれば、その達成への集中力が生まれる特徴を有する。

抽象的にすぎるかもしれない。しかし、この社交性と連帯性とは、われわれの身の回りに幅広く存在する。家庭内、スポーツチーム、あるいは地域コミュニティでも。そしてこの、どこにでも存在するという特性（ユビキタス性）ゆえに、社会学が取りあげたのだ。われわれ皆が、これらの二つの文化的関係性を気にかけ、そして影響を受けている。たとえば、理想の家族像について誰かに尋ねたとしよう。家族が互いを尊重しあい（社交性）、大変なときには一致団結する（連帯性）。概してそんな答えが返ってくるだろう。

よく知られた小説やドラマ、あるいは映画でも、これらの関係性が多く描かれてきた。たとえば映画『フル・モンティ』。生活のために男性ストリップを思いついた、働く意欲もない失業中の男たちの物語だ。彼らは、互いに牽制しあい対抗しあう関係を徐々に脱し、厚い友情（社交性）と周りの人々との共闘意識（連帯性）を育んでいく。そして、映画は劇的なストリップショーでフィナーレを迎える。『フォー・ウェディング』『アンタッチャブル』『明日に向って撃て！』、そして『ゴッドファーザー』。多くの名作が、胸を打つ社交性と連帯性を描き出してきた。

社交性の良し悪し

リーダーとして組織を率いるものにとって、社交性・連帯性はいずれも意義のあるものだ。しかし実践の中では、どちらにも良い面と悪い面があることを認識せねばならない。

社交性について考えよう。その良さと大切さは明白だ。社交性の高い文化では、皆が仕事を楽しむ。そして、楽しんで仕事に打ちこむとき生産性が高まることはよく知られている。[6] また、社交性のもとでは、イノベーションも生まれやすい。ぼんやりとした想いを皆が持ち寄るとき、創造的な閃きが生まれる。そして、お互いの知恵を絞りあう（多くは非計画的な）討議の中で、その閃きが具体化されていくのだ。芸術や科学の分野を席巻する大きなムーブメントも、こうして生まれることが多い。友好的で互助的な環境下、人々がアイデアを持ち寄る中から芽生えてくるのだ。そしてまた、社交性の高い職場では、皆が皆のために働く。「すまない、今日は遅くなるよ。ビルの明日のプレゼン準備を手伝っているんだ」。そんな会話に象徴される環境だ。イノベーションの創出が必須な事業ならなおさら、社交性がもたらす恩恵は大きい。

しかし、負の側面もある。十分な成果をあげていない誰かを、友情が大目に見させてしまいかねないのだ。お互いを知れば知るほど、相手を友人と見る意識は強まる。社会学者ジョージ・ホーマンズが鋭く指摘したように、「よっぽどの変わり者が相手でも、十分な時間をともに過ごせば好意を感じはじめる」のである。[7]

社交性は、甘えと譲歩の温床になりかねない。しかし、より性質が悪いのは、派閥形成だ。派閥は組織の変化を妨げる。リーダーの精力的な頑張りすらも握りつぶしてしまう。かつてともに仕事をした、ある金融サービス企業に勤める人物がよく口にしていた。会社に、「ブラザーフッド」と呼ばれる派閥が存在するというのだ。だれがその一員かどうして分かるのかを問うと、彼はわれわれをこう脅した。「すれ違うだけで分かるよ!」。実際に派閥が存在したかどうかは問題ではない。派閥があると信じられていた事実そのものが、その組織の文化を物語っている。あるハイテク企業でも、同様の派閥形成が観察された。そしてそれが、当初のビジョンを越えて成長しようとする創業者たちの努力を激しく阻害していた。社交性はリーダーに試練も与えるのだ。

連帯性の良し悪し

同様に、連帯性もまた少なからぬ恩恵をもたらす一方、負の側面からもリーダーに相当なチャレンジを強いる。連帯性の最大の利点は、活動の焦点を絞り込めることだ。明瞭で定量化可能な目標のもとでは、必要資源の導入も相当に早い。高い連帯性を誇る文化では、共通の利害認識に立脚して、的を絞った行動が迅速に展開されるのだ。このような時宜を逃さぬ動きは、当然のことながら非常に大きな強みとなる。この行動様式こそが、成功する企業には欠かせない。戦略的思考を旨とする研究者たちは、そう捉えていたものである。[8]

しかしながら、連帯性にもまた負の側面が存在する。組織に大損害を与えかねない第一の懸念。それは、「間違ったことを」恐ろしく効率的に行ってしまう可能性だ。完璧に歩調を合わせて、断崖に向かって行進しかねない。一九九〇年代に流行った呪文のようなフレーズを借りよう。「Just do it」、他の取りうる選択肢に考えをめぐらすことなく、「とにかく突き進む」。そんな行動規範だ。強すぎる連帯性に彩られた組織は、反対意見に寛容ではない。同化するか去るかしかないのだ。リーダーはかくして、自らがもはや、無条件の抗えない決まりごとに縛られていると気づく。極めて不健康な状態といえる。周囲への同調がいかんとも避けられない現実が、リーダーシップの発揮をむずかしくするのだ。

連帯性は時にまた、組織を過度の合理主義に導く。まだ固まっていない考えを同僚と議論しようとすれば、「忙しくて手伝えない」。そんな反応が返ってくる。ひどい場合は、「それが自分に何の関係があるんだ?」。あるいは口には出されないまでも、「なぜお前を手伝わなきゃならないんだ? お互いライバルだぜ?」。そんな意識すら存在しかねないのだ。

さらには、セクショナリズムが生まれる恐れもある。機能部門や事業部門ごとの利害で凝り固まってしまい、皆が自分の属する部署に限られた視点でしか物事を考えなくなるのだ。たとえばマーケティングや財務、生産や研究開発が、バラバラな考えで動くのだ。部門を横断した、組織全体にとっての最善を探る意識など、芽生えようもなくなる。不毛な縄張り争いに終始するのがオチだ。連帯性の悪影響を緩和する。これもまた、リーダーにとって大きなチャレンジだ。

この二つの文化的関係性を図示してみよう。社交性（Sociability）と連帯性（Solidarity）の頭文字をとり、ダブルSキューブと命名した図だ[9]（次頁図）。

四つの類型

組織文化の、四つの基本的な型を紹介しよう。それぞれに、プラス面とマイナス面が存在する。

〈ネットワーク型〉は社交性が高く連帯性が低い文化だ。親しみやすい家族的な雰囲気を特徴とする。仕事に関連した行事が頻繁に行われ、それが人々の親睦を深める一助となっている。家族を含めた催しや、親睦会やスポーツ大会など、職場の外にまで活動が広がることも多い。マイナス面も顕在化しやすい型だ。そう、派閥形成も含めて、である。非公式の活発な情報交換は、高じれば噂やゴシップの温床となる。友達感覚が度を過ぎれば、雑談ばかりで実のある活動が行われなくなる。最も厄介なのは、〈特に上層部が〉組織内の政治活動や他人からの点数稼ぎに、多大なエネルギーを注いでしまうことだ。事業のアウトプットより、上司へのインプットが大切。そうなりかねないのだ。

〈傭兵型〉は、対極にある文化だ。社交性は低く連帯性が高い。競争意識が極めて高く、勝利を渇望する特徴がある。そしてこの勝利は、「ゼロサム」で定義されることが多い。「わたしの勝ち、お前の負け」、そんな捉え方だ。闘争的な個人主義の中、自分にとってのメリットを明確に認識しているそれぞれが、共通目標のもとに集っている組織だ。互助的な行動などは、目に見えて明らかな利点がない限り起こらない。「編隊を組んで飛ぶ鷲」とでも表現できよう。

これは優れた企業にも見ることができる文化である。しかしやはり、考慮すべきマイナス面

ダブルSキューブ

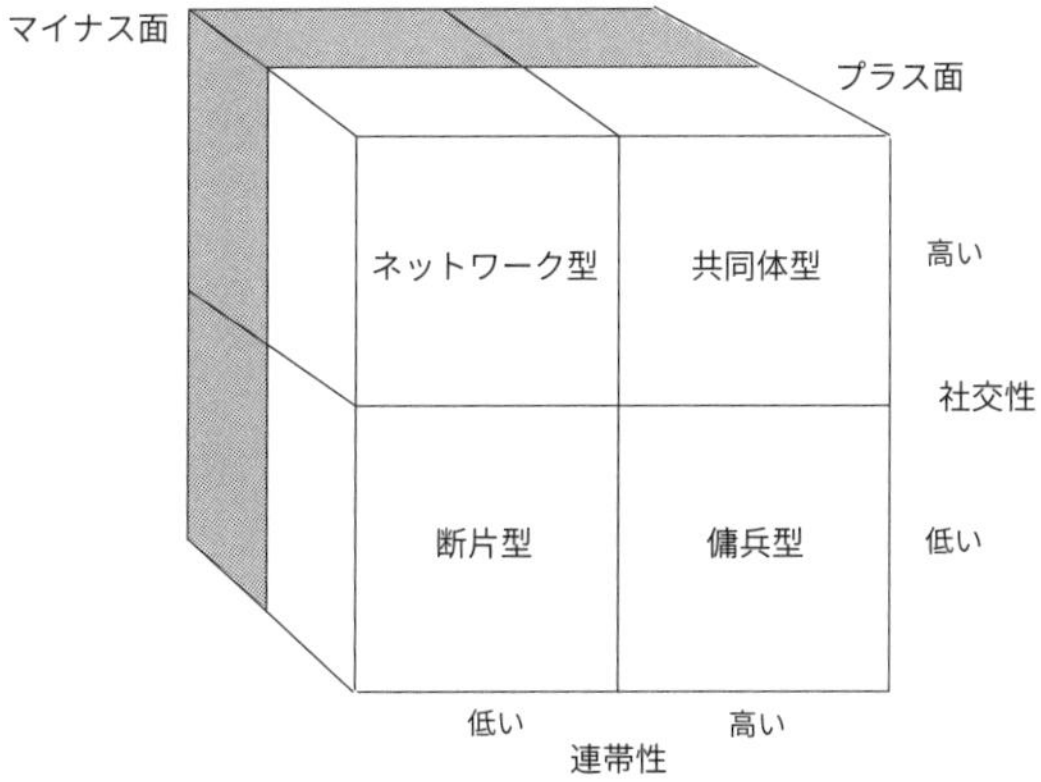

も持つ。明瞭な目標を掲げて突っ走る組織であるがゆえに、潜在的な課題は「いかにそれが重要であっても」看過されがちなのだ。内部闘争が常態化する恐れもある。知識集約的な事業を営む組織にとっては致命的といえよう。閃きのもととなる創造的な一体感が育まれないからだ。心情的なつながりの希薄さゆえに、大事にすべき社員の流出も起こりやすくなる。

〈断片型〉は、社交性・連帯性ともに低い。よく見られる型ではないが、場合によっては有効に働く。たとえば、外部委託や在宅勤務、個々人の専門性などに大きく依存する事業では、この文化が適している場合も多い。自由裁量余地の大きさが、メリットとなるのだ。大学教授、あるいは法律事務所の共同経営者が、自立性高く活動しながら創造的な成果を生むような例だ。しかしその自由度が濫用されると、利己的な秘密主義が跋扈しかねない。個々人が自分のことしか考えない挙句、単なるミーティングさえ開けない羽目に陥るケースすらある。

〈共同体型〉は、社交性も連帯性も高い。一見すると、双方の長所を兼ねそなえている。創造性に富み、好業績を誇る企業の成功要因が語られるとき、この類型に属する風土が指摘されることも多い。たとえばアップルやマイクロソフト、ベン・アンド・ジェリーズ・アイスクリーム、などの企業だ。組織としての大きな目標を掲げ、その達成に向けて皆が固く団結したチームとして熱心に活動している。本領が発揮されると、高邁な目標と日々の活動がピッタリと整合して事業が展開されていく。

この文化の負の側面は何か。それは、成功したまさにその理由で失敗する「成功のパラドックス」の懸念だ。われわれに死角なし、そう皆が思いはじめてしまうのだ。競合や顧客のうごめきを、「間違っている」と歯牙にもかけない。あるいは、自分たちの価値観や主義を金科玉条とし、真になすべきことを見失ったりもする。一九八〇年代から九〇年代初頭にかけて、IBMがこの陥穽にはまった。そして、このIBMの凋落に一役買ったアップルも後に、皮肉にも同様の慢心から苦境に陥った。

「フリーズ・プリーズ・ティーズ（freeze-please-tease）」モデル

リーダーは、いずれかの組織文化モデルの中で活動していくこととなる。また実務上留意すべきは、一企業の中にあっても異なる型が混在している可能性だ。たとえば、研究開発部門が共同体型である一方、営業部門は傭兵型である場合などだ。良いリーダーは、時と場所に最適な「自分らしさ」を打ち出していく。個人、チーム、組織全体の波長に自らを合わせながら、そうしていくのだ。

リーダーシップは自分自身に忠実であることから始まる。本書の前半でそう述べた。ではなぜ、あえて周りの状況に自分を合わせるような手間が必要なのか。要は、リーダーとして成功をおさめるためには、「しかるべき手続きを踏んだ上で」自分自身に忠実でなければならないのだ。矛盾をはらんだ表現に響くかもしれない。しかし、リーダーは、相応に妥協しなければならない。「本物」のリーダーは、自分ならではの「らしさ」を存分に活用する。しかし同時に、文化的側面も含めた現状の制約の中で、「ほどよく」周囲に同調しながら物事を推し進めていくのだ。

われわれが見つめてきた良いリーダーたちは皆、自らの組織の文化を読みとること、そして仲間として認められるために周囲に同調することに長けている。そして何より重要なのは、「自分らしさ」を犠牲にすることなく、そうしているということだ。彼らは、自ら周囲と折り合うように努力している。必要であれば、組織の文化に敬意（あるいは寛容）も示す。自分らしさの打ち出しと周囲への同調をバランスさせる。これは実は、男性優位色の強い環境で活躍してきた女性エグゼクティブなら数十年も前から実践してきたことでもある。あまりにも許容できない種類の男社会の規範に対しては、即、立ち向かう必要もあろう。しかし、男性が持ちがちな歪んだイメージ（お母さん、男たらし、腰巾着、あるいは鉄の女など）に直接は抗わず、むしろ逆手にとって自らの立ち位置を固めてきた女性も多い。私の自分と公の自分の適切な役割上の距離の認識、そして目指す目標をしっかり見据える視点がなければ不可能なことだ。ほどよく同調し、周りから浮き上がらずに組織とのつながりを固めて、最終的には長期的な変化を組織に促したのだ。

歴史上の人物に探ろう。たとえばアレキサンダー大王は、征服した民族の伝統を大いに自らの治世に取り入れたことでも有名だ（そうして東西が融合したヘレニズム文化を築いた）。版図を広げ続ける大帝国にあって、それが彼の統治者としての地位を支えたともいえよう。同様にローマ帝国にあっても、各地方の総督が、占領した領土の土着的慣習に対し寛容だったことが知られている。[10]

現代組織の文脈で語ろう。リーダーが必要な同調をなおざりにすると、周囲の拒絶反応、あるいは人心の離反（よりありがち）が起こりやすい。しかし逆に、同調しすぎることもまた問題だ。周囲と完全に同化してしまうと、そもそもの自分らしさを見失ってしまうからだ。

さて、どうすればこのバランスを首尾よく維持できるのか？

リーダーの地位にあっても自分らしくあり続ける人は、自分が何者かを周囲に打ち出し続けている。そしてそれは、自らの来し方を自覚しているからこそ可能なのだ。しっかりと「根」が張られている。どうやって今の自分が形づくられてきたかを認識しているのだ。しかしそれだけでは足りない。人生の中では皆、新しい状況に直面する。過去にはまったくなかったような局面、これまでの経験からはかけ離れた場面だ。優れたリーダーは、そのとき巧みに対処する。ずっとそうしてきたように、大きな変局点にも心地よく向き合うことができるのだ。

誰しもが、人のルーツに関心を抱くものだ。過去を知れば、相手をより理解できるから。人となりに影響してきた要因を知ることで、関係を深める手がかりを得ることができるからだ。

われわれは長年、米国のある化学会社の経営幹部とともに仕事をしてきた。とても思慮深い人物だ。彼は新メンバーをチームに迎えるとき必ず、「あなたは、どういう風にして今のあなたになったんだい？」という問いかけから会話をスタートする。その人らしさの背景にあるものに、彼は飽くなき興味を示し続けるのだ。

人生が大きく動く局面に差しかかったときに、人々も変化していく。このプロセスをわれわれが最初に理解したのは、社会的異動が（主に男性）エグゼクティブに与える影響を観察していたときのことだった。以来、企業やビジネススクールでの議論を経て、一つのモデルに行きついた。社会的な立場の変化に直面したときに人が見せる、さまざまに異なる反応を類型化したものだ。「フリーズ・プリーズ・ティーズ（freeze-please-tease）」モデル。そうわれわれは称している。

フリーズ。新たなチャレンジに直面したとき、凍りついて（フリーズ）しまう人々がいる。そもそも自らをそこに押し上げた、自分ならではのリーダーとしての資質を見失って立ちつくしてしまうのだ。

プリーズ。周囲の歓心を買おう（プリーズ）とする人々だ。新しい状況下で、その文化的な習慣を過度に真似ようとしてしまう。そうして、同じくリーダーとしての持ち味を失い、ただ同化してしまうのだ。

ティーズ。良いリーダーたちのモデルだ。自分らしさを保ちつつ、取り巻く環境にほどよく適応していく人々だ。言いかえれば、手玉にとる（ティーズ）のだ。自分の持ち味は維持しつつ、一方で、おかれた状況下でのしかるべき振る舞い方も理解する。そうして、胸に期す目標の達成に向けて、効率的（かつ現状打破的に）組織を引っ張っていくのだ。

このモデルの礎には、「文化的資本」の概念がある。フランスの社会学者、ピエール・ブルデューに起源をなすものだ[11]。物質的な資源は、皆に分けへだてなく均等に割りあてられるものではない。国家、企業、あるいは身の回りのチーム。どの層にあっても、対象資源の配分に際する優先権の強さは、並立するグループそれぞれで異なる。かくして、最も強い権利を持つ集団が最も多くを得る。ブルデューは、「文化」についても同じ構図が成立すると考えた。文化、たとえば芸術や文学、教育、あるいは食やファッションなどだ。異なる嗜好性を持つさまざまな集団が存在するとき、最も支配的な力を持つグループが、自らの好みを世の中の標準として定義する。そうして文化的な資本を独占し、排他的に他のなじまない集団を退けていく。そう考えたのだ。

複雑な議論ではある。しかし、現実社会でよく見かけられることでもある。組織を異動するとき誰もが、新天地ならではの「支配的な」文化的資本にさらされるのだ。うまく対処できる人もいれば、できない人もいる。以降に、実例を挙げたい。すべて、われわれが直接目にしてきたケースだ。

フリーズ —— 凍りつく

ビルは腕のよい電気技師だった。ペンシルバニア州の電力会社で、見習いの電気工として第一歩を踏み出した。彼の能力は、じきに上司の目にとまるようになる。人事部門はその才をさらに伸ばすべく、大学で学ぶよう彼を説得した（文字通り説き伏せた）。会社からの学費補助を受けながら、ビルは電気工学を専攻した。当初は、大学に通うことが苦痛だったという。海外からの留学生など、バックグラウンドがさまざまに異なる人々が切磋琢磨する、慣れない場だったからだ。しかし懸命に勉学に励むうちに、彼の優秀さは教授陣も注目するところとなる。もともと、他の学生たちをいつも快く手伝うような人柄でもあったので、周りの皆もこれを至極当然と受け止めた。

輝かしい成績で卒業したビルは、職場であたたかく迎えられる。幼なじみと結婚したばかりで、初々しい幸せを感じていた時期だ。このしばらく後、ビルが社内で次世代の経営者候補と目されるようになったころに、われわれは彼と出会った。その潜在能力の高さは、傍目にもヒシヒシと感じられた。努力を重ね、ビルは徐々に戦略的な志向性を身につけていく。また、率直で隠しだてしないコミュニケーションを通じ、周囲とも打ち解けた。プロジェクト管理を手がけることも多くなり、チームを組織し率いるのも巧みになっていった。もともとの技術的な能力、そしてそのあっけらかんとした率直さは、リーダーの資質としても素晴らしいものに思えた。

のちにビルは、本社のスタッフ部門に異動する。役員の意思決定にアドバイスする役目を任されたのだ。そこから、歯車が悪い方へと回りはじめる。いずれ彼をラインのリーダーとすることを目論んでいた人事部門としては、この異動は彼にとってまたとない準備期間だと考えていた。しかし残念なことに、本社は社内政治が渦巻く世界だった。ビルは次第に、彼のまっすぐな物言いが軋轢を生んでいることに気づく。「状況の複雑さを理解していない」「もっと相手を慮って口を開け」。そんなフィードバックを受けるようになった。彼は自分の能力に深刻な疑念を感じはじめた。努めて自分のスタイルを変えようとはしたものの、上司たちほどうまく立ち回れはしなかった。そして、彼は失速しはじめる。

ビルはやがて事業ラインに戻り、リーダーとしての重責を担うようになる。われわれはこの頃に、彼と再会した。順調とばかり思っていたものの、彼はすっかり自分自身を見失っていた。自己不信に陥っていたのだ。よきエンジニアとしての役割にこだわり続けていればよかったのかもしれない。この頃の彼は、支離滅裂だった。皆の顔色をうかがうばかりに過度に優柔不断になったかと思えば、昔の率直さを取り戻そうと突然攻撃的になる。そんな状態だったのだ。

彼はまだ同じ会社に留まっている。しかしこれ以上の進歩は望めないだろう。巧みに自分らしくあり続ける力を、完全に失ってしまったのだ。事実上、フリーズしていた。凍りついてしまっていたのだ。おかれた環境の中ではもはや、自分は自分らしくあれない。彼もそう悟ってしまっている。

プリーズ —— おもねる

ビルと対照的なのが、ボストンの日用品メーカーに勤務するグレアムのケースだ。彼は、極めてエネルギッシュな営業マンだった。相当に押しの強い（多少古めかしい）スタイルながら、抜群の成績を誇っていた。ヤツは図々しい。そう感じていた同僚もいたかもしれない。互いにプロスポーツへの関心が高かったこともあり、われわれとはかなり気が合った。ビールを片手に語りあう時間は、ことさらに素晴らしかった。地ビール醸造業者が復活しつつあることを喜び、新しいブランドを次々と紹介してくれたものだ。職場は礼節を尊ぶ雰囲気だったので、聡明ではあるがアクも強い彼は少し浮いた存在だったかもしれない。だがわれわれは、グレアムにより大きなチャレンジの機会を与えるべきだと彼の上司に説いた。そのエネルギーに満ちあふれたリーダーシップは、この組織の少なくともいくつかの場所では切実に必要なものと思えたからだ。

やがてグレアムは、営業部門からマーケティング部門に異動する。一時、生産部門を経験したのち、マーケティング部門に戻って上級職に就いた。この頃の彼に、われわれは目を疑った。礼儀正しく落ち着いた、悪くいえばぬるま湯的な雰囲気を打破するどころか、それを体現したような人物になっていたのだ。われわれの反応を慎重にうかがいながら、遠まわしな表現を用いて意見を述べる。組織としてさらなる変化が必要ではないか、とのわれわれの提案を、少し捉え方が単純すぎはしないかとなだめる。むしろ現状を維持したいと考えている様子だ。事業の最前線の生き馬の目を抜くようなムードより、本社の静かな廊下の方が自分の好みだ。そんなことすら口にする。「本当に同一人物か？」。そう思えるほどだった。彼は変わってしまっていた。プロ野球の話をふっても、ほとんど反応しない。最近は、ロッキー山脈でのスキーとヨットに熱をあげているそうだ。

彼の変化をどう解釈すべきか。むずかしいところではある。グレアムは成熟した。そう見ることもできる。さまざまな業務や経営の中枢に接する中で、全社的課題への理解をより深めたのかもしれない。しかし、われわれの見方は異なる。組織に支配的な風土に馴染もうとしすぎた挙句、彼はチェンジ・リーダーとしての素晴らしい資質を失ってしまった。そう思えるのだ。歓心を買おうとするあまり、プリーズしようとするあまり、自分らしさを見失ってしまった。かつてリーダーとして存分に発揮していた、もともとの自分らしさが消えうせてしまっていたのだ。

有望な人材が組織の階段を駆け上がる中で、もともとの率直さを失ってしまう。ビルとグレアムの例に共通する点だ。しかし他のパターンももちろんある。

ケビンは、世界有数のビール会社に勤務している。彼は科学者であり、会社として最も重要な物質、つまりビール酵母の研究に執念を燃やしている。内気で恥ずかしがり屋な性格で、科学者仲間と一番気が合う。しかし、こと酵母にかけては、知識レベルではもちろん、興味レベルでも彼と肩を並べる同僚など存在しない。知識の深さ、会社への愛着、そして自社製品への思い入れ。そのすべてが強烈な人物。彼とともに仕事をしたことのある皆が、そう口を揃える。酵母への彼の情熱は、素晴らしいリーダーシップの資質に思えた。少なくとも研究者集団を率いる上では、間違いなく有効なはずだ。

ケビンは、酵母研究を通じて新製品開発に多大な貢献をした。そして社内で注目を集めた。これがきっかけとなり、製品開発部門の重要な役職に就くこととなった。そしてこの新天地の同僚の多くは、マーケティング出身だった。この業界でマーケティングに携わっている人々のほとんどは、極めて活動的かつ外交的だ。大抵の場合、プロスポーツと自社製品――つまりビール――が大好きな、エネルギーほとばしる人たちだ。

研究開発部門とはまったく異なる雰囲気にさらされたケビンは、まるで陸にあがった魚のようだった。皆からは孤立し、ますます内向的になっていった。そうして、十分な成果を生み出せない状態に陥る。製品開発を指揮するのであれば、市場調査や販促費管理の（やはりマーケティング出身の）担当者と密にやり取りする必要があった。しかしどうしてもうまく動けなかった。次第に彼は、同僚たちの騒々しさを憎むようになっていった。逆に同僚たちは、彼を面白みのない偏屈者と見なすようになった。ケビンは、同僚と文化的資本を共有できなかった。今、キャリアは行き詰まり、彼は会社を去ることを考えはじめている。

ティーズ――本物であり続ける

最後に、はるかにうまくいったケースを挙げよう。われわれが教えたこともある女性の例だ。彼女、サラは聡明な努力家で、学生仲間にも教授陣にも好かれていた。英国の片田舎出身で、強めの（そして野暮ったい）訛りで話す。一流のビジネススクールを出たＭＢＡホルダーが満ち満ちた苛烈な就職市場では、その訛りが彼女に不利に働くのではないか。そう心配する教授仲間もいたほどだ。しかしいずれにせよ、彼女は他の野心的な学生仲間が志す道は選ばなかった。投資銀行やコンサルティング業界ではなく、伝統ある消費財メーカーを選択したのだ。そして、マーケティング部門でメキメキと頭角をあらわす。

すべて順調だと思われていた。しかし、役割の高度化、そして業務の国際化に伴って増え続ける出張が、公私にわたって彼女に犠牲を強いはじめた。後ろ髪を引かれながらも転職を決意した彼女は、超一流と評されるエグゼクティブ・ヘッドハンティング企業に活躍の場を移した。そしてそこでも、自らのリーダーシップをどんどん磨き上げていった。サラはあらゆるチャンスを自らの成長の糧とした。われわれが見守る中（いささかの誇りを込めてこう言わずにはいられない）、彼女は経営の重要な一翼を担うまでになった。ここに来て、彼女の振る舞いには微妙な変化が見られた。以前から、落ち着いた芯の強さを持った人物だった。これに加えて、真摯ながら鼻にはつかない、ある種の威厳をも持ちあわせるようになっていったのだ。

企業経営者たち相手の世界に、サラは見事に適応していった。彼女に全幅の信頼をおくクライアント企業のＣＥＯも少なくない。この世界で評価され受けいれられるために、彼女が相当な自己研鑽を積んだことは間違いない。しかし、彼女はもともとの自分らしさを決して失ってはいない。海外を飛び回る中で幾分やわらいだとはいえ、まだあからさまな訛りを残して話す。

洒落たホテルのラウンジでも、雑多な繁華街のバーでも、同じように心地よくほろ酔いになっている。皆を意外な場所にひきつれていくことも多い（誰かをよく知ろうとしているときはなおさらだ）。同僚たちもクライアントたちも、彼女を人間味あふれる人物と見ている。また同時に彼女は、エリートたちが跋扈する高尚な市場・事業環境にもほどよく適応した。良いリーダーが皆そうするように、なすべきことを果たす上で必要十分な程度に同調したのだ。

彼女は、自分の役割をある意味面白がる余裕も持ち続けている。彼女は彼女らしくあり続けてきた。しかし同時に、成功した自分の姿を微笑みながら観察しているようなところもあるのだ。彼女の同僚は、時折こう口にする。「サラは驚くほどオープンだけど、どことなく謎めいてもいる」。鋭い指摘だろう。

相応に同調する

サラは、手玉にとる（ティーズ）のよき実例だ。良いリーダーであるためには、自分の想いを貫くだけでは足りない。彼女はこれを理解している。良いリーダーは、現状を打破し変化を引き起こすと同時に、周囲への同調も図る。自らの信念を維持し続けると同時に、ある程度の妥協もいとわない。自分らしさを存分に打ち出すと同時に、自らを客観的に観察もする。組織階層には頼らないと同時に、利用するのだ。

ユニリーバは、世界でも屈指の消費財メーカーだ。グローバルに事業を展開して長く、さまざまな商材を提供している。そして、ネットワーク型の風土を有する。社交性が高く、連帯性が低い文化だ。その元会長、ナイアル・フィッツジェラルドを紹介しよう。アイルランド風の閃きとウィットに彩られた、卓越したコミュニケーション力を持つ人物だ。とてもチャーミングな一面も持ちあわせている。この多国籍企業を率いるに相応しい振る舞い方。彼はそれを把握している。ユニリーバは、角々しく雄々しいリーダーシップが似合う企業ではない。それゆえに彼は、ビジネスの話ももちろん含めて、社員たちとのおしゃべりもよくする（ただし相手は選び、彼が大切と目す人物が中心だ。その人となりを、理解しようともしているのだ）。そうして何年もかけて、彼はこの巨大な企業の隅々にまで行きわたる複雑な人的ネットワークを築きあげてきた。そしてそのおかげで、フォーマルな指揮命令系統のみに頼らずとも、組織を動かすことができるのだ。

フィッツジェラルドは、組織の文化的資本に完全に馴染んだようにも見える。しかし、騙されてはならない。彼は、同僚のアンソニー・バーグマンズとともに、相当に急進的な変化も引き起こしてきた。商品ブランド削減、成長加速への舵取り、あるいはベスト・フーズ社の買収などだ。そうして、活動の焦点を（ネットワーク型文化のもとでは弱く留まりがちな）組織目標の達成にシフトすべく、皆をいざなってきたのだ。簡単な取り組みではない。そしてまた長期的に見たときに、この変革がユニリーバに何をもたらすかも断言はできない。しかしながら、最終審判の結果がどうであれ、自社の企業文化に対する彼の深い理解——プラスマイナス両側面からの——なくしては、これらの急進的なさまざまな変化のどれ一つ達成できなかったであろう。

彼は、胸に期する目標の追求にあたり、まず社員たちとのつながりを築いた。ただ同時に、彼を疎ましく感じている、敵愾心を秘めた勢力が存在することも認識していた。喜んで率いられる一団の脇に、静かなる敵たちがいることを察していたのだ。そして彼には、そうした謀反人たちを注意深く一掃するだけの力量もあった。かくして、彼が描く説得力に富んだユニリーバのビジョンを、彼らしく貫き続けたのだ。複雑な社会的構造を持ち、かつネットワーク型の文化に染まっていたこの多国籍企業を率いる。そのためのリーダーシップのあり方を踏まえつつ、そうしていったのだ。

真のリーダーとして

製薬会社ロシュのビル・バーンズ。彼も、ネットワーク型風土の組織を見事に率いるもう一つの例だ。欧州、米国、そして日本の拠点を渡り歩いた経験から、彼は文化的適応の大切さを痛感したという。いずれもロシュ・グループ傘下ではあるが、カリフォルニアのジェネンテック社にいるときと日本の中外製薬にいるときとでは、異なった振る舞いが求められる。彼自身が隠しだてもせず率直に認めていることだ。ただし、態度を調整するにしても、彼は自身で表現するところの「自分で見分けのつく帯域」の範囲内でそうしているという。かくして、本来の自分らしさを正しく伝え続けるのだ。実際、彼の同僚たちの声を拾うと、（どの拠点かを問わず）誰もが同じようにビルを称える。人としてのあたたかさや思慮深さ、そして、商品効能の細部にまで目を光らせる鋭さだ。

まったく異なる文化の組織を率いる、ベルミロ・デ・アゼベードを紹介しよう。ベニヤ板から通信設備まで手広く展開するポルトガル最大のコングロマリット、ソナエの社長だ。「リーダーたれ、さもなければ去れ」という同社の実力主義の風土をまさに体現している人物だ。六〇代を越えた今もスカッシュやサッカーを楽しみ、ジムでのトレーニングも欠かさない。彼は、この会社の文化、傭兵型の文化の中でどう振る舞うべきかを知り抜いている。定量的なデータに基づいて判断すること、背景を読みきらないうちには決して意見を述べないこと、事業でも人の処遇でも躊躇せず厳しい決断を下すこと。こう書くと、冷徹で近寄りがたい、機械のような人物に思えるかもしれない。しかしそうではない。ベルミロは、自身の原点と持ち味を強く自覚し、かつ自分らしさに裏付けられたリーダーシップを身につけている。彼は毎年、友人とともにポルトガル北部の風光明媚なドウロ渓谷を訪れる。自らの原点を再認識する旅だ。両親が暮らしていた郊外を訪れ、幼少のころに親しんだ地元料理に舌鼓をうつ。この地方の伝統的な踊りに興じもする。変わることなき友情と楽しみに彩られた、人間らしさ、自分らしさに浸りきる時間だ。彼は、ソナエの企業風土を踏まえたときどう行動すべきかを知っている。しかし同時に、決して自らの原点や自分らしさを見失わないのだ。

共同体文化におけるリーダーシップに話を移そう。緊密な人的つながりを大切にしつつ（社交性）、組織目標の達成に邁進している（連帯性）、そんな風土でのリーダーシップだ。流通大手マークス・アンド・スペンサーの人事担当ディレクターだった、ジーン・トムリンの例だ。共同体型の文化は、価値観と行動の両側面からリーダーに適応を迫る。ジーンが果たすべきチャレンジは、苛烈な競争を勝ち抜くために必要な変革を断行することにあった。同時に、組織の核にある価値観を自ら体現しつつ、である。彼女は、組織の風土と皆の活動への敬意を、公に繰りかえし語った。

ジーンは、新天地に赴任した最初の三カ月は、自分らしさの五〇パーセントしか、それも徐々にしかさらさないという。彼女のいうところの「本物の会話」を行いつつ、「薄板に穴を開けるように」周りの皆一人ひとりとのつながりを形づくるのだという。この慎重な立ち上がりの中で彼女は、マークス・アンド・スペンサーに巣くう「自己満足」と「徒弟色」に気づいた。今の状況をよしとして、リーダーに無批判に従う。そんな意識が潜在していたのだ。共同体型文化の中でリーダーが直面する典型的な状況だ。その中でリーダーは、連綿と築かれてきた組織の価値観を象徴する人物であると同時に、冷静に物事を見つめて現状を打破していく人物でもなければならない。微妙な舵取りの要求される立場だ。しかも彼女の場合、アフリカ系の英国人女性であるという、どうしても目立ちがちな条件下でこのバランスをとっていかねばならなかった。ジーンは、少しずつ物事を動かしていった。断言しても差し支えないと思う。変革が最も困難なのは、伝統ある共同体文化を持つ組織だ。

マークス・アンド・スペンサーは、株主や外敵のプレッシャーに今も煽られている。変革もまだ道半ばの状態にある。ただしジーンは今そこにはいない。繰りかえし強調してきたように、リーダーは個人としてもリスクにさらされ続けるのだ。

自分としてなすべきこと

複雑に入り組んだ多国籍企業に限った話ではない。これらは共同体型、つまり社交性も連帯性も高い組織文化では往々にして観察される課題だ。アップルやヒューレット・パッカード、ジョンソン・エンド・ジョンソン。より小規模な例でいえば、たとえばエレクトロニック・アーツ（ＥＡ）社も当てはまるだろう。コンピューターゲームを開発する、極めて高い独創性に支えられた企業だ。

ＥＡ社のヨーロッパ事業について語ろう。デビッド・ガードナーの後任、ゲルハルト・フローリンにとっての課題は、人を大切にする価値観を維持しつつ、変化も競争も激化しつつある中で勝ち抜くための業績基盤をより強固にすることだ。前任者ガードナーは、カリフォルニア出身で、かつＥＡ社の生え抜きだ。フローリンは、ドイツ人で、かつ経営コンサルティング会社マッキンゼーからの中途入社だ。二人のタイプはまったく異なる。それゆえにフローリンは、彼ならではの持ち味を発揮しなければならない。しかも、ＥＡ社の組織文化――チームワークや創造性、個人の自由を大切にする風土――に十分な敬意を払いつつ、である。さもなければ、リーダーとして変化を主導することはできまい。フローリンもそう承知している。

法律事務所やコンサルティングファームのような、プロフェッショナルサービスを提供する企業では、断片型文化が支配的なことも多い。社交性も連帯性も低い文化だ。そこでは、リーダーの直面する課題もまた異なったものとなる。プライスウォーターハウスクーパーズ英国で、企業再生部門を率いるイアン・パウエルの例に探ろう。目覚ましい業績を誇る部門で、四〇〜五〇人の役員を抱えている。卓越した専門知識か、際立ったディールメーキング力のどちらか、あるいは両方を誇る人材たちだ。

パウエルは、組織風土のてこ入れを目指した。全社目標の達成や、社員間の相互協力に向けた意識をもっと強化したかった。知識を共有し、創造性を高め、市場を皆で開発する文化を醸成したかったのだ。その想いを胸に、彼は歩を踏み出した。しかしまずは、リーダーとしての信認を勝ちとらなければならない。

彼は、「巨大案件」を独力で勝ちとり完遂することで、この信認を得ていった。上海汽車との提携交渉が決裂し、破産してしまったＭＧローバー・グループの管財人の座を射止めたことはその一例だ。築きあげてきた能力と人脈は相当なものであること、自らにこの組織を先導する資格があることを、彼は証拠をもって示したのだ。リーダーシップ発揮にあたり、「類いまれなるハンター」としての自らの正統性を、皆に刻みこんだのだ。またパウエルは同時に、「新たに組織に埋めこみたい」と彼自身が考える振る舞いも見せつけた。もともとが、序列にこだわらず、堅苦しくない人物でもある。彼は、チームの努力を強調し、メンバーを指導し鼓舞して、自分らしく活動を推し進めた。好業績を謳歌する断片型文化。そんな組織の風土を十分に踏まえた上で、自らの行動を律したのだ。

同様に、美術館や博物館も個人主義志向の強い専門家を多く抱える。学芸員や科学者、研究者たちだ。ゆえに概して、断片型の組織文化を有する。秘密主義的な、ともすれば利己的な活動が幅をきかせていることもまれではない。大英博物館の副館長に着任したドーン・オーストウィックは当初、驚きを隠せなかったという。「職員は、無視されることに慣れきっていた。すれ違っても、顔さえ見ない。新館長のニール・マクレガーとわたしは、皆に『やあ』とか『おはよう』とか、必ず呼びかけるようにした。それすらも皆にとっては、ショッキングだったようだ」

実際のところ、赤字は六〇〇万ポンドにものぼっていた。挨拶うんぬんだけではなく、彼らは早々に状況を変えなければならなかった。しかしドーンは、変化を急ぎすぎないよう気をつかったという。「儀礼と伝統に染まった組織だ。理事会が月に一度、土曜日に開催される。二五〇年前からずっとだ。議場の中央、テーブルの真ん中には職杖が据えられている。そんなシンボルとともに、人類の英知を尊ぶ価値観が組織の構造にしっかりと組みこまれている。

『とにかくなんとかしろ』、外部からそんな忠言を受けることもある。しかし、猛然とあらゆることに手を入れるのは無茶だ。軋轢を恐れず突き進むべきことと、慎重に慎重を期して機が熟すのを待つべきこと。それを見極めなければならない」

彼女は以前、近現代博物館、テート・モダンの創設にプロジェクト・マネジャーとして携わっていた。近代英国で最も成功した公的事業の一つだ。一億三〇〇〇万ポンド規模の事業で、場所探しも含めて、いえば白紙の状態からはじまったプロジェクトだ。しかし対照的に、大英博物館は世紀を越えて連綿と築きあげられてきた組織だ。そんな組織に変化や進歩を促すならば、その文化の理解（そして少なくともある程度の尊重）が前提として必須なのだ。

新しいリーダーシップのもと、大英博物館の運営経費は六五〇万ポンド圧縮された。二〇〇三～二〇〇四年度には一七〇万ポンドの利益剰余金をも計上した。そしてドーンと同僚たちは今、次なる一歩を踏み出そうとしている。

「本物」のリーダーとして

固い決意を胸に変化を主導する。その一方で風土を深く斟酌し適応して、組織そのものを丁寧に動かしていく。そんなリーダーたちの姿を紹介してきた。良いリーダーは、自分らしさを失うことなく、ほどよく状況に適応するのだ。ウォレン・ベニスの言葉を借りよう。

「皆の心をつかめるか、あるいはつかみ損ねて敵に回すかは、最初の行動いかんに大きく左右される。以降ずっと覆せないことも多い。リーダーとしての第一歩が、率いる集団の心理に拭いがたい印象を刻むのだ。それゆえに、控えめで目立たないように足を踏み出すのが――こと新米のリーダーにとっては――おすすめだ。十分に情報を集めてしかるべき人間関係をつくるための、時間的余裕を稼ぐことができるからだ。往々にして表には出ていない、組織の文化と皆の知恵を捉える余裕が生まれるからだ。そうして、突然やってきた独裁者ではなく、ともにあるリーダーとして、自分を皆に印象づけることができるようになるのだ」[12]

本物のリーダーであるためには、単に自分らしくあるだけでは足りない。リーダーは、自らが果たさねばならないさまざまな役割を、一貫した整合性で串通さねばならない。ことに、自分を形づくるこれまでの生きざまと、今直面する現状の双方を、心地よく受け止める感覚が重要となる。別の言い方をすれば、自分が何者であるかの認識、自己矛盾しない一貫性、地に足のついた自信が求められるのだ。これらをそなえてはじめて、自分自身にまつわる基本要件が揃ったといえる。そして、リーダーシップを発揮して実際に物事を動かすにあたっては、まだ足りないものがあるのだ。

素晴らしく参考になる実例を紹介しよう。ある日本企業で、はじめて女性として財務担当役員に就任した人物の話だ。日本人ながら、米国の製薬企業で相当の実績を積み上げてきた女性だった。組織に変化をもたらすリーダーとして、彼女は大活躍した。財務システムを刷新し、新しい才能を迎え、（男性）役員の間の馴れあい関係にも一石を投じた。かくして、手ごわいリーダーとしての印象を皆に与えた。しかし一方で彼女は、いわゆる（ことに男性が期待として抱きがちな）日本女性風に振る舞うようにも気を配った。なすべきことの達成に向けて、組織を支配する社会的規範にほどよく同調したのだ。繊細で巧みなリーダーシップだった。

組織に実のある影響を与えるなら、リーダーは自らと周りの人々との間に「つながり」を築かなければならない。変化を現実のものとするべく、組織生活に馴染まなければならないのだ。「本物」と皆が認める、自分ならではのリーダーシップを求める皆さんのために、もう一つの要素を提示しよう。

「ほどよく同調する」ことだ。

第6章

距離感を操れ

Manage Social Distance

優れたリーダーは、部下の忠誠心や好意を呼びさます。お互いの関係を巧みに操ることで、この芸当をやってのけるのだ。皆の気持ちを理解し、仕事を手助けして、親密なつながりを築く。一方では、業務への集中を叱咤したり、チームの目標を繰りかえし強調したりして引き締める。歩み寄る、あるいは突き放す。言葉を換えれば、そのバランスを巧みに操るのだ。そうして、矛盾漂う表現ながら、部下との親密でかつ緊張感のある絆を維持するのだ[1]。

音楽業界で名高いリック・ドビスは、周りの皆に忠誠心（それどころか愛情さえも）抱かせる人物だ。ともに働くことに喜びを感じる者も多く、彼が重用した役員が退職を申し出たことなどほとんどない。困難を乗り越えていい仕事をする。そして彼から褒めてもらう。それを皆が誇りに思う。ドビスとの絆を、部下たちは心底大事にするのだ。

それだけに、マーケティングプランの作成が締め切りに間に合わなかったことを詰問された、二人の社員のショックはかなりのものだった。世界各地の担当者を集めて開催された会議の場で、衆目の中、公然と問い詰められたのだ。そしてその余韻さめやらぬうちに、彼らは再び肝を冷やす。その晩のカクテルパーティーでのことだ。ドビスは二人に、ツカツカと歩みよって口を開いた。「できたのか？」。せっかくの場だから、と楽しんでいた彼らの酔いは吹っ飛んだ。そして、そそくさと愚痴もいわず事務所に戻っていった。

あえて厳しく

本書の共著者ガレス・ジョーンズは、ドビスが率いるポリグラムに籍を置いていた。一九九〇年代のことだ。そこでドビスならではの部下の扱い方を実際に体験している。ジョーンズは、ある案件の契約書類の準備を任された。だがそれは手間のかかる仕事で、進捗は遅れ気味だった。そんなとき、ドビスに呼び出された。まずいことになる予感はあった。はたしてドビスに、いつもの陽気さは微塵もない。一言、「まだできないのか?」。効果てきめんだった。ガレスは仕事に戻るや否や、その日の昼までに完了させたのだ。しかも、ガレスはドビスの態度に腹をたてることもなかった。ドビスは優れた上司であると同時に、仕事を離れればよき友でもあったからだ。

ドビス自身は、コロリと態度を変える性格を自分の欠点だと感じている。「ポジティブだったかと思えば、一転してネガティブになる。自分にはそんなところがある」。そう口にする。躁鬱病の治療を受けようとしたことすらあったらしい。しかし、信頼と敬意と思いやりあふれる関係が築かれていれば、ときに辛辣にあたっても部下はそれを受け止める。彼はそう感じてもいる。「お互いの絆を壊すことなく、相手を叱責する。人間対人間の関係さえできていれば、うまくやれる自信はある。ただそんなときは、なんだか自分が演技しているような気がして、居心地はよくないんだがね」

実のところは、ドビスの感じる「欠点」は、本物のリーダーに欠くことのできない資質なのだ。

適度な距離を保つ

社会的距離という概念を紹介しよう。ドイツの社会学者ゲオルク・ジンメルが、二〇世紀初頭に提起したものだ。ジンメルは、個人対個人のつながり度合いに、強弱のバラつきがあることを捉えた。そして比喩的に、そしてまたある程度実測もできることから、このバラつきを距離感、つまり社会的距離と称した。[2] 人と人との距離感という表現は、現在では耳慣れたものに響くだろう。昨今の社会学では一歩踏みこみ、ある集団と一個人の関係について議論される場合が多い。つまり、一個人がある集団に対して与えうる影響の大小は、社会的距離の遠近によって律せられるということでもある。

リーダーにとって、率いる皆との社会的距離の維持はますます大切になりつつある。さまざまな背景要因が考えられるが、一つは組織のフラット化の進展だ。間接コストの削減と変化への迅速な対応を目指して、多くの企業で推進されたものだ。序章でも述べたが、階層制は単なる組織構造以上の意味合いを有していた。社員が働く意義の源泉でもあったのだ。[3] リーダーになるということは、階層を一歩一歩のぼり詰めていくことを指す。皆がそう考えていた。実効性の観点からみれば、それは幻想でもあった。「たるんだ」管理職たちは、階層制にものを言わせがちだった。なんらかの肩書きを有する、という一点をもって、自らのリーダーとしての正統性、そして部下との距離感を保つこともできたからだ。[4]

しかし、そんな時代は過ぎ去った。リーダーたるもの、主体的に周りとの距離感を維持しなければならなくなった。現場で何が起こっているかを理解するために、部下たちに歩みよる。また、組織が向かう先の展望を指し示すために、大所高所に立って皆と距離をおく。そして、距離をおくために階層に頼る術はもうない。

歩み寄ったり、突き放したりする。さながらダンスのようなものだ。優れたリーダーは、自らを取り巻く状況を鋭く感知し、その踊りの仕草やタイミングを調整するのだ。周りの皆との距離感を操っていくこと。それは、リーダーシップを構成する、欠かすことのできない大切な要素だ。近寄る、離れる。そのしかるべきバランスは、常に変化し続ける。リーダーシップの「望ましいスタイル」を定義しようとすると、どうしても無理が生じてしまう一因でもある。

国によって、適切とされる社会的距離のレンジは異なる。同様に、組織文化によっても異なることに留意してほしい。高い社交性を尊ぶ組織、たとえばハイネケンやユニリーバで、リーダーが周りと距離をおきすぎることは適切でない。また逆に、連帯性を重視する組織、たとえばマースやプロクター・アンド・ギャンブルで、成果を犠牲にするほどに優しさや思いやりを強調しすぎることも危険だ。

フレンドシップとリーダーシップ

ジョージ・ホーマンズが提示した、もう一つの重要な社会学の研究成果を紹介しよう。[5]「人は、自分と似たところのある相手に惹かれやすい」ことだ。そして惹かれる相手とはもちろん、親密になりやすい。

リーダーは、自分の好みの人物ばかりを相手にするわけではない。かくして、（自分が本心ではあまり好きではないタイプも含む）周りのさまざまな人々との社会的な距離を、さまざまな状況に応じて調整する力が求められる。リーダーシップとは、組織として掲げる目標の達成を第一義とするものだ。ゆえに、（つながりがあること自体に意義のある）フレンドシップとは決定的に異なる。

ただしリーダーは時として、自分らしさをあえて抑えてでも、同類の人物として周りに溶けこむべき場面にも出くわす。そしてそのときに限ってのみ、リーダーシップとフレンドシップとは似通った毛色を示す。しかし、いったんつながりが生まれたら、以降の段階でリーダーとフォロワーの間の距離を律すべきは、より上位の大義――組織として目指す目標――に他ならない。リーダーシップは、友情の単なる延長線上にはないのだ。

リーダーがおかれた状況で感じる、周りの皆との距離感はさまざまでありうる。場合によっては、ほとんどギャップのないこともあろう。たとえば、小規模で組織もフラットな、似通った経歴の男性社員たちが集う広告代理店を率いるようなケースだ。周りの皆とのつながりを、興味や共感を分かちあいながら築くのはたやすいだろう。逆に、あえて距離をおくことはむずかしいだろう。馴れあいの色が出てきた際に、あえてあらためて組織目標を掲げなおして皆を突き放す。そうできるかどうかが問われるのだ。

正反対の状況もありえる。日本で小売チェーンを立ち上げようとしている米国人女性を想像してほしい。少なくとも最初のうちは、相当な距離感がありそうだ。皆とのつながりをどう築くかがこのリーダーにとって課題となるだろう。このような、そもそもの社会的距離が明らかに遠い状況下では、共鳴できる目標の打ち出しが有効に働く場合が多い。しかし、そこからさらに踏みこんで「情緒的な」親近感を確保するのはかなりむずかしいだろう。付言すれば、そこまで踏みこむことを嫌う国民的文化も存在しかねない。

そこには、看過すべきでないややこしさが潜む。つまり、社会的距離の概念自体は、あらゆる人間関係に広くあてはまるものであるが、それをどう操るかという「方法」となると、それぞれの風土——リーダーを取り巻く文化的資本——によって大きく異なるのだ。どう歩みより、どう突き放すべきか。千差万別なのだ。東京で身近さを印象づける振る舞いや仕草が、ロンドンやニューヨーク、あるいはインドのバンガロールでもそう受け止められるとは限らない。そしてこの事実が、ことグローバルな環境下でのリーダーシップ発揮を、いっそうむずかしくする。

親しさに溺れない

リーダーとして、周りの皆に親近感を持たせる。そこには二つの大きな意義がある。一つは、皆の想いをリーダーが捕捉しやすくなること。実効性の高いリーダーシップ発揮を目指すなら、絶対に欠かせないことだ。もう一つは逆に、リーダーの人となりを皆が理解しやすくなること。親しさが深まるにつれ、人は自分らしさを打ち出すようになる。そうして、当初は隠されていたさまざまなことが表に出てくる。お互いに、強みだけでなく弱みもさらすようになるのだ。

ただし、これまでの調査を通じて感じられることは、優れたリーダーは自分らしさをさらすものだが、一方では謎めいた部分も巧みに残すということだ。自分らしさ——ちょっとした人間味あふれる欠点も含めて——をあらわにするが、決して何でもかんでもさらけ出しているわけではないのだ。

認識しておくべき大切なことを記そう。それは、自らの想いの実現を目指すなら、その想いをあえて伏せるべき場合もあるということだ。往々にして、自らの感情をあえて差し控えて表に出さず、周りとの距離感を無理なく制御できる範囲に留めておくことが適切な場合もあるのだ。

逆に、遠めに距離感を保つことは、親近感の醸成とはまた違う利点を生む。そうすることで、「リーダーは高邁な目標を目指している」と、周りの皆に感じさせることができる。何をさしおいても重要な効果だ。リーダーシップ、それ自体は手段であって目的ではない。DNA構造を掲げて目指すものを語るリチャード・サイクス卿や、生徒全員を成長させる教育環境の創出を謳うジョン・レーサム校長の姿。あるいは第1章で紹介したオフィス清掃に従事するマーシャ。彼女のオフィスをピカピカにする熱意を思いおこしてほしい。マーシャの部下たちは、彼女が何を目指しているのか、そしてそのもとで自分たちが何をなすべきかを常に意識していたのだ。

リーダーの正統性を支えるもの、それはもちろん、高邁で崇高な目標だ。周りと距離をおけば、皆はあらためてリーダーが掲げる目標を仰ぎ見る。そうして、目標達成に向けた連帯性が高まっていくのだ。優れたリーダーたちは、巧みにそんなダンスを舞う。すべては、胸に期す目標の達成のためだ。利益を創出する、壮麗な建築物を築く、ある疾病を根絶する、素晴らしい映画を創る。何らかの、大目標達成のためだ。

飛びぬけた距離感

周りの皆との距離感をどの程度に保つか。どんなリーダーも、生まれつきの（変えがたい）「好み」を持つものだ。

かつてのフランス大統領、シャルル・ド・ゴールは、遠めの距離を好んだ典型例だ。権威は、威厳なくしては保てない。威厳は、皆を遠ざけることなくしては育めない。彼はそう考えていた。同時期に活躍した米大統領リチャード・ニクソンは、ド・ゴールについてこう記している。「公の場でも私的な場でも、ド・ゴールは堂々とした、圧倒するような威厳を示していた。その毅然とした振る舞いには、よそよそしささえ感じるほどだった。他国の首脳と語らうときには、多少緩むこともあった。しかし、くだけた雰囲気を醸すことなどなかった。最も近しい側近に対してもだ[6]」

神秘的ですらある威厳を維持するために、ド・ゴールは腹心の閣僚たちとも距離をおいた。自らの呼称として許したもっともカジュアルな表現は、「閣下（Mon General）」だ。親しくなりすぎないよう、一定期間で身の回りのスタッフを入れ替えたともいわれる。もちろん外交の場では折り目正しく振る舞った。しかし、「親密さ」などの感情は、おそらく家族以外の誰にも示さなかったろう。

ド・ゴールの信念は、ペルシアの伝統的価値観に源を発する。導くものと導かれるものの間には厳密に距離をおくべき。そんな思想だ。彼は著書『剣の刃』の中でも、リーダーとして神秘性を身にまとい続ける必要性を語っている。

「何はさておき、謎めいた色合いなき威厳など存在しない。よく知っている。そんな感覚は、相手を軽んずる意識の温床となる。リーダーの一挙手一投足は、人々の認知を超えた『何か』に彩られていなければならない。皆は戸惑い、動揺する。そしてリーダーの所作に釘付けになる。皆にとって背負うには重すぎるものを、リーダーは抱えこんでいる。かくして、超然さ・深遠さ、そんなものを身にまとって歩を進めていくのだ[7]」

距離のおき過ぎは禁物

しばらく前、ＢＢＣのＣＥＯは、ジョン・バートだった。グレッグ・ダイクの前任者だ。彼もまた、皆と距離をおく傾向にあった。そしてそれゆえに、放送業界を大きく俯瞰することができた。競争環境の大きな変化の兆しを見抜けたのだ。しかし彼は、皆に歩み寄るのが不得手な人物でもあった。創造性あふれるBBC職員たちとのつながりは、すぐ途切れた。そうして彼は、社外のアドバイザーに、より依存するようになる。意思疎通がほとんど行われない中、職員たちは彼をよそよそしい人物と見なした。アルマーニのスーツをまとって各部門のトップと議論する。現場を回るといってもそんな調子だったのだ。

やがてバートは、BBCの抜本的な改革プランを発表する。一部の重役、プランを作成したコンサルティング会社、そしてその経費を処理した経理部門長。彼ら以外にとってはまったく寝耳に水の内容だった。世の中の移り変わりを踏まえれば、不可欠な改革案。社外の関係者にはそう映った。しかし社内では、相当な混乱と反乱が巻き起こった。

もともと距離をおく性格だったバートは、中間管理職やクリエイターらの心をつかめなかった。彼は自分らしさを皆に打ち出せなかった。ましてや、職員たちとの感情的なつながりなど、醸成すべくもなかった。バート自身のリーダーとしての資質は、取り巻く側近たち——実際彼を高く評価していた人たち——に限らず、職員皆のために活かしうるものだったにもかかわらず。

世の中を見渡したとき、バートのようなリーダーは実は相当に多い。そして、組織のトップにこのような内向的な人物が多い事実は、今後の企業経営を鑑みると脅威でもある。概して、社員たちに親近感を抱かせることが苦手な人たちだからだ[8]。内向的なリーダーは、皆に歩み寄って自分らしさを伝えるまでに時間がかかりがちだ。そして残念なことに、与えられた時間は限られているものだ。巷にあふれるリーダーシップの指南書の多くは実は、「外交的な性格」の人物を前提としている。求められるのは、「内向的な人に向けた」リーダーシップガイドなのだ。

「度を過ぎた」状態

距離感のコントロールが、「度を過ぎている」。残念ながらそんなリーダーも多い。ノースカロライナ州に拠点をおくある製薬会社のR＆D部門リーダーもそんな一人だ。才能ある研究者で、活気にあふれ人当たりも良い。もともとは皆、彼女をそう評していた。人々との親密な関係を築くのも巧みだった。しかし彼女には、一対一の議論になると、態度が豹変する傾向があった。彼女はリーダーとしての立場から、ずけずけと率直な物言いで論駁し、相手（ことに年長者）を傷つけた。「帯域」の自覚が欠けていたといえる。歩み寄る・突き放す。この切り替えの激しさが、皆が許容できる幅をはるかに超えてしまっていたのだ。態度があまりにも両極に振れるため、周囲の悩みは深まる。「いいヤツだと思っていたが、勘違いだったのか？」。部下たちはそう感じてしまっていた[9]。

もともと歩み寄ることなど頭にないリーダーもいる。まるでテーラー主義のもと「手を動かせ、余計な頭は使うな」と諭された労働者たちのごとく、オフィスに入ると同時に自分の感情を封印してしまう人たちだ。ニューヨークにあった、高級調度品を取り扱う店舗のフロア・マネジャーもそんなタイプだった。もともとは、陽気で快活なイタリア系の女性だ。しかしこと仕事となると、ひたすら結果にこだわり、敵を打ちのめすことに全力を傾けてきた。そうして出世してきたのだ。周りの皆は彼女を、近寄りがたく容赦ない、一緒に仕事しにくい人物と見た。凶暴、と評する部下さえいた。そんな率直な部下の声が詰まった三六〇度評価の結果を、われわれは彼女に提示した。そして、もう少しうまく部下と感情的なつながりが持てたら、より良いリーダーになれる旨を示した。しかし、「そんなものは家族のためだけで十分」と取りつくしまもない。彼女の在任期間は、その後まもなく途絶えた。

　こころの知能（EI：Emotional Intelligence）がなぜ企業経営者の興味を引いたのだろうか。その提唱者、心理学者ダニエル・ゴールマンの主張を紐といて、リーダーシップの文脈で表現しよう。優れたリーダーは、皆を活き活きと活動させるべく、感情を「活かす」のだ[10]。そのためにはもちろん、部下の気持ちを斟酌することが前提となる。しかし、先ほどの女性がそうだったように、出世を果たす人々は往々にして、自らの職業人生から心情的な色合いをあえて排し続けているものだ。感情を打ち出す、あるいは拾いあげる。そんな力はその中で徐々に蝕まれていく。そしてあるとき、部下と親密になろうにも、どうすればよいかまったく分からない自分に気づく。だからこそ、こころの知能の重要性が耳目を集めるのだ。職場環境のストレスに起因する疾病の増加も、偶然ではない[11]。

あえて距離をおくとき

リーダーとして、部下からあえて距離をおく。逆にいえば、やや突き放された印象を部下に与える。どう振る舞えば達成されるのだろうか。

ミーティングの場であれば、議論の流れやトーンを変化させるのが一般的だろう。言葉遣いや態度に堅苦しい感じを醸し出したり、少し強引に議論を引っぱったり、あるいは、断定的な意思決定を挟みこんだり。一貫してそうし続けるのだ。

日々のコミュニケーションでいえば、シンプルで直接的な、キッパリとした表現の多用が効く。できれば……、おそらく……、などの条件付きではなく、単刀直入に言い放つ。「〜くん、〜さん」と名前で呼ぶのでなく、「きみ・あなた」と呼びかけてみても効くだろう。あえて会話を途切れさせる、あるいは、余計な前置き（今日も暑いね、など）をすっぱり除いて即、本題を持ち出す手もあるだろう[12]。

まだまだ、もっと荒っぽい方法もある。人気漫画『ディルバート』はそうした例の宝庫だ。常に閉ざされたリーダーの部屋のドア、なかなかリーダーに取り次がない秘書、社員食堂の隅にある誰もが使えるわけではない個室、役員用のトイレやエレベーター、などなど。

やり方はさまざまだ。冗談めいた例も挙げた。しかしいずれにせよ大切なのは、「リーダーとして周りと距離をおくべきときがある」と認識しておくことだ。リック・ドビスが、仕事が遅れて（またそれを自覚して）いた二人の社員を詰問した場面を思いおこそう。パーティーの和やかな雰囲気の中だったからこそ、与えた効果も大きかった。突き放した態度が、伝えたいメッセージを強調したのだ。組織全体のパフォーマンス向上にあたり、リーダーとして周りと突き放し気味の距離をおくことは有効に働く。そして往々にして、必須でもあるのだ。

組織全体の舵を大きく切り替えなければならない局面もある。そんな場合リーダーは、周りの皆との十分な距離感を、相応の長期にわたって維持し続けねばならない。一九九〇年代初頭にハイネケン社CEOに就任したカレル・バースティーンが、まさにその実例だ。

当時のハイネケンは、世界のビール会社中、最大手の米国アンハイザー・ブッシュに次ぐポジションにあった。しかし業績は下落基調だった。温情主義的で穏やかな社風が現状満足意識を芽生えさせ、危機感のかけらもない。そしてそんな懸念を感じていたのはバースティーンだけではない。ちょうど、そのころわれわれは、ハイネケンであるプロジェクトを展開していた。「ニュー・ハイネケン・スピリット」を社内に浸透させる活動だ。顧客の声に耳を傾け、攻めの意識を忘れず、市場を創造し、企業全体で成長を志向する。そんな風土の醸成を目指す取り組みだった。

もともとのんびりとした会社だ。一筋縄でいくものではない。しかし、われわれが主催したあるワークショップの場で、バースティーンが行ったプレゼンテーションが皆の目を覚ました。

彼は素晴らしいユーモアのセンスを持つ活動的な人物だ。そして相当の役者でもある。就任当初の数カ月、彼はあえて周りと一線を画していた。そしてそのプレゼンテーションでも、彼は役員たちを突き放して肝を冷やそうとした。投影された大きな画像を背に、彼は話を進めた。海を泳ぐ魚たちが見える。それぞれの魚にビール会社の名札がつけられている。うち一匹はハイネケンだ。そして端に、大きく口を開いた巨大なサメの頭部が描かれている。魚たちの名を呼び上げながら、バースティーンは競合他社の市場シェア推移を説明していった。すると（避けがたい衝動に駆られて）聴衆の一人が手をあげた。そして、今まさに魚を飲み込もうとしているサメを指差して、それが何を意味するのかを尋ねた。バースティーンはゆっくりとサメに近づき、間をおいて低く鋭く答えた。「アンハイザー・ブッシュだ」。声のトーンを落とすのは、有効なテクニックの一つだ。口調の変化に振り向かない聴衆はいない。そうして、場所と聴衆を換えながら、この劇的なワークショップは全部で一〇回開催された。

同族企業ハイネケンだ。会社が乗っ取られる懸念など、誰ひとり真剣に考えたことなどなかった。しかしこのワークショップを境に、風向きが変わりはじめた。おののく気持ちが、社員をつなぎはじめたのだ。そうして、組織全体が危機感を共有するようになっていく。まさに、バースティーンの狙い通りだった。

想像する以上に世の中は厳しい、そんな意識が組織の隅々に浸透するまで、バースティーンは皆との距離を保ち続けた。そして、以降一〇年にわたり、ハイネケンは売上・利益・株価を順調に伸ばしていく。また、成長軌道が確実になるのと歩調をあわせ、バースティーンはバランスを切り替えていった。もともとの性格でもある、親しみやすさを解放していったのだ。社員食堂で昼食をとり、現場を訪れて交流を深め、パーティーの盛り上げ役も買って出た。役員も中間管理職も一般社員も、バースティーンを素晴らしい人物だと語るようになった。事実そうなのだが、彼の着任当初にそう見抜くのはたやすくなかったはずだ。

距離をおき客観視する

複雑に入り組んだ、簡単に答えの見えない課題に直面した場合にも、周りと距離をおくことが有効だ。そうして、いったん立ち止まって全体を見渡すのだ。リーダーは役割として、利害関係者全体に目配せする責を負う。しかし、ある特定のグループに肩入れしすぎると、それは不可能になる。ややこしい状況にはまりこんだとき、リーダーはそこから抜け出して状況を客観的に見つめなければならない。そして、周りとの距離を保つことこそが、全体の俯瞰を可能とする、おそらく唯一の方法なのだ。

ユニリーバのCEOに就任したばかりのころの苦い教訓を、ナイアル・フィッツジェラルドが語ってくれた。競合大手プロクター・アンド・ギャンブルが誇る洗剤ブランド「タイド」への対抗を試みたときの話だ。ユニリーバは、新洗剤「パーシル・パワー」の開発に取り組んでいた。ただ、一つだけ問題があった。洗浄力は高いが、高すぎてしばしば衣類に穴を開けてしまうのだ。何度テストを繰りかえしても観察される問題だった。しかし開発チームは、この事実にひるまなかった。メンバーは、この新製品開発に全身全霊を打ちこんでいた。そしてフィッツジェラルドも、そんな彼らの姿に賭けることを決心したのだ。

「パーシル・パワー」の上市を間近に控えたころ、プロクター・アンド・ギャンブルが発売差し止めを警告してきた。彼らも独自にこの製品を社内でテストし、時折衣類にダメージを与えることを突き止めていた。いずれ顕在化するだろう大トラブルが、洗剤市場そのものを痛めつけることを危惧していたのだ。しかしユニリーバの開発チームは、言いがかりと受け止めた。単なる妨害と見なし、発売に踏みきったのだ。はたして、その新商品はユーザーの服に穴を開けまくった。そしてとんでもない騒ぎが巻き起こった。

フィッツジェラルドは当時を振りかえり、開発チームに肩入れしすぎた自分の過ちを認める。マーケティング部門や投資家たち、あるいは会社の評判にとてつもない傷を負わせてしまった。「皆が新商品を売り出すことを支持していた。しかしわたしは反対すべきだった」。彼は述懐する。リーダーシップとは、必ずしも自らが率いる部隊と塹壕で身を寄せあうことではない。リーダーは時に高台にのぼり、自らを取り巻く全体を視野に入れねばならない。「一歩下がり、冷静に客観視すべきだった。顧客にこそ目を向けるべきだったのだ」

うかつに歩み寄らない

誰もがイライラするだろう。親しくもないのに名前を連呼するうるさい販売員、望んでもないのに馴れ馴れしくいろいろ勧めるウェイトレス、まだ実際は経験したこともない自社のチームワークを滔々と誇る新入社員。お互いのつながりが未熟な段階、あるいは心もとない段階では、相手と距離をおくことが肝要だ。

米国の一流ビジネススクールを出た、ある若者の話だ。三五歳の聡明な人物だ。周りの皆とうまくやっていくことが成功の鍵、そう肝に銘じて彼はある職場に飛びこんだ。自分は皆の仲間だ。そう強調しようと、頻繁に部下たちを飲みに誘った。果てはダウンタウンのストリップ劇場に連れ出すことまでした。確かに距離は縮まり、どの部下とも親しくなった。しかし間もなく彼は、販売担当役員を務めるある年配の部下が、顧客からリベートを私的に受けとっている事実に気づく。彼は常務で、その役員を監督する立場にある。距離をおいて断固とした判断を下すことが求められよう。しかし今や、そうは踏みきれない状態に陥っていた。なあなあの関係にまで堕していたからだ。

リーダーが目指すゴールや活動方針など、皆が仰ぎ見るべきことを打ち出すとき、前述した通り、距離をおくことが絶対に不可欠となる。付言すれば、守るべき規律や基準など、皆を律することを示すとき、そんな場合にも、おもねることなく、交渉の余地などない通達の形をとるべきだ。これらは組織活動の礎をなすものだ。そしておそらく、周りの皆との関係を築く初期の段階でしか、うまくいくまい。できるだけ距離をおき、そしてできるだけ公式な形をとって執り行うことだ。

冒険家ピート・ゴスが、最も過酷といわれる世界一周ヨットレース、ＢＴグローバルチャレンジに向け、乗組員たちを訓練した際のことだ。ゴスは、彼が定める規則をチーム結成当初に皆にはっきりと伝えた。いったんレースが始まれば、ストレスに満ちた死と隣りあわせの数週間を過ごすことになる。誰が何をなすべきか、またどうなすべきか。全員が、逃げることなく自らの役目を果たさなければならない。さもなければ、トイレは汚れる一方、船底には水垢がたまる一方となる。議論の余地などまったくない。ゴスは、有無をいわさず皆にたたきこんだ。仲良くなるのは、後回しで構わないのだ。

企業活動の現場でも有効なやり方だ。リーダーがまず掲げる。「はっきりさせておこう。この数字を達成せよ」。かくあるべし、以上。部下と十分な距離を保ち、まったく口を挟む余地のない、「通告」だ。

ではいかに達成するか。議論はその点に移るだろう。ここではリーダーは、皆とともに知恵を絞りあうべきだ。さまざまな提案を募り、ああでもない、こうでもない、そんな討議を繰りかえしながら皆の考えをまとめていくのだ。そしてそこに、親近感や共闘意識が芽生えてくる。「皆でやり遂げよう」、そんな決意だ。

良いリーダーの行動パターンは、おおかたの場合これに沿う。「何をなすべきか」は十分な距離をおいて打ち出し、「どうなすべきか」は歩み寄って議論するのだ。

歩み寄るということ

ここまでの議論では、どちらかといえば周りと一線を画しがちなリーダーを取りあげてきた。しかし当然、皆に歩み寄る志向が強いリーダーもいる。たとえばロシュのビル・バーンズだ。彼は、距離をおくよりも皆の傍にいることを好むタイプだ。自身もそう認識している。「思ったままのことを口にしてきた。これまでずっと、だ。わたしが何を考えているか、皆にもわかりやすいだろう。良くも悪くもね」。彼はこうも語る。「皆にとって気楽な一面でもあるだろう。わたしは純粋に、人に対する興味が強い。記憶力にも自信がある。誰かにポンと背中を叩かれたとしよう、振りかえると何年も会ったことのない人物だ。そんなときでも大体の場合は、相手のこと、あるいはその家族のこと、何かしらをすぐに思い出せる。ややこしい状況に陥った人を助けてあげるのも好きでね」。CEOであるバーンズを、部下たちがある意味気楽な調子で信頼しきっている様子は、ちょっとした驚きでもある。

しかしバーンズの記憶力はもちろん、社員の配偶者のみについて発揮されるわけではない。「あのとき市場がどうだったか、ウチの商品の売れ行きがどうだったか。そんなこともちろん覚えている。『なんてこった。ビルは去年の失敗もまだ忘れちゃいないようだぞ。あれはちゃんと軌道に乗ったんだっけ?』なんて感じている社員もいるだろうね。だから、気の抜けない一面でもあるんだろう。われわれは結局のところ、ビジネスのために集っているってことだ」

気楽な面も気の抜けない面もあるにせよ、皆に寄り添うバーンズのやり方は功を奏している。彼は統括する医薬営業部門で、業務を絞ってコストを大幅に削減するプログラムを完遂した。現場の社員たちに徹底的に変化を強いたにもかかわらず、である。ジョン・バートがBBCで巻き起こした社内の混乱とは対照的だ。バーンズの改革は、皆の恨みや怒りは買わなかったのだ。

距離をおいた方がよい場合も多くあったように、リーダーとして、親近感を醸して部下の心をつかんだ方がよい場合も多い。

わかりやすいのは、チーム立ち上げの時期だ。チームビルディングの巧拙は、メンバー個々人の能力や特徴をどれだけ把握しているかにかかる。彼らがどんな想いを胸に秘めているか知ることなしには、本当の意味で親密になることなどできはしない。一人ひとりにどう接すべきかを見極めるのも、リーダーとして大切なことだ。ジョーの能力を引き出すための動機づけのやり方は、スーザンに対してのやり方とは必ずしも同じではないのだ。また、リーダーとメンバーの間だけでなく、メンバーたちの間にもチームのつながりを認識させなければならない。こうした理由から、チームビルディングの際には、業務を離れた懇親の場がもたれることも多い。仕事の絡まないくだけた雰囲気の中では、自然と親密さが育まれやすくなるからだ。

エレクトロニック・アーツの欧州支社トップを務めていたデビッド・ガードナーはある意味、職場を離れたチームビルディングの記録保持者といえるかもしれない。欧州で勤務する全員

——一〇〇〇人に近い——を、四日間の社員旅行に招待したのだ。彼が米国人だったこともあり、部下たちは当初、冷ややかに斜に構えていた。欧州じゃそんなバカなことはしない、そう鼻でせせら笑っていたのだ。ところが行ってみると、この旅行の盛り上がりは相当なもので、大成功だった。翌年に何が起こったか。部下たちが、今年はどこに行くのか、とせがんだのだ。ガードナーはそっけなく答えた。「どこにも行かない」。あの旅行は好業績を祝うためのものだったこと。そして今年の数字は計画を下回っていること。彼は言葉を継いでそう説明した。

ガードナーのこの振る舞いは、より大切なことを教えてくれる。部下との親近感を醸成することは大事だ。しかしそれだけでは足りない。リーダーシップの観点から鑑みたとき、周りの皆との親密さは、必要条件ではあるかもしれないが、十分条件ではない。目指す目標やなすべきことを皆が明瞭に認識しているのが、よきチームなのだ。そしてこの明瞭さは、リーダーが示すべきものなのだ。

部下へのコーチングの際にも、親密さは欠かせない。相手の自発的な成長を促すのが、優れたコーチングだ。そしてそのためには、その人物が抱える、目標や抱負、動機や悩みを正しく理解することがまず第一歩だ。

米国での成功譚をひっさげて、リック・ドビスがポリグラムの欧州事業の長となったとき、友人たちは心配した。文化的な軋轢が避けられないと思えたからだ。ともすれば彼は、ブルックリン魂むき出しで、欧州の同僚たちをやり込めようとするのではないか。しかし実際のところ、それは杞憂に過ぎなかった。ドビスははるかに賢明なアプローチを取ったのだ。彼は新しい同僚の声に真摯に耳を傾けた。皆の声を丁寧に拾いあげ、まず親密さを築く。そんな段取りを踏んだのだ。そして皆のためにしてあげられることを、米国での経験を活かしながら展開していった。自由度の高い新レーベルを立ち上げる、あるいは、国をまたいで楽曲を相互に融通する。そんな取り組みだ。

何をもってすれば部下たちを触発できるのか。まず、一人ひとりの個人的な情報を拾うことが必要だ。彼らの経歴や将来の夢、あるいは後悔していることや残念に感じていることを掘り下げよう。その人物のみでなく、配偶者や子供の名前も頭に入れよう。日々大切にしていることと、気晴らしによくやること、そんなところも念頭において親しくなろう。だが注意してほしい。本当の意味で親密でないと、部下たちは「リーダーが聞きたいだろうこと」しか話さないものだ。

本書の著者、ガレス・ジョーンズがポリグラムを去るとき、ドビスは彼に一冊の書籍を贈ってくれた。彼が生まれ育った街、ブルックリンの歴史を綴った本だ。内表紙にメッセージが書き込まれていた。「ブルックリンはたくさんの素晴らしいものを産み出してきた街だ。だから、君もここの出身でなければおかしいんだが」。最高の賛辞、本当に心のこもった贈り物だ。

親近感は、一緒に出張したり食事したりする折にも強められる。ＢＢＣ社長に就任したころ、グレッグ・ダイクは役員全員を引き連れ、ロンドンから北に遠く離れたリーズに向かった。英国北部にあるBBCの拠点だ。BBCの人気度は、ロンドンから離れるにつれて下がる。ゆえにリーズのBBC支局は、どちらかといえば辺境の位置づけで、本社から誰かが出張してくることなどほとんどなかった。ダイクはこの旅で、役員たちの結束を固めようとした。そしてまた同時に、イングランドの南北両端にある二つの拠点――ロンドンとリーズ――の絆も深めようとした。

ダイクはその後もしばしば、役員たちを二〜三人に組分けして、BBCの地方ラジオ局を回るよう指示した。組になった役員たちは、自然と打ち解けた。そして、自分の知らないBBCの一面を互いに学びあった。拠点をまたぐ、思いもよらなかったようなつながりも芽生え、BBC内部のネットワークがどんどんできあがっていった。

最初のリーズ訪問に話を戻そう。本社の役員になどお目にかかったこともない職員たちだ。彼らは、事務所内をぞろぞろと歩き回る壮麗な一団の姿に酔いしれた。そして、その長を務めるダイクは、皆を集めたミーティングの場でもずっと陽気に振る舞っていた。歯が痛くて今にも失神しそうだったことはうまく隠して、である。

「本物」の親近感

リーダーが親しみを醸し出そうとするとき、問題は、それが「本物」と感じられるかどうかだ。なんとなく胡散臭さを感じるようなものなら、遅かれ早かれ、皆はだまされていると感じはじめる。

ある病院の管理者として新たに赴任した人物について語ろう。彼は、人の気持ちを読みとる抜群の才をそなえていた。病院に勤務するすべての人と顔見知りだった。医師や看護師たちはもちろん、厨房のスタッフや警備員、駐車場の案内係ともつながりがあった。病棟や廊下を歩き回りながら、皆と会話していたのだ。下準備していたのは明らかだ。なぜなら彼は、皆の名前を（聞く前に）呼びかけていたからだ。皆は喜び、なんでも教えてくれるようになった。しかし彼は大きな間違いを犯す。このような振る舞いを、最初の半年でパッタリとやめてしまったのだ。

皆の目には、彼がもう自分たちになど興味を持っていないと映った。あれは何だったんだ。そんな意識が生まれ、彼への信頼も一気に薄れていった。要は、歩み寄って状況を感知する努力は、一過性であってはならないのだ。リーダーは、人と組織がどんな状況にあるか、それこそずっと見つめ続けていかねばならない。極言すれば確かに、リーダーシップとは崇高な目標を達成するためにこそある。しかしリーダーシップとは同時に、周りの皆との関係性に立脚し続けるものでもあるのだ。

そしてその関係性は、双方向的なものだ。本当の意味で親密になろうとすれば、自分が率いる皆のことをよく知るだけでは足りない。あわせて、自分自身の人となりも相応に見せつけなければならない。あるイベントでの出来事を紹介しよう。世界規模でサービス業を展開する企業で行った、リーダーシップ開発セッションでのことだ。われわれは、集まってもらった役員たちにあるお願いをした。一人ずつ、他の皆が知らない「自分らしさ」を語ってほしい、そう頼んだのだ。反応は人によってさまざまだった。当たり障りのない話でお茶を濁そうとした人もいた。「好きな色はオレンジです」。一方で、より踏みこんであからさまにする人もいた。「ウチは夫婦でセラピーを受けている」「実は社内の資格試験に落ちたことがある。それも二回も」。どちらの反応に、より親しみを覚えるだろうか。自分自身をさらさずに、相手と親密になろうとするのは無理があるのだ。

ただ、あらためて留意してほしい。正直でなければならない。下手に取りつくろったり、でっち上げたりしてはならないのだ。部下たちはリーダーの「らしさ」を心に刻んでいく。そして、リーダーの振る舞いを振りかえったとき、何か整合しない食いちがいが顕著になると、部下は疑念を抱く。そして部下たちは、リーダーに対し正直には接しなくなるのだ。

親しみとは、ポジティブな感情を分かちあうことだ。皆の成功をともに喜び、失敗を慰める。そんなことだ。前向きな楽観主義は、人から人に伝播していく。うしろ向きの悲観主義は、恐れや不安、そして自己中心的な行動を生む。皆がリスクに立ち向かうよう、リーダーはいざなっていかなければならない。毎回うまくいくとは限らなくともだ。実際のところ、初打席でいきなりホームランをかっ飛ばすような人など、ほとんどいないのだから。

ドアを開け放す

親近感は段階的に育まれるものだ。ただし、何か決まった流れに沿って事務的に醸成されるものではない。自分のスタイルと自らのおかれた状況、リーダーはそれを踏まえて、物事を進めていかねばならない。そしてその進め方はまた、周りの皆に見合ったものでなければならない。

われわれも、そう痛感させられたことがある。製薬会社の研究者たちを対象に、チームビルディングを行ったときのことだ。

通常のやり方――たとえば趣味や関心事を皆で共有しあうなど――を一通り試してみたものの、どれもどうもうまくいかない。行き詰まったわれわれは最後の手段として、各自が研究テーマをお互いに紹介しあうセミナーをお膳立てした。はたして、皆の盛り上がりは凄まじいものだった。お互いを知りあうというとき、まさにそれこそが皆知りたがっていたことだったのだ。結局のところ皆、科学者だったということだ。

「場」をつくるリーダーも多い。日々の業務とは直結しないくつろいだ雰囲気で、皆で集まって言葉を交わす。そんな場だ。

BBC着任以前、グレッグ・ダイクは、ロンドン・ウィークエンドTVという民放局を経営していた。彼はそこで主要なメンバーを招いて「リーダーシップ・グループ」を結成し、チームとしての結束を固めようとした（のちに彼はＢＢＣでも同じことをした）。皆で集まっての朝食会もその一環だ。ダイクは、会を盛り上げる工夫をこらした。毎回社外から講師を招いて、二〇分ほど話をしてもらう。そしてさらにメンバーたちをいくつかの組に分け、聞いたばかりの講演の内容を論理的に覆すように命じるのだ。やっかいではあるが、楽しくもある。組ごとに、より面白い反論をしようと知恵をこらす。ウィットに富んだ切り口もよく飛び出し、場は笑いに包まれた。そうして皆の結束も固まっていった。講師にとってはとんだ災難でもある。しかし講師自身も、（はじめはショックでも）楽しんで議論に参加していた。

デビッド・ガードナーの社員旅行のような壮大な演出は、効果も大きく皆忘れられないものになる。しかしより大切なのは、小さな仕掛けを頻繁に行うことだ。絆固めを年一回の行事に任せるのは、冷えこんだ夫婦関係を夏期休暇で一発修復しようとする試みにも似ている。もっと些細なこと——たとえば月曜の朝に必ずコーヒー片手に語らうなど——の方が有効だろう。ただし、マンネリ化、義務化しなければだが。

全体の統制が、確固とした階層制によって支えられている組織であっても、親密さの醸成はリーダーシップ発揮の一助となりうる。自らの言葉で、自らの想いを語る。たとえば軍の偉大な指揮官たちはそうして、尊敬の念だけでなく、（文字通り）献身の念さえも勝ちとるのだ。米国陸軍のジョージ・パットン将軍は、欧州戦線に従軍する部下たちにこう語り続けた。「わたしにとって大切な唯一のもの。それは米国の兵士たち——つまり諸君——だ」。英国海軍のホレーショ・ネルソン提督は、榴散弾にあたり瀕死の重傷を負った。しかし、軍医が他の負傷者の手当てを中断して駆けつけたとき、彼はこう語った。「勇敢な部下たちと一緒に、自分の順番を待つこととしよう」。砲火の中での言葉だ。計り知れないほど本物の言葉だ。かくして、彼は兵士たちから愛され続けたのだ。[13]

別の例になるが、製鋼所もまた昔から階層的な職場だ。しっかりとした指揮命令系統のもと、安全（ひいては従業員の命）を守り続けなければならないからだ。しかしそんな中でも、皆との親密さは築ける。こと仕事については一切の妥協はせず厳しさの塊だが、休憩や食事の時間にはくだけた姿で皆と打ち解ける。われわれはそんなリーダーに出会った。部下たちの贔屓の野球チームをだしに、おもしろおかしいジョークで場を盛り上げる。そうして、皆との絆を深めていたのだ。

遠近を操る

厄介なことは何か。それは、距離をおいた状態から歩み寄る状態へ、あるいは逆へ、いつどのように切り替えればよいのかという点だ。しかるべきバランスは常に変化し続ける。そしてその変化は、緩やかなこともあれば、一瞬のこともある。

絶妙に切り替えを行うリーダーについて記そう。欧州の大手保険会社リーガル・アンド・ゼネラルのＣＥＯをつとめるデビッド・プロッサーだ。世界金融の中心、シティで揉まれた骨のある人物だ。サウス・ウェールズの工業地帯出身の大男で、なるほどそれと分かるアクセントで話す。彼は部下との親近感を巧みに築く。彼の会社は、温かく友好的な雰囲気だ。仕事を終えて飲みに出かけたり、退職する社員の送別会を開いたりすることを、皆重視している。プロッサーも、そんな機会には折り目正しく気持ちよく振る舞う。もちろん仕事でも、たとえば部下と一対一で話すようなときにもそうだ。ただし彼は、突然破壊的なほどに牙を剥いて、部下を突き放すこともできる。注意すべきところに、ずばり切りこんで相手の目を覚ますのだ。しかも、折り目正しさは失わないままに、である。

普段は優しさにあふれているからこそ、彼の切り替えは効果を発揮する。あるパーティーの場で、血気盛んなある営業部長が、自分たちの成果、顧客情報を営業員で共有して引き合いを増やしたことを誇示していたときだ。プロッサーはその低い声でさえぎった。「ある程度は成果も出たが、まだ十分とはいえないだろう」。グラスの中で溶けた氷が、また凍りつかんばかりだ。居合わせた皆が目を覚ます。「よりよくできるはずだ、そして、よりよくすることが求められているのだ」

一般に、距離をおいた状態から、歩み寄る側に切り替えるのはむずかしくない。微笑みかけたり、くだけた雰囲気を醸したり、たわいもないことを話しかけたり。リーダーがそんなサインを示せば、部下は少し肩の力を抜いてもよいのだと感じる。そして少なくともその瞬間は、組織として連帯性でなく社交性が望ましいときもあると理解するのだ。一方で、おそらく多くの人がよりむずかしいと感じるのは、その逆の場合だ。つまり、歩み寄った状態から、突き放して距離をおくときだ。たとえば、ずっと人好きのする優しいリーダーだった人物が、ある瞬間から急に獰猛でネチネチした指摘をしはじめたとする。部下は、動揺し、また裏切られたようにも感じるだろう。

距離感を切り替えるやり方は、われわれの観察した範囲でもリーダーによりさまざまだ。多く見られるのは、「あらかじめ伝える」方法だ。キャピタル・ワンのナイジェル・モリスは、自らを評してこう言う。「自分にはカメレオンのようなところがある。親しげで優しげだったかと思えば、次の瞬間にはギスギスと厳しくなるんだ」。そしてこんな工夫をしていると語る。「次の瞬間に何が起こるかわからないような状態だと、皆はおびえる。ある程度先が見通せるのは大事なことだ。たとえ、ひどいことであってもね。だから、わたしは皆にこう警告するんだ。『見てろ、ロブ。もう一人のナイジェルが出てくるぞ』ってね」

極めてストレートなやり方だ。ただし感情の切り替えは、黒白あるいはオンオフ、必ずしもそう二元的でなくても実は構わない。両極の感情を示すサインをまぜこぜにして、部下を油断させない状態におき続けるやり方もある。距離をおく側を基本モードとするリーダーにとっては、ことに有効な方法だ。

ある大手投資銀行CEOとのはじめての面談の折だ。われわれは、彼、そして部下の役員二人とのランチのアポを取った。しかし、その約束を二人の役員がCEOに伝えたのは、予定時刻の直前だった。こってり三〇分は絞られたのだろう。彼らは尻尾を巻いて、われわれが待つ会議室に戻ってきた。われわれはその役員たちに連れられて昼食の場所に向かい、CEOの登場を待つこととなった。なかなか彼が現れないので、先に食事をはじめた。しかしコースの料理も二品目に差しかかる頃になると、皆ハラハラしはじめた。まだ怒っているのだろうか。彼が来たら、粗相のないように精一杯努力しよう。そう全員が心に思っていた。そしてようやく、CEOが現れた。拍子抜けするほどに、愛想よくまた心優しい調子で現れた。そして、素晴らしい議論ができたのだ。帰りしなに、われわれは気づいた。予期していなかったことを体感させてもらった。CEOは、自らの威厳でもって皆に釘を刺した。要は、皆の気持ちを引き締めておくために距離感を操る、素晴らしい実例だったのだ。

留意すべきリスク

状況の変化に合わせて、リーダーは周りの皆との距離感を操らなければならない。では操り損ねたら何が起こるのか。実は、組織自体がいきなり崩壊してしまうというわけではない。平凡なリーダー、あるいは無能なリーダーに率いられていても、手探りでどうにか進んでいく、そんな会社をわれわれは皆、目にしてきたはずだ。

ただし、組織は崩壊しないとしても、リーダー自身の立場が脆くはなる。そして、「本物」とは認められなくなる。距離感を操り損ねる、たとえばこんな事例だ。

歩み寄り過ぎて同化してしまう

一流ビジネススクール出の、三五歳の人物の例を思い出してほしい。皆をよく飲みに誘い、のちに部下の収賄の事実をつかんだ若き常務だ。ここまで極端な例は実際にはあまり多くない。そして、ここまで極端だと逆に、(いくら皆となあなあになっていても)対処のしようがあるだろう。より一般的に見られること。それは、あまりに部下との距離を縮め親密になりすぎ、(本来はキチンと糾すべき)日々のちょっとした問題を是正しにくくなることだ。そんな場合、いくらリーダーが突き放そうとしても、「まあ、いいじゃないですか」と部下が甘えに逃げかねない。まるで、シェイクスピアの喜劇『ヘンリー四世』に登場するジョン・フォルスタッフ、自らが仕える年若きハル王子を、放蕩三昧の道に引きこむ太った老騎士のように。リーダーが歩み寄りすぎて、そこから抜けられなくなるのだ。

親しさが未熟なことに気づかない

仲間に加わった途端に我が物顔で振る舞う人。誰もがそんな人物に出くわした経験があるだろう。さして親しくもないうちから、まるで旧知の仲のようなそぶりを見せるのだ。結果として、周りの皆により高い壁を造らせてしまう人々だ。

立ち上がりの段階ではむしろ、距離感をおくスタンスの場合が安全なことが多い。新しいクラスに着任したばかりの教師のような振る舞いだ。

本来の目的を見失う

リーダーがチームの一体化を目指すあまり、皆と同じ目線に立ってしまう。そうなるとリーダーは、そもそも自らが主導すべき変化や達成すべき目標から目をそらしがちになる。そして、凛とした命令を下す威厳も失ってしまう。リーダーシップとは、「いい人」であることを指すのではない。たとえ皆と親しくしているときでも、リーダーは自ら（そして組織全体）を客観視しなければならない。親しさを脇においてでも、目標の達成に向けて全力を投じるべき瞬間が訪れることがある。リーダーと部下の双方が、そう理解しておかなくてはならない。リーダーの権威性は、組織全体として掲げる上位の目標や狙いに由来する。普段は親しくしている皆を、時としてリーダーが突き放せるのも、そんな大きな目標や狙いが礎にあるからだ。リーダーの権威は、組織の大義を維持し続けるために必須なのだ。

歩み寄るべきときに遠くにいる

すべての関係者に目を配る役割上、リーダーは外部とも対峙する必要がある。たとえば投資家やアナリスト、マスコミ、あるいは顧客や監督省庁への対応に時間を割くべき場合も多いだろう。かくして、社内に向きあう時間が喰われてしまう。そんなとき、皆の目にはリーダーが

（往々にして文字通り）遠くにいると映る。かくして、社内で何が起こっているかが見えなくなる。自らのリーダーシップ発揮と研鑽の上で欠かせない、部下の想いから遮断されてしまうのだ。

ある企業のトイレにあった落書き、「神とCEOの違いは何か？　どちらもあらゆる場所に現れる。しかしCEOは、われわれの前には現れない」。このCEOがどんなCEOか、雄弁に語るメッセージだ。こうしたリーダーは、「突然の」出来事に驚く羽目に陥る。重要な社員がいきなり退社したり、順調に見えた部署が急に目標を達成し損ねたりする。いずれも、リーダーの目にのみ「突然」と映るのだ。

この種の現場との隔たりは時として甘美でもある。CEOにこんな言い訳の余地を与えるからだ。「わたしは知らなかった（ので責任はない）」。エンロンやタイコ、ワールドコムの騒動の際にも観察されたことだ。しかしトップであるからには、どのみち責任を負う。最終的に目指す目標や組織としての存在意義、それこそがリーダーに正統性を与えるのだ。

素晴らしくやり過ぎてしまう

マネジャーに就任し、権威と距離感を保つ。それが度を過ぎて、（皆の目には）乱暴すぎる舵取りに踏みきり、組織にダメージを与える。そんなリーダーも多い。一方で、歩み寄る限度を見極め損ねて周りからの信頼を失う。これもありがちなことだ。

忘れてはならない。企業経営に関する他のさまざまな事柄と同じく、リーダーシップも「スキル」の一つだ。卓越したリーダーを目指すなら、自らのリーダーシップを実践の中で磨き続けなければならない。周りの皆との社会的距離を操ること。本章で議論してきたように、これも重要なスキルだ。しかし、他のすべてのスキルがそうであるように、「やり過ぎてしまう」ケースもあるのだ。

工夫が逆効果になった事例を語ろう。大手広告代理店の一部署で、皆が集うクリスマス・パーティーが開催されたときの話だ。その年に特に優れた業績をあげた社員を五人選りすぐってパーティーで表彰する。そんなプランを部長はわれわれに耳打ちしてくれた。よいアイデアに思えた。ただ、実際のパーティーでは、五人で終わらなかった。次から次へと社員の名を呼んでは、商品を手渡していったのだ。

最初は部屋中が興奮に包まれた。しかし、部のメンバー全員――およそ五〇人――が何しかの賞をもらいそうだと分かってくると、表彰は意味を失った。本当に活躍した部下の順番がすぎると、称賛の言葉は薄くなっていくばかりだった。それでは表彰されても誰も喜びはしない。また、実際に表彰に値する成果をあげた社員たちも、自分のもらった賞を何だか安っぽいものと感じはじめた。確かに、最初の五人目くらいまでは、胸に響く表彰式だった。しかし、だんだんうそ臭くなり、最後には出来レースになってしまった。

周りの皆との社会的距離を巧みに操る。それは状況感知の、ある特殊な形だ。歩み寄るべきか、突き放すべきか。自らを取り巻く状況を読み、その上でいかに振る舞うべきかを判断するのだ。リーダーシップを発揮する上で、極めて重要なスキルの一つだ。

リーダーに欠かせないスキルを、もう一つ議論しよう。次章では、リーダーが身につけるべきコミュニケーションのスキルを考察する。

第7章

組織に リズムを刻め

Communicate —with Care

良いリーダーであるためには、良いコミュニケーターでなければならない。このような論調をさまざまな文献で目にするようになってきた。確かにその通りである。しかし、それだけではいささか表層的にすぎる。一歩踏みこんで捉えるべきだ。優れたリーダーは、周囲とのコミュニケーションに際し「最も適した方法は何か」を見極めるのだ。伝えたいメッセージ、おかれた環境、皆の想い、そしてもちろん自分自身の得手不得手も含め、さまざまなことを勘案した上で、最適な伝え方を選ぶのだ。取り巻く状況を鑑みながら「どう伝えるか」を慎重に考えること、それは、自分らしさをいかに巧みに打ち出すかの実務訓練でもある。[1]

たとえば、一対一のミーティング、少人数のグループ相手の話、大勢に向かっての演説、どれが得意なのか。それぞれに必要とされるプレゼンテーションスキルは異なる。また、どれが望ましいかは、そのときの状況にも影響されるのだ。

ハーバード・ビジネススクールのケース教材に、企業内コミュニケーションのあり方を取りあげたものがある。コンサルティング会社ベイン・アンド・カンパニーの副会長オリット・ガディッシュが、一九九〇年代はじめに行った社員へのスピーチにまつわるものだ。[2]当時のベイン・アンド・カンパニーは、前経営陣が企てたマネジメント・バイアウト失敗のあおりを受け、財務的にかなり逼迫した状態に陥っていた。これにともない社員の士気も著しく低下しており、てこ入れが火急の課題となっていた。

彼女は、丁寧に言葉を選び、さまざまな事柄にバランスよく気を配りながら皆に語りかけた。

直面している現実と将来への熱い想い、皆で積み重ねてきた実績と今後乗り越えなければならない壁、社員個々にまつわる思い出と皆で力を合わせ成し遂げてきたこと。逆境の中にある今こそ、これまで自分たちがよって立ってきたもの、「自分たちのプライド」を皆が心に刻み直さなければならない。

そんな彼女の言葉は社員の胸に染みいり、以降、組織は再び成長の軌道を取り戻していった。彼女は、リーダーである自分自身の伝え方いかんが、部下たちの受け取り方に大きく影響すると十分に認識していた。自我の強いプロフェッショナルが集う組織に、押し付けられた印象を抱かせることなく、「自分たち自身への誇り」を目覚めさせる。そのために「何をどう伝えるべきか」に、彼女は精力を傾けたのだ。

どう伝えるか？

グレッグ・ダイクの自己演出や、トーマス・サッテルバーガーのまなざし、サイモン・グリフォードのロードショーなどを振りかえってほしい。周りの人々と意思を通じ合わせる上で、果たして自分は彼らのような努力をしてきただろうか。

コミュニケーションは、人と人をつなぐためにある。ゆえに、一対一でのやりとりの重要性は論をまたない。しかし同時に、多人数の集団と、どうすれば直接的・効果的に通じ合えるのかを考えることもまた大切である。

マーガレット・サッチャーのあとを継ぎ、ジョン・メージャーが英国首相として登場したとき、国民の大半が彼は次の選挙で負けるものと思っていた。選挙活動当初、彼はプロンプター（台本表示装置）をそなえた立派な演壇に立ち、しっかりと練りこまれた主張を訴え続けていた。しかし世間での評判は惨憺たるものだったからだ。そうした舞台設定では、どちらかといえば地味で控えめな彼のスタイルは引き立たなかった。だが、選挙戦も半ばを過ぎたころ、彼は思いきってやり方を変えた。街角でのスピーチを繰りかえしはじめたのだ。間に合わせの演台に立ち、ハンドマイクを持って、即興で街頭の聴衆へ語りかけたのである。この演出は、彼の「通りにいる普通の人」らしさを、はるかに効果的に伝えた。メージャーのそうした活動に主要メディアは飛びつき、その姿が三〇〇〇万人の有権者たちの目に届くこととなった。結果、メージャーは勝利をおさめた。メージャーは、突如として有権者とのつながりを持ちはじめたのだ。この「伝え方の変更」を、多くの解説者が選挙戦動向の転換点として振りかえった。

ブッシュ対ケリーの二〇〇四年の米大統領選挙戦でも同様のことが見受けられた。ブッシュは遊説に出かけるのが好きだった。それこそ彼が彼らしくいられる演出スタイルだったからだ。一方のケリーは、おおかたの印象としても、緻密に準備されたテレビ討論のような場でより映えた。しかし、草の根的なつながりを掘り起こす努力の多寡が、この選挙の趨勢には強く影響した。自分の分の悪さに気付いたケリーが、ブッシュのような形式張らない遊説に乗り出したのは、選挙キャンペーンがほとんど終わりかけたころだった。ようやく有権者の心をとらえはじめたものの、遅きに失した感は否めなかった。

企業にあっては、社内向け・社外向け双方の観点から、コミュニケーションの重要性が取りざたされている。特に近年、何を伝えるべきかということはもちろん、どういった手段で伝えるべきかが、ますます重視されつつある。コミュニケーションの担当部署は、テレビ会議やインターネット、印刷物や広告など、新旧さまざまな手段を駆使して、リーダーの社内外でのコミュニケーションを効果的に演出するだろう。

しかし、手段におぼれてはならない。その演出はあくまでも、リーダーの「らしさ」に立脚したものでなくてはならない。たとえばネスレのピーター・ブラベックが、ネスレの環境報告書に登山服を着た自分の写真を用いる際、「それが適切かどうか」を自問したことを思い出してほしい。

また、伝え方の重要性は、何も組織の上層部だけに限った話ではないことにも留意が必要だ。あらゆる階層のリーダーが慎重を期すべきものである。われわれは、スラム地区での社会福祉活動に従事するソーシャルワーカーを見つめてきた。彼のチームには、扱いにくい人間が顔をそろえていた。急進的な政治思想を持つものや、極端なフェミニスト、一人よがりの出世主義者や、ひいては自称アナーキストまでいるような状態だった。皆で膝を突きあわせた議論は、まるで悪夢だった。それぞれの凝り固まった立場がまったく折り合わず、みるみる非生産的なやりとりに陥るばかりだったのだ。彼はおかれた状況をよく鑑みた。そして、全員を一堂に会させる代わりに、数名ずつを近所のバーに誘うことにした。そして、ユーモアも交えたくだけた会話を織り交ぜながら、チームとして、プロフェッショナルとしてなすべきことを、少しずつ皆の心に織りこんでいったのである。

何を語りかけるか？

どう伝えるか、に先立つもう一つの重要な要素、「何を語るか」に話を移そう。多くのリーダーが犯しがちな典型的な間違いがある。それは、分析の正しさや、論旨の筋の通り具合を過度に重視することだ。[3]実際皆、小学校にはじまり、大学、そして社会人に至るまで、それこそが相手を説得する正しい方法だと教わり続ける。しかし、このアプローチ「のみ」では、相手を説得することはできても、それ以上のことは期待できない。

　パワーポイントでの緻密なプレゼンテーションに胸の高まりを覚えたことがあっただろうか。詳細なデータを満載した報告書に心を揺さぶられたことがあっただろうか。むしろ、こうした色合いに染まった主張に、味気なさや醒めた気持ちを感じたことはなかっただろうか。あるいは、肩書きを楯に押しつけようとする色合いを裏に嗅ぎ取り、反発を覚えた記憶はなかっただろうか。そんなスタイルのコミュニケーションでも何とかなっている組織もあるかもしれない。しかし、それはリーダーシップなどと呼べるものではない。

リーダーは、人々の心をとらえる「物語」を紡ぎ出さなくてはならない。自分たちのなすべきことを理解させるだけでなく、それによって部下を奮い立たせる世界観のようなものを描き出さなくてはならない。

主張の論理性を不要と切り捨てているのではない。ポイントは、良いリーダーというものは、自らの主張を、豊富な実例やたとえ話、個人的な経験などで彩って、より活き活きとした物語に仕立てあげる、という点にある。[4]

コミュニケーションをリーダーシップの側面から語るとき、この「物語化」がなぜ有効に働くのか。

一つには、素晴らしい物語は人々を引きこむからだ。これまでも強調してきたように、リーダーシップは人と人とのつながりに立脚する。心揺さぶる話は、リーダーと周りの人々とのつながりを築く。解決しなければならない課題や、乗り越えなければならない挑戦、これからの道筋をストーリーとして描き出す。そうすることで、聞き手はあたかも自分自身がその物語の出演者であるように感じ、自分なら何ができるかを考えはじめるのだ。

また、個人としての経験をほどよく織りこむことが、周りの人々とリーダーとの一体感醸成につながるからだ。私的な思い出や出来事の共有は、人と人との社会的距離を縮める重要な手段である。皆が身近に感じられるようなエピソードや日常生活の一コマの共有を通じて、リーダーと部下との関係性はより強固なものとなるのだ。

さらに、逸話やたとえ話、ユーモアなどを交えて、「自分らしく」話を進めることで、リーダーがどういった価値観や考え方を持った人間なのかが伝わるからだ。自分の人となりを（巧みに）見せれば見せるほど、部下の琴線に触れることができるようになるのだ。

ゼネラル・エレクトリックの元CEOジャック・ウェルチは、このテクニックを巧みに用いた。彼は、自分が伝えたいメッセージを聞き手の心に響かせるために、しばしば幼少のころや社会人になりたてのころの思い出を交えた。

他の事例にも触れよう。ヨットマンのピート・ゴスが、錚々たるエグゼクティブを前に講演したときのことだ。彼は見事な語り部である。ヨットレースの最中、猛烈な嵐にみまわれ瀕死状態にあったライバルのラファエル・ディネリを救い出した話を語る。そして、まったく新しいタイプの巨大な双胴船、チーム・フィリップの開発と結末の秘話を明かす。どちらも、素晴らしい物語がいかに効くかを実証する例だ。

ゴスが語る、彼の直面した困難は聴衆を激しく惹きつける。どうすればそんな過酷な状況下で救助しうるのか？　ディネリはゴスが到着するまで生きているのか？　ボートというより、むしろ小さなマリーナというべき規模の双胴船が本当につくれるのか？　それはパーフェクトストームを乗り切れるのか？　ゴスはプロジェクト達成に要る十分な資金を集められるのか？

そして、それぞれのストーリーをドラマチックに語りつつ、ゴスは折々に聞き手が身近に感じる要素を組み入れていく。どのように食事や睡眠を取るのか、ボートが水であふれた際にトイレはどうするのか、などにも踏みこむのだ。また彼は、献身的な妻のサポート、ギリギリの状況下での友情についても語る。そんなエピソードを共有することで、聞き手と彼の社会的距離はどんどん縮まっていくのだ。

そして話が佳境に差しかかるにつれ、ゴスは自らの感情を段々とあらわにしていく。沈むヨットからディネリをなんとか救出し、抱きしめあったときの感動を語る。「そのときの彼の目は忘れられない……目というものが、あれほどの深い感情と感謝を表せるものだとは、まったく思いもよらなかった」。また、航海中に致命的な損傷を負った巨大な双胴船から、脱出せざるをえなくなったときの記憶を語る。ボートが静かに夜の闇に消えていくのを、クルー全員と共に人目もはばからずに涙を流して見送ったことを打ち明けるのだ。

話し終わるころには、彼は聴衆と強く通じ合っている。聞き手は誰もがゴスの経験に共鳴し、彼が経験した困難を自らに重ね合わせる。そして、自らがおかれた状況で課せられた困難とその解決の糸口に思いをめぐらせるのだ。

「本物」の話をするということ

この種の効果的なコミュニケーションを行うためのレシピは存在するのだろうか。話の骨組みや語り口など、基本的なガイドラインは確かに存在する。また、強く心に残る話は、そのイメージを伝記に借りることも多い。スティーブ・ジョブズは、アップルとＩＢＭとの戦いを、旧約聖書が描くダビデとゴリアテの決闘になぞらえた。重厚な鎧を身にまとったペリシテ人の巨人兵士ゴリアテを、粗末な服をまとった羊飼いの少年ダビデが投石器から放った石で（唯一武装されていなかった眉間を攻撃し）一撃のもとに倒した伝説である。リチャード・ブランソンも、ヴァージン・アトランティック航空を創立する際にまったく同じ比喩を用いた。巨大な相手ブリティッシュ・エアウェイズ（BA）に対し、斬新なサービス（エコノミークラスへのシート一体型テレビ導入など）を次々取りこむ身軽さでもって立ち向かったのである。そうしてやがて、ヴァージン・アトランティックの存在はBAにも無視できないものとなり、格安航空券時代の幕が切って落とされたのである。

しかし、はずしてはならない最も重要な点は、「本物」の話をするということだ。思い出やたとえ話を引用するなら、自らの主張の文脈に沿ったものでなくてはならない。そしてさらに、聞き手の心に「本物」として響くものでなくてはならない。どこからか拾ってきた印象を与えるような、借り物ではダメなのだ。また、とって付けたように話すよりも、日々のさりげない折々の会話に織りこみ続ける方が有効に働くことも、肝に銘じておくべきである。

また、コミュニケーション――つまり周りの人々との適切な関係性の維持――の巧拙は、リーダーが変化のペースとタイミングをいかにうまく加減できるかにもよる。

周りの人々をどれほど急かすか、組織の歩む速さをどの程度に据えるか、湧き起こるさまざまな出来事をどう調和させていくか。急ぎすぎると、組織にいたずらな混乱や勇み足を引き起こすだろう。一方鈍重にすぎれば、欲求不満や人心の離反を招くだろう。組織が有する「リズム」を感じとること。そして、どんな変化をどんなスピードで達成していくべきかを判断すること。さらに、絶対に変化させてはならないものを見極めること。これらはすべて、リーダーたるものの役割である。

ウサギとカメ

どう伝えるか、また何を語りかけるかに加え、コミュニケーションにはペースやタイミングも関係してくると述べた。このあたりを掘り下げよう。それはさながら、譜面をなぞりさえすれば、よい演奏が成り立つわけでないことと同じだ。あるジャズミュージシャンの言葉を借りよう。「自分が弾かないパートにこそ耳をそばだてるんだ」。ウォートン・ビジネススクールのフォーラムの一環として、四重奏団の指揮の仕方を体験したエグゼクティブたちに話を聞いたときのことだ。彼らは、いかにそれが――全体のペースやタイミングを合わせることが――企業の経営者として日々直面する状況に似ているかを口にした。

二つの企業にまつわる話をしよう。実名はまずは伏せておくこととしたい。それぞれの状況をつかんだら、その次に何が起こったかに考えをめぐらせてほしい。

まず一つ目は、二〇世紀初頭に創立された企業にまつわる話だ。黎明期にあった電気・通信領域に強みを持つ、技術色の強い会社だった。創立以来、新たな事業領域を開拓し続けていく。そして一九六〇年代の初頭までには、発電や防衛、医療や耐久消費財など重工業・軽工業のエンジニアリングを手がける巨大なコングロマリットに成長していた。

この会社は慎重な戦略をとり続けてきた。一つの事業に傾倒したり、何か大きく仕掛けたりする博打は打たず、（中には息が詰まると感じる者もいるほど）中央集権的な業績管理を徹底していた。しかし会社としては成長を続けた。六〇年代までに、一〇〇億ポンドの収益と、一〇億ポンドの現金資産を誇るに至る。しかしながらその保守的な姿勢は、資本市場ではあまり評判が良くなかった。実際、一九八七年からの一〇年のうち六年は、ロンドン証券取引所のＦＴＳＥ株価指数を下回る伸びに留まっていた。

その「石橋をたたいて渡らない」官僚主義・リスク回避主義は、前線で事業を指揮するマネジャー層の目にも課題として映りはじめる。事業を大きく成長させるチャンスに、自社が迅速に対応できていないと感じられたのだ。

九〇年代後半に変化の兆しが訪れる。新しいＣＥＯの任命である。この人物はすでに、組織の変革を恐れないリーダーとしてかなりの評判があった。そして着任後、直ちに改革に取りかかっていった。取締役会の機能を強化し、根こそぎ戦略を描き直していった。過去のリスク回避主義とは完全に決別し、急速に成長しつつあった情報通信機器市場でトップランナーとしてのポジションを築くことを目指した。一方で、選択と集中も徹底され、創立来の中核事業であった軍事部門さえ売却の運びとなった。

こうした大胆な戦略変更に加えて、組織風土の大改革も推し進められた。新ＣＥＯは人事部門の長との議論を重ね、新しく生まれかわったこの組織が有すべき価値観・コアバリューを定義して打ち出した。情熱とプライド、スピードと攻めの姿勢、などである。人々を鼓舞するリーダーシップに率いられた伝統的な組織変革のかたちといえる。これらの一連の取り組みを市場は好感し、一気に注目株となっていった。従業員は自社の株価が、付与されたストックオプションを行使できる現状の二倍のレベルにまで跳ね上がることを信じて疑わなくなった。従業員は自社の企業価値を強く意識するようになり、目標達成に向けやる気を振りしぼった。組織全体が醸しはじめた熱意を追い風に、ＣＥＯはグローバルな事業基盤拡大を目指し、大規模な企業買収に踏みきっていった。米国においては、二〇億ドル・四二億ドルという、二つの大きな案件を実行している。

そうして、二〇〇〇年にＣＥＯはこう力強く宣言した。「世界は新しい世紀を迎える。そこで最もダイナミックでエキサイティングな領域、情報通信の領域で、われわれは世界をリードする企業となる。われわれは生まれかわった。その過程で培った新たな組織風土をてこに、突き進んでいくのだ」

ここでこの話からはいったん離れるとしよう。その後この会社に何が起こったかは、次のケースを読み進めながら考えてほしい。

こちらは、企業再生サービスに特化した、あるプロフェッショナル・サービス・ファームの話だ。卓越したブランドイメージを持ち、株式市場でブルーチップ（優良銘柄）と評される会社だ。われわれが分析を始めたころ、その収益はおよそ七億五〇〇〇万ドルで、各産業領域の専門知識を活かしながらさまざまなサービスを提供していた。銀行などの機関投資家や大手企業を顧客とした、彼らあるいはその取引先企業の再生支援。また、中小規模の企業体に対する、事業の再編・清算支援も行っていた。前途は有望で、収益を五年以内に二倍にするという野心的な目標も容易に達成しそうな勢いだった。採算性も申し分なく、従業員一人あたりの利益は同業他社と比べても極めて高かった。大口の顧客を対象とした部門は、ことさらに成長し続けていた。ビッグネームを相手にしたビッグビジネスを取り扱いたい。腕に覚えのある社員たちは特に、そんな志向性を持つようになった。

しかしながら、華々しさの陰に課題が潜んでいた。ブティック・ファームと称される、規模は小さいが機動性の高い競合他社が攻めてきたのだ。これらの競合他社の目には、この企業は、動きが遅く、ぬるま湯に浸かった状態に映った。実際、足元には厳しい現実があった。会社全体の収益の約四〇パーセントを占める、中小企業を対象とした事業セグメントでのシェアが低下し続けていたのである。地場に特化したブティック型の競合に加え、この層の顧客を熱心に口説き続けた大手競合の攻勢を受ける一方になっていたのだ。

何か手を打たなければならない。危機感を覚えた経営層はアドバイザーを雇い入れ、現状の分析と打つ手の考察を進めた。社内だけで八〇、顧客に対してはさらに多くのインタビューを実施した後、市場シェア奪還に向けた案が示された。中小企業部門の士気の低下が著しい現状にあること。そして、そんな社員たちの心を一つにし、明確な指示をもって引っ張れるようなリーダーシップの強化こそが最も重要であること。

経営層はこの提案を受けいれ、リーダーの人選に取り組んだ。しかし、この劇的な業績立て直しを委ねられる、これといった候補者が見当たらない。議論は難航した。そして最終的に、経験豊富だがまだ若い役員に託してみることとなった。その人物は、革新的なキャリア開発プログラム（特に才能ある若い人に焦点を当てたもの）をパートナー層に提唱した経歴があった。しかし、目覚ましい実績をあげてきた名声があるわけではなかった。

その若き役員の改革は、順調に滑り出した。彼は、そのセグメントで経験を積みあげてきた古参のパートナーと繰りかえし議論した。そして次第に議論の相手を、部長層や課長層へと広げていった。組織体制や販売チャネルのあり方、人材開発やブランドマネジメントなど、さまざまなテーマを検討するタスクフォースと、それを管轄する委員会を設置した。活発な話し合いが行われた。新しいリーダーは改革を行うに先立ち、幅広い意見を引き出すことに尽力していた。

しかし一方で「以前にも同じような試みはしたが、うまくいかなかった」といった皮肉めいた言葉も聞かれるようになっていった。そして次第に、話し合いや相談、合意形成の場が多すぎると皆が感じはじめた。役員層のワークショップでは不安が広がり、もう少し強引すぎるくらいの意思決定が必要ではないか、との意見が渦巻くようになっていった。

ここでこの話から離れて、先ほどの情報通信の会社に戻ることにしよう。

ウサギは今……

二〇〇〇年の上半期には、事業は急速に成長し莫大な利益を叩き出した。株価は上場来の最高値を更新し続けた。改革は成功したのだ。しかし翌二〇〇一年になると、米国の情報通信市場の規模は急激に縮小した。規制緩和を追い風に新規参入してきた企業が次々と頓挫しはじめたからだ。ヨーロッパ市場はまだ好調ではあった。しかし、通信キャリア各社は、次世代規格、第三世代携帯電話の許認可取得にかかる莫大な費用によって成長を妨げられた。結果、ネットワークインフラへの投資には遅れが生じ、それがこの企業に大きな打撃を与えた。

二〇〇一年の第2四半期、売上不振の見通しと、壊滅的ともいえる予想営業利益の五〇パーセントの落ちこみを発表するに至る。株価は急落し、第3四半期までに、FTSE一〇〇インデックスの対象銘柄から外されることとなった。そして、CEOと会長（かつてはエグゼクティブ・オブ・ザ・イヤーに選ばれたこともある）は辞任した。莫大な債務が整理されたことで、まもなく株式は事実上無価値となった。かつて潤沢な現預金を有していたこの優良企業は崩壊してしまった。マルコーニ・コーポレーションである。

ここでまた、企業再生のプロフェッショナル・ファームに話を戻そう。こちらはいよいよ改革策を実施する段に入った。若く才気に満ちた新たなマネジメントチームが結成された。彼らは現在、計画通りに人材開発や地方銀行との関係再構築に着手している。すべての問題が解決したわけではないが、事業として正しい方向に進んでいる印象を多くの社員が感じつつある。競合他社からも数名の役員が参画してきた。この企業の動きを目にし、自ら参加したいと希望したのだ。皮肉や批評を口にしていた人物は去った。今後も去って行く人間はいるだろう。そして、この流れを長期的な成長につなげていくためには、皆であらためて将来のビジョンを描いて共有することが鍵となるだろう。彼らは慎重に時間をかけつつも、この点についても一歩を踏み出しはじめている。プライスウォーターハウスクーパーズの企業再生部門である。会社は市場シェアを回復しはじめた。社員の士気も高く、担当する業務に個々人が邁進している。

ウサギとカメの話と同じだ。慎重に丹念に練りこまれた段階的な変化の方が、最終的にははるかに成功することが多いことの例示だ。最初のケースでは、素晴らしい実績を引っさげた強烈なリーダーが登場した。将来の成功を予見させる劇的な新ビジョンを軸に、組織のエネルギーが生まれていった。企業買収をてことした急速な事業拡大が推し進められていった。しかし、その一連の流れの中で、連綿と築き上げてきた事業の基盤は崩れていった。ずっと大切にし続けてきた、組織の規律はどこかに吹き飛ばされてしまっていた。そして市場が変化したとき、この偉大な企業は耐えることができなかった。二つ目のケースでは、リーダーシップの手綱は、より静かで目立たない人物に託された。彼は、同僚たちとじっくりと話し合い、業務上の不具合を修正し、顧客との関係をあらためて築きなおした。そして今、新たなビジョンを策定するチームを作りはじめた。

ウサギはひどく痛手を受けたが、カメは健在で、確実に歩を進めている。おそらく今後も、耳目を集め続けるのはウサギだろう。一九九〇年代には、ことに華々しかった。そして今世の中は、しばしばこのようなウサギたちが跡に残していった、数々の倒産企業の後片付けを強いられている。今、静かで、適度なペースを保ったリーダーたちへの期待が高まってきているとしても、取りたてて驚くことではないのだろう。

間違った理想像を描いていないか

変化をどの程度の速さで、どんなタイミングでもたらしていくべきか。数多くのリーダーが、この難問に直面している。特に、ビジネスの世界でリーダーとして働く――業績向上に対するプレッシャーの高まりをより強く感じている――人たちは、急いで何かを成し遂げなければならない焦りに苛まれがちなものだ。そしてそれゆえに、あらゆる相談事や困り事の「すべてに対する答え」を自分が知っているかのように振る舞いがちなものだ。しかし、念頭においてほしい。このような稚拙さは、いずれ派手な失敗を引き起こしかねない。決定的な大間違いなのだ。

ダートマス大学タック・ビジネススクールのシドニー・フィンケルスタイン教授が、「華麗なる大失敗」を引き起こしてきた人々の研究を行った。[5] 彼はこれらの人々を、世界的に著名な企業のトップに立ちながら、それをほとんど何の価値もないものにしてしまった人物、と定義している。雇用の場や株主の価値を、壮大な規模で台無しにしてしまった人々だ。まさに前述したマルコーニのＣＥＯが当てはまるだろう。しかし、彼に匹敵する面々はまだまだ存在する。ラバーメイドの会長兼ＣＥＯのウォルフガング・シュミット、ＧＭ（ＥＤＳ）のロジャー・スミス、タイコのデニス・コズロフスキー……。彼らは皆、力強い業績をたたき出していた企業を統括下におさめながら、最終的には窮地に追いこんだのだ。

何が重要な課題かをすばやく見抜き、取り巻く複雑な環境を的確に把握し、解決に何が必要かを熟知し、断固とした意思決定を行う。そんな人物に感銘を受けるなというのは無理な話だ。多くの人々が実際、このような姿こそを追い求めているのではないだろうか。かかる理想を胸にしたリーダーは、即断即決で英断すること、素早く指示を与えることに喜びを覚える。そして周りの人々も、そんなリーダーの振る舞いに、安心して身を委ねるようになる。ここで見逃されがちなこと。それは、自分がすべての答えを知っているわけがない、とリーダー自身が心の奥底では自覚している事実だ。

フィンケルスタインは警告する。

「この理想像がなぜ問題なのか。『ごまかし』だからだ。取り巻く環境が絶えず変化し続け、確かなものなど何もないことだけが確かな世の中で、『何もかも知っている』

人間であり続けることは不可能なのだ。常にずばり意を決しようと構えるリーダーは往々にして、なぜそれが危なっかしいのかさえ考えない。さらに悪いことに、このような面々は、すべての物事に対しあらかじめ自分は答えを知っていなければならない、と考える。それゆえに、何か自分の知らない答えが存在する可能性など、端から無視するのだ。のちのち重大なインパクトを引き起こすような意思決定の場面でも、本能的に何らかか即決して手早く幕引きを図ろうとする。逡巡する余裕など絶対に認めない。たとえじっくり考えることが求められるような場面でもだ[6]」

思いこみに過ぎない確信に満ち、拙速に行動する人々には、また別の問題もある。周りからの助言やフィードバックを受けつけなくなるのだ。ラバーメイドのウォルフガング・シュミットの同僚は、彼が提案やアドバイスに耳を傾けることはなかったと語る。そしてしまいには「あえて異論を唱えようとする人間は残っていない」状態になっていた[7]。

究極的な罠は、組織の無言化にある。何か素早く成果を出さなければならないというプレッシャーの中で人々は、「とにかく何か行動を起こす」気持ちに駆られる。そして、本当の課題は何かなど議論されることもなく、組織は黙々とタスクをこなしていく。ハーバード大学の研究者、レスリー・パーローとステファニー・ウィリアムズが最近、その危険性を提起した。

「拙速なリーダーがもたらす組織の沈黙は、周りの人々を意気消沈させる。そして、同僚の間に怒りや敵愾心を芽生えさせる。創造性は蝕まれ、生産性は低下していくのだ[8]」

フランツ・フーマーはロシュでの八年間に、医薬品事業と診断薬事業を中核に据え、劇的な事業構造改革を先導した。しかし彼は、模範的なカメ型といえる。フーマーは当初から、早急に多くを成し遂げようとすることの危険性を心に留めていた。多くの社員は、彼が就任直後に、問題を抱えるビタミン事業を整理してくれるものと期待していた。しかしフーマーは急がなかった。いきなりの荒療治は、社内に恨み深い抵抗勢力を生み出すだろうこと。引き起こされる混乱が、会社全体を変革しようとする彼の行動をのちのち邪魔しかねないことを認識していたのだ。

彼が着任した当時、ロシュは新聞紙面を賑わせていた。ほとんどの内容は好ましいものではなかった。市場シェアの落ちこみ、乏しい製品ライン、米国と欧州での価格操作疑惑、ノバルティスによる買収の脅威といった、ネガティブな記事ばかりだった。

外が騒ぎたてるほどにはこの会社は酷くない、フーマーは全社員にそう認識させたかった。そして、暗い顔をした皆に、連綿と築き上げてきたロシュの強みはそうそう揺らぐものではないことを伝え続けた。彼は当時を振りかえって語る。「今思えばとんでもなく楽観的だったような気もするが」

時は流れ、ここ最近のロシュは堅調に利益をあげ続け、成長率も市場平均を上回っている。

それはそれで厄介だとフーマーは語る。「今度は、自分たちが思っているほどうまくやっているわけではない、と社員に認識させねばならない」

周りの人々との意思疎通を図る上で、すべてのリーダーが経験する「微妙な境界線」をこの例に感じてほしい。「ウチの会社は実際のところ、どんな状態なのですか？」と部下に尋ねられたとき、どう答えるべきか。激しい環境変化に直面しているような企業ならなおさら、そしてそのトップにいるならなおさら、答えは簡単ではありえない。しかるべき答えを見出すにあたっては、卓越した状況感知と意思疎通の力が求められるのだ。

エボリューションか、レボリューションか

ある程度一定したペースで行われる緩やかな進化「エボリューション」と、急ピッチで進められる変革「レボリューション」を考えよう。このトレードオフを語る題材として、食品大手ネスレ以上に適した企業は存在しまい。CEOピーター・ブラベックも、このトレードオフをどう扱うかが、果たすべきリーダーシップの中核をなすと公言している[9]。

ネスレは一五〇年近い歴史を持つ世界最大手の食品会社である。世界のあらゆる国で事業を展開し、何千種類もの製品を販売している。二六万人の従業員を擁し、ネスレ、ペリエ、キットカット、フリスキーといったブランドを抱え、競合ひしめき市場変化の速い消費財市場において圧倒的な地位を維持し続けている。

ITに代表される目新しい技術の進化が世の中を牽引していた一九九〇年代、ネスレはしばしば「さえない」「つまらない」「時代遅れ」などと揶揄されてきた。しかし、二一世紀初頭に「ドットコム・バブル」がはじけると、長期的視点から持続可能な進化を遂げていく、というネスレの信念は、あらためて評価されるにいたる。

実際ブラベックは、前任者たちと同じように、会社の「聖域」、つまり何があろうとも決して変えてはいけないことを重視し続けてきた。エコノミスト誌はブラベックを「筋金入りの流行の敵」と書いた[10]。彼はこう説明する。「リーダーの主たる役割のひとつは、何を守り続けていくべきかを決めることだ。これまでの成功を支えたものは何だったのか、そしてそれの崩壊や消滅をどう防ぐのかを、はっきりさせなければならない」

ブラベックは入社後三〇年を経て、一九九七年にCEOの座についた。就任時に彼は、『ネスレ　マネジメント及びリーダーシップの基本原則』として、ネスレにおいて今なお存在し続けるこうした価値観を明文化した。人・製品・ブランドを大切にすること、長期的視点で成長を捉えること、顧客にできるだけ近いところで意思決定を行うこと、などが記されている。

しかしだからといって、ネスレが何も変わっていないということではない。ネスレは、少しずつ確実に進化する組織的な本能を有する。ブラベックは公言する。「劇的で激しい変化を組織に強いると、破壊的な結果を呼びかねないし、社員にトラウマを残しかねない。そんな変化が必要となる会社があるとすれば、そこまで思い切らなくてもよくなるような〈予防的処置〉

を、経営者が何ら施していなかったということだ」

しかしまた、だからといって、素早い変化がネスレでご法度というわけでもない。実のところ、ブラベックは、会社の変化するペースを速めたいとはっきり望んでいる。「全体として歩みが遅すぎるという思いはあった。だから言ったのだ。この組織はスリッパで歩き回っているとね。確かに快適だけれども、これでは速く動けない。無理にやっても、ぶざまに倒れるだけだ。だから、スリッパからテニスシューズに、テニスシューズからトレーニングシューズに、トレーニングシューズからランニングシューズに履き替えていかなければならないと話したんだ。今はどの段階かって？　テニスシューズだ。速く歩きはじめたところだが、そろそろ走る準備をしなくてはならない」

市場の要請やおかれた状況によって、変化のペースはさまざまだ。ブラベック自身も、必要であれば素早く、そして急な変化を起こすことをためらわない。たとえば一〇人の取締役は、ブラベックがCEOに就任したその日に役割が変わったり、退任したりしている。さらに彼の在職中、ネスレではペットフードとミネラルウォーター事業を世界的視点から抜本的にてこ入れした。「グローブ」と呼ばれる全社共通の壮大なITインフラ導入にも踏みきった。そして二〇〇二年から二〇〇三年の間には、ペットフード（ラルストン・プリナ）、冷凍スナック（シェフアメリカ）、アイスクリーム（ドレイヤーズ）関連の大規模な企業買収を迅速に進めた。

ブラベックは言う。「同僚の半分は遅すぎると言う、残りの半分は速すぎると言う。……だが明らかに、どちらともであらねばならない。決定的に重要なときには動きを加速し、そうでないときはペースを緩める必要があるのだ。要は、何が決定的に重要なのかに気づくことなのだが、残念ながらこの問いへの唯一の答えはない」

オーケストラのように

これほどの複雑さや曖昧さと対峙していくのは、多くの人にとって簡単なことではない。リーダーシップ特有のチャレンジといえる。「昨日、『グローブ』の導入プロジェクトをスピードダウンさせた」。最近会った際、ブラベックはわれわれに語りはじめた。「生産準備にさしかかった新事業で、より多くのリソースが必要だったんだ。ここでの戦いに勝つことが先決だ。だから『グローブ』は少しスピードを落とすことにした。でもこの遅れによって何かが決定的にダメになることはない。新事業を立ち上げ損ねるのとは違ってね。一方の速度を落として、一方の速度を上げる。このなんだか曖昧な状態を居心地悪く思う人間もいるだろう。だがわたしには、白黒はっきりした区別のある時代なんて、もう過ぎ去ってしまったように思えるんだ」

ブラベックは過去、音楽を学んでいたことがある。彼は、グローバルに展開する複雑な事業を率いるむずかしさを、指揮者がオーケストラを率いる苦労になぞらえて語る。

「指揮者とオーケストラは一年かけて演奏にそなえる。ネスレを指揮しはじめた時期に自分が描いた改革の青写真を今見ても、目を見張るようなものではない。しかしその青写真を描くのに、わたしは一八カ月をかけた。考えて、話して、読んだ。青写真が示す改革の四本柱は、シンプルでわかりやすいものだ。なぜそれだけの時間がかかったのか、いぶかる人もいるかもしれない。でも、ネスレのような巨大で複雑な組織体の中に、会社全体の分水嶺になりかねない改革のテーマを正しく見出すのは、簡単ではない。わかりやすい場所に転がっているわけではない。掘り当てなければダメなんだ。まるで壮大な楽曲に取り組むようなものだ。まっすぐ観察して、議論をぶつけ合い、格闘しながら向き合わなければならない。そしてようやく全体の輪郭が見えてくる。まるで自分が作曲したかのように。そうなればあとはとてもシンプルになる」

リーダーが果たすべきことについて、ブラベックははっきりとした考えを持っている。「自分についてきてくれるよう、人々を鼓舞する」ことだ。ネスレのような長い歴史を持つ巨大企業のリーダーシップを引き継ぐことは、指揮者が偉大な作曲家の作品を託されるときに似た挑戦が求められる。自分らしく解釈することが必要なのだ。そして、それがもっともむずかしいことだといえる。単なる模倣では「本物」は生み出しえないのだ。

「指揮者の役割は、作曲者の魂を自分がどう解釈したかを示すことだ。奏者ともその想いを共有し共鳴を呼ぶのだ。そして自分たち『ならでは』のバージョンを生み出していくのだ……私はこの会社のポテンシャルを最大限解き放ちたい。『ならでは』の表現力を持つオーケストラにしたいんだ。ウィーン・フィルハーモニー管弦楽団のようにね。あの音色は他の誰にも出せない。わたしはここで、到達しうる最高の音色を達成したいのだ」

リーダーのコミュニケーション

最高の音色を奏でるためには、課題の優先順位と取り組む速さのバランスを維持し続けること、そして、曖昧さを許容し制御し続けることが必要となる。以下にネスレの取り組みを例示しよう。

一つ目に、技術に立脚したイノベーションを実際は数多く生み出してきたことをあげよう。人・製品・ブランドを「聖域」に据えるあおりで、技術云々は相対的には優先されにくいにもかかわらずだ。たとえば、ウェブに先立って、双方向テレビを通じたオンライン・ショッピングを確立した。企業間電子商取引のパイオニアといえる。そして現在では「グローブ」――世界にまだ類を見ないほど先進的なグローバル情報システム――を導入しようとしている。

二つ目は、変わらぬ価値観を記した『ネスレ　マネジメント及びリーダーシップの基本原則』も、時代に合わせ微修正していることだ。新世紀に直面した新たな課題が反映されている。「絶え間のない変革」の必要性が加筆されているのだ。

三つ目は、この一見したところ重い足取りで歩く巨大企業が、ことによるとその「ならではの音色」のおかげで、成長の遅い食品市場の中で、抜群の成長率を示す企業になっているという事実だ。

もちろん、すべてのリーダーが、グローバル企業を経営するような複雑さに直面しているわけではないだろう。しかし、変化をどの程度のペースで、どんなタイミングでもたらすかは、すべてのリーダーにとっての課題だ。では、重要な決断を正しく下す上でのガイドラインはあるだろうか。同僚ジョン・ハントの研究と、われわれ自身の経験を踏まえて、良いリーダーのとるべき行動を整理しよう[11]。

変化の強制を必要十分に留める

経営トップの立場にあるリーダーにとっては特にむずかしい話だ。自らは金融アナリスト・買収者・監督官庁・マスコミなど外部からのプレッシャーに日々さらされる一方、社内の同僚たちのほとんどはそんな状態にはないからだ。そこに温度差が生じる。顧客や取引先と直接に向かい合い、日々の仕事をこなしている人々。たとえば、販売・サービス・調達・広告などの人々もまた、より直接的な外からの圧力にさらされている。しかし一方で、たとえば社内のスタッフ部門の人たちは、そこまで直接的な外的プレッシャーにさらされない場合が多い。結果として、悪くない居心地の中で、ぬるま湯に浸かったような状態になりやすい。

それゆえに、プレッシャーに直面する者は、関係者の危機感を煽りたてるために、変化を促すために、過度に話を膨らませてしまいがちになる。そのプレッシャーがどの程度のものなのか、誰の目にもあきらかな場合であっても、である。

かくして、リーダーは時として、まだ周りの誰も行動を起こす必要性すら認識していないうちから、変化を加速すべく周りを叱咤する誘惑に駆られる。しかし、周りの皆が「ピンときていない」状態のうちに、何とか組織を動かそうとイニシアチブを発揮して突っ走るのは、よくある失敗の原因だ。

逆に、社員全員が、常に強力なプレッシャーを感じ続けている組織における、リーダーのチャレンジは何か。それはそのプレッシャーを、前向きなトーンに解釈して周りに伝えることにある。さもなければ、皆はあまりの重責に凍りついてしまいかねない。プレッシャーがかかりすぎると、人は押しつぶされてしまうものだ。われわれがよく知るあるハイテク企業の社員が口にする不満は、CEOが、既存事業の規模倍増と、加えて、新事業の立ち上げを口酸っぱく求め続けることだ。うまく導かれれば、人は危機的状況に対して前向きに対処していく。しかし、無慈悲に絶え間なくプレッシャーを与えられると、人々は息切れし、疲労困憊し、そして燃え尽きる。「そんな期待は達成不可能だ」とあきらめてしまうのだ。

危機感を植えつけ、変化を導くようなイニシアチブをリーダーが立ち上げようとするとき、よく見られる別パターンの反応。それは、「またか」である。人々は「また何かやるらしい」と肩をすぼめ、退屈感や倦怠感、さらに厄介な面従腹背意識をもって、ただ言われたことをこなすのだ。

凍りつかせる、あるいはしらけさせることなしに、人々に「変わらなければならない」と感じさせるような仕込みを行うことは、名人級の高等能力ともいえる。そのような芸当を、本書では折にふれ取りあげてきた。そして特にその能力が試されるのは、周りの皆が感じているプレッシャーが、実際リーダーが期待するほどには強くない場合だ。いわば居心地の良すぎる組織だ。

たとえば、カレル・バースティーンの、視覚に直接的に訴えるプレゼンテーションを思い出してほしい。大口を開けたサメ、アンハイザー・ブッシュが、見たところのんびり泳いでいる魚、安泰な同族会社のハイネケンに、今にも食らいつこうとしているイメージだ。あるいは、グレッグ・ダイクが、多額の年間ライセンスによる安定収入が保証されているBBCの同僚たちの目を覚ました例を振りかえってほしい。素晴らしい番組を制作し放送するという高邁な目標に近づくために、コストと人員の削減の必要性を認識させた巧みなやり方を。そして最後に、もう一度心に留めてほしい。その市場にい続ける限りは、少なくとも気楽でいられる大手企業ネスレにおいて、ピーター・ブラベックが同僚に示した、靴を段階的に履き替えていく比喩を。

心をつかむビジョンを届ける

プレッシャーを与えることが「押す」側面だとすれば、明快で説得力のあるビジョンと示すことは「引く」側面である。優れたビジョンは、心をつかむ未来像を伝える。そして受け止めた人々に、その追求に参画したいと強く感じさせる。リーダーは、自分の信念とビジョンの打ち出しを通じて、組織に興奮を生み出すことができる。

そしてそこには、二つのキーポイントがある。

その第一は、ビジョンに「耐久性」を持たせるということだ。時間が経っても、忘れられることのないもの。たとえばマイクロソフトの「すべての机にコンピューターを」。あるいはBMWの「究極のドライビングを」。逆にバタバタとまとまりなく（時に頻繁に）打ち出されるようなビジョンは、頭にはまったく残らないものだ。

第二は、しつこく伝え続けることだ。どんなに人々をワクワクさせるようなビジョンであっても、浸透するには思ったよりもはるかに長い時間がかかるものだ。うまく皆に届ける上では、シンプルなメッセージを粘り強く繰りかえし伝え続けること、そして、考えうるあらゆる伝達経路を駆使することが重要だ。また、ビジョンを「物語化」して届けることも有効である。丹念に作りあげられたストーリーは、ビジョンを載せて運ぶ低コストのトラックともいえる。

もてる「ヒト」資産を量る

必要十分なプレッシャーと心をつかむビジョンが組織で共有できたならば、次に考慮すべきは、周りの人々にそれをやり遂げる能力が本当にあるかどうかだ。この質問を投げたとき、どれほどの人がすぐに「イエス」と答えるかは驚きに値する。しかし、その証拠を求めると、たいていは乏しい。おおかたの組織は、おおよそ「カネ」や「モノ」の資源ほどには、「ヒト」資源のレベルの現実を精査していないものだ。

物事を急ぎすぎるリーダーは、「目立つ」部下だけに着目して手を打つ傾向がある。そしてその場合、組織全体のてこ入れが達成されるかどうかは、実は心もとない。パフォーマンスとポテンシャルを軸にとったマトリクスで説明しよう（図）。

一般にリーダーが着目する可能性が高いのはどこか？　そして、そこにてこ入れして、一山越えたと満足してしまうのはどこか？　おおかたの場合それは二つのボックス、「スター」と「役立たず」である。どちらも、どう対処すべきかが比較的明確な部下たちである。しかし留意すべきは、この二つに括られる人数は、大抵の場合全体に占める割合がさほど高くないことだ。より対処がむずかしく、変えるのに時間のかかる大多数は、その他の二つの区分に

パフォーマンスとポテンシャルによる能力評価

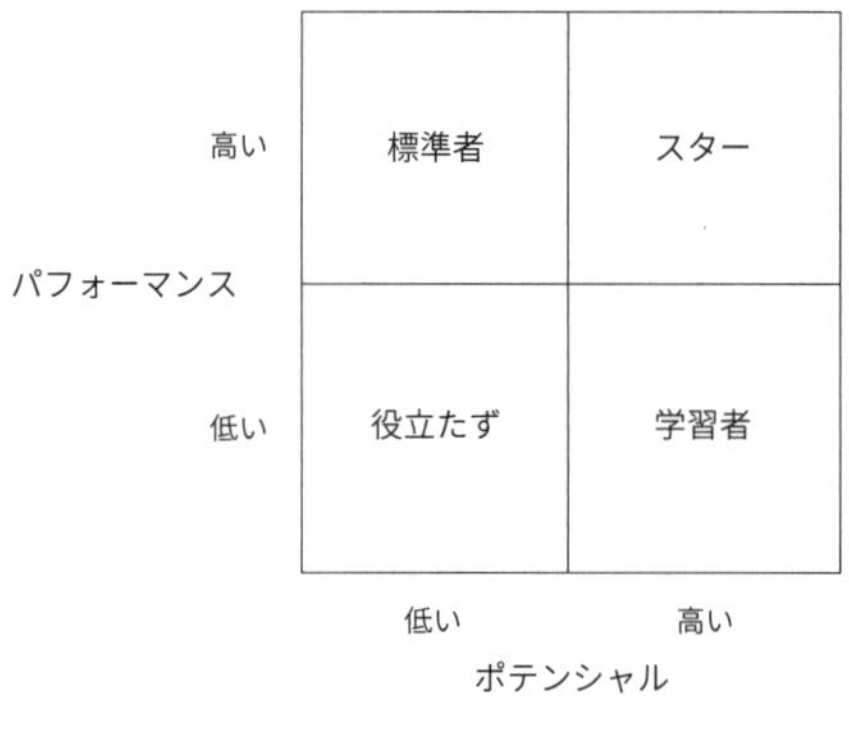

位置するのだ。

考えてみてほしい。「スター」に括られる（相対的に数は少ない）集団は、よい成果を達成し続けており、今後への期待も高い。選抜型の研修プログラムが豊富に準備されている場合も多いだろう。ただし彼らは、ある意味放っておいても自分で道を切り拓く人々だ。一方「役立たず」の方はどうだろう。対処の仕方は単純だ。なんとか退場させることである。ただ、この手っ取り早い解決策に逡巡して、業績が低迷したままの組織がいかに多いことか。

しかしいずれにせよ、「スター」と「役立たず」を何とかするだけでは足りない。一九九〇年代の代表的な企業倒産のいくつかは、「スター」にばかり光を当てすぎたことが遠因をなす。目立った成果を演出した優秀人材ばかりを称賛してしまったのだ。一方で、地味ながら日々こつこつと働き、実は会社の屋台骨を支えていた「標準者」はないがしろにされがちだった。そして彼らはやる気を失い、場合によっては会社を去ったのだ[12]。

リーダーとして長期的・継続的に成果を創出し続けることを目指せば、「標準者」の地道な努力を正しく認め、「学習者」を丁寧に成長させる努力が必要となる。そして実際のところ、この二つに、組織人口の相当数が含まれているのである。

「学習者」が成長するには時間がかかるだろう。また、その途上で脱落する者もいるだろう。さながら、庭造りのような辛抱強さが求められよう。スポーツの世界に見られるよきコーチは、注意深さと辛抱強さを持ち合わせた一つのお手本といえる。

「標準者」を扱う上での基本的な考え方は何か。それは彼らに、自分はかけがえのない存在だと感じさせ、「のせる」ことだ。彼らは、いて当たり前、と見なされている場合が多い。ひどい場合、「まじめだけがとりえ」あるいは「影の薄い人」と侮辱されてさえいる。影が薄いと言われて、自分は特別だと感じる人などお目にかかったことがない。そして皮肉なことに、「標準者」は現実問題として、組織の基盤をなす。そういう部下たちこそがなすべきことを着実にこなし、組織の活動を支えているのだ。そして、彼らは自分たちの能力一杯に努力している。それ以上に何が期待できるだろう。翻って考えると、自分のポテンシャルを存分に発揮することと、それこそ皆が目指すべきことではなかったか。

卓越したリーダーはこのことを理解している。「学習者」の活躍を促すために、そして「標準者」を称賛するために、手間を割くことをまったくいとわない。グレッグ・ダイク、ジョン・レーサム、デビッド・ガードナーといったリーダーの懐の深さを、そして「あらゆる人」のために時間と労力を惜しみなく使う気概を思い出してほしい。このような振る舞いを引き継いでいく組織こそが、長く繁栄し続けるのだ。

ゆっくりと急ぐ

必要十分なプレッシャーと心をつかむビジョンが組織で共有できた。有能な社員もたくさんいる。しかし、ではまず何をすればよいのか？　あるいは、なぜそうしなければならないのか？　誰も答えられないような組織は存外多い。ましてや、はじめの一歩が何に影響を与え、そしてそれが最終的にどうビジョンの実現に資するのかなど、理解すべくもない。掲げた目標と日々の活動が、ブツ切れになっているのだ。夢を語るのは素晴らしいことだ。しかし、語っているだけでは夢はいつまでも夢に過ぎない。組織として掲げた目標と日々の活動がどうつながっているのか、皆が理解できるようにするのはリーダーの務めである。何をなぜしなくてはならないのか、を伝えることといえる。[13]

小松製作所とキャタピラーの競争を例にとろう。一九六〇年代のことである。建設機械メーカー小松製作所は、「マルA」と称されたビジョンを掲げた。マルA、つまりA社――キャタピラー社――を包囲する、という意味である。建設機器の市場では当時、キャタピラーはトップメーカーとして難攻不落の地位を謳歌していた。マルAは、野望に燃えた果敢なものといえた。しかし、より重要なのは、それが同時に、段階的な行動のステップにブレイクダウンされていたことだ。

最初の一歩は、価格を抑えることよりもむしろ、品質と安全性を改善することにあった。いかに安かろうと、安全でない機械は誰も買わない。ひとたび相応の品質を達成すれば、次はコストダウンだ。同等の品質でより安ければ、今も昔もその競争力は高い。その次は製品の差別化だ。顧客が喜ぶ機能を盛りこんでいくのだ。そして最後がアフターサービスの充実だ。一ステップが完了すると、それが次のステップの足場となる。それを繰りかえして、段階的にビジョンの実現に向かっていったのだ。

掲げたビジョンや目標を日々の現実的な活動に落としこむなら、このようなロジックが必要になる。リーダーは、このロジック――到達への道筋――を、周りの皆に理解させねばならない。では、その道筋を、どんなペースで、どのタイミングでたどっていくべきなのか。そこには、逆説的な二つの押さえどころが存在する。

一つは、最初の一歩は素早く踏み出すことだ。組織のビジョンや目標を掲げても行動が伴わないと、その信憑性は徐々に失われていく。石橋をたたいて渡るのは賢明だ。しかし、度をすぎると分析中毒を引き起こす。肝に銘じるべきは「時間をかけた完璧より、七〇％の精度でまずは走ること」なのだ。良いリーダーは、手早く事を進めて小さな成功を積み重ねていく。それによって部下は、実際に状況が変わりつつあることを認識するのだ。ジョン・レーサムやグレッグ・ダイクが、まず踏み出した一歩を思い出してほしい。彼らの行動は、ミシガン大学のカール・ウェイクが提唱する「石橋をたたきながら渡る」能力そのものだ。[14]

二つ目は、急ぎ過ぎないことだ。素早く一歩を踏み出すことは重要だ。しかし、その一歩のみで目標に到達できるものではない。このことも心に留めておく必要がある。組織の状況を見ながら、時には歩む速さを緩めることだ。少しずつ、着実に変化を進めるのだ。ピーター・ブラベックの比喩、テニスシューズ、トレーニングシューズ、ランニングシューズ、を思いおこそう。

しかるべく報いる

変化はリスクを伴う。それゆえにも、状況を変えようとするリーダーに率いられる人々、フォロワーは正しく報いられるべきである。リーダーは「わたしには何の得があるのか？」というフォロワーの問いに答えなければならない。この先にどんないいことがあるか皆わかっているだろう、と決めてかかる。多くのリーダーが陥りがちな罠だ。人生はそんなにシンプルではない。

たとえば胸の高まりを覚える対象は、販売員と研究者とではまったく違うだろう。自分の何を評価してほしいかは、俳優と学者とでは相当異なるだろう。職場に望む雰囲気は、弁護士とソフトウェアエンジニアとでは似ても似つかないだろう。さらにもちろん、こうした職種のグループの中でも、個々人を見ればステレオタイプには語れないだろう。

優れたリーダーはこうした違いを意識し、また、自分が率いているフォロワーはどんな人々なのかの大枠を認識している。また、「実測できるものは追い求めやすい」ことにも留意している。そしてここでもまた、どの程度の速さで歩みを進めるかの問題に突きあたる。短期的で測定しやすい目標達成に邁進すると、多くの場合、より重要な長期的目標から気がそれてしまうのだ。

ポリグラムでは、ＣＥＯアラン・レヴィがこれをはっきりと理解していた。ある国での事業は、年次目標を上回る売上を達成し続けていた。過去の名盤を巧みに使いまわしていたからだ。一方、別の国での事業は、目標を下回り続けていた。新しい才能を発掘して保有楽曲を充実させることに力を注いでいたからだ。以降も三年間目標未達だったが、四年目にしてその辛抱が花開いた。じっくり育ててきた優れた才能が世に放たれ、大規模に売り出されたのだ。結果として、漸進的に伸びる他国での事業と比べ、それをはるかに凌駕する勢いで売上を伸ばしていった。レヴィは気前よくそのチームに報いた。そして、そうしたことを全社に見えるようにした。そのエピソードは、またたく間にポリグラムの「逸話」となった。長期間にわたる創意工夫こそが、結果としてより手厚く報いられることを全社に簡潔に知らしめたのだ。

短期的な目標の達成と、長期の戦略目標や野望の追求をバランスさせること。あらゆるところで繰りかえされるおなじみのジレンマだ。

その活躍の場を問わず、リーダーは、フォロワーに必要十分のプレッシャーを与えなくてはならない。そして、心をつかむビジョンを届けなくてはならない。また一方で、部下のポテンシャルが十分かを量らなくてはならない。さらに、掲げたビジョンや目標の達成に至るまでの道筋を描き、どう皆に報いるかを考えなくてはならない。病院であれば、診察待ち時間の短縮と、より効果的な治療法を編み出す遠大な構想とを、学校であれば、試験での成績向上と、生徒たち個々人の社会性・自尊心育成とを、製薬会社では、市場シェア向上と、画期的な治療薬創出とを、それぞれ両立させなければならない。そして、これは組織の長にとってのみではなく、看護師や教諭、一技術者にも当てはまる課題なのだ。

こうした両極は、常にバランスさせ続ける必要がある。ゆえに、いつでもどんな状態でも適するような固定的な報奨制度は存在しえない。リーダーが果たしうる最善は、取り巻く環境や優先順位の変化を見極めつつ、しかるべき調整を素早く行い続けることにある。また、念のために繰りかえしておきたい。素早く状況に適応するにあたって、将来的な大望や倫理を犠牲にしてはならない。このテーマは、最終第9章で掘り下げたい。

その前に次章第8章で、リーダーが率いる人々、フォロワーの視点から物事を眺めてみよう。これまでに、フォロワーとの適切な距離感を維持すること、正しくメッセージを伝えること、組織の変化の速度やタイミングを見極めることなどが、いかに良いリーダーとして重要であるかを議論してきた。

しかしいずれも、フォロワーとのつながりの中でしか意味を持ちえない。フォロワーとは何かを知ることが、リーダーシップ考察の上では欠かせないのだ。

第 8 章

部下は何を望むか

Authentic Followership

リーダーの向かいにはフォロワーが存在する。フォロワーがいなければ人と人とのつながりは生まれず、つまりリーダーシップも成立しえない。リーダーシップはあくまでも、人的な関係性に立脚するのだ。そしてその関係の変化は、リーダー・フォロワーの「双方に」影響する。たとえば、リーダーが部下との距離感をあえて開けば、部下はリーダーが自分たちから離れていったと感じる。リーダーと部下が「つながり」を有することを考えれば当然といえる。本章ではこのことを、視点を変えて考察していきたい。

これまで述べてきたバランスをリーダーが正しく維持し続ければ、部下はそのリーダーシップを受けいれる。そして、チームの一員としての自負を胸に歩んでいく。

たとえば弱みを含めた「らしさ」を目にすることで、フォロワーはリーダーに人間性を見出して惹きつけられていく。リーダーも完璧ではない、つまり自分も完璧である必要はないこと、またリーダー（そしてチーム）のために自らが何かをなさねばならないことを知るのだ。

あるいは、時にあえて自分たちと距離をとるリーダーの姿に、厳しい意思決定にも躊躇しない、部下に嫌われることとすらいとわない威厳を感じるのだ。研究の中でわれわれは、旧ローデシアのパット・ローレス准将に出会った。陸軍士官学校卒業後、彼はある連隊の指揮官となった。着任当初、彼は副官であったある曹長を頼りにしていたと語る。はじめて食事をともにしたとき、この曹長はローレス准将にこう言い切ったという。「兵士に好かれようと期待してはならないし、努力してもならない」。指揮官として慕われたいと思うのは当然であろう。だがより重要なのは、自分を嫌う部下にも、畏敬の念を植えつけなければならないということだ。

これは、ローレス准将にとってのみでなく、われわれにも大切な教訓である。リーダーは、組織の高邁な目標達成に努める姿を示し続けなければならず、(たとえば皆と打ち解けたいといった)個人的欲求に揺らいではならないのだ。

フォロワー側にも落とし穴がある。リーダーと近づいてよい距離の限界、緊密であることと友達であることの違いをわきまえる必要があるのだ。たとえばリーダーが距離をとりはじめたら、それは、「あえてそうしている」ことを察しなければならない。さもないと、リーダーが寄り添ってくれれば舞い上がってハイになり、突き放されれば裏切られたと根に持つような、一喜一憂を繰りかえしかねない。

リーダーが、フォロワーとしての自分との距離をどれほど詰めたとしても、忘れてはならない。この人物はいつかあなたをクビにせざるをえないかもしれないのだ。

(自分の都合に合わせて)部下との関係を姑息にどうこうしようとするリーダーは、狡猾なずるい奴と見なされる。そのときフォロワーは何も悩むまい。自分がそんなゲームに巻き込まれないよう心を閉ざし、そしてたぶん転職先を探しはじめるのだ。長いレンジで見れば、リーダーもそのうち態度をあらためるかもしれない。しかしポイントは、彼がすでに生み出してしまった冷ややかに醒めきった社員には、今後いい仕事をすることは恐らく期待できない点にある。こんなリーダーはいずれ責任を問われてすげ替えられるだろう。ただ、そこまで顕在化するのに時間がかかり過ぎたために、組織が壊滅的な損害をこうむってしまう可能性もある。

リーダーが、リーダーシップのバランスを巧みに取り続ければ、それは皆にとって好ましい状況を導く。高く掲げた組織目標を胸に抱いて邁進するチームの一員としての高揚感を全員が共有する。そしてこのようなチームが好成績をあげる可能性は自ずと高まり、ひいてはその企業や取引先、あるいはシェアホルダーにとっても良いこととなる。そしてこれこそ、「本物」のリーダーシップの褒賞であり、かつ定義なのだ。

フォロワーは何を望むか?

部下の立場になって、自らにこう問いかけてみよう。

「あなたはリーダーに何を求めるか?」

意外なことに、正面からこの問いを突き詰めた研究はほとんどない。リーダーシップの研究文献は図書館にあふれているが、フォロワーシップに関する研究は、まだろくに始まってもいないのが実情だ。[1] しかしながら、部下が何を求めているかを知ることなしに、リーダーシップを発揮することは困難である。

本書の第4章、および第5章で、有能なリーダーは、目の前の状況やその背景——フォロワーのニーズも含む——を鋭く感知して、しかるべく組織の引っぱり方を調整すると述べた。

では、はたしてフォロワーの期待や要求は一般化できるものだろうか。われわれはこれまでの活動の中で、フォロワーの立場にある人々とも数多くの議論を行い、実にさまざまな意見を拾いあげてきた。ここではその中に見出した、大きな四つの要素を紹介したい。フォロワーがリーダーに望む基本要素、それは、本物であること、認めてくれること、胸の高まりを呼びさましてくれること、つつみこんでくれること、である。

純粋なフォロワーシップ研究は前述の通り不足している。ただし、モチベーションやコミュニケーションを題材にした各種の組織研究は同様の示唆を掲げている。さらにいえば、多くのリーダーと直接議論してきたわれわれの経験に照らしても、卓越したリーダーたちは、本能的に部下がこれらの望みを有することを理解し、しかるべく働きかけているものだ。

本物であること

何をさておいても、フォロワーがまず求めるもの、それは「本物のリーダーであること」だ。リーダーが何者であるのか、他の人とどのような違いをもつ「人物」であるのかを知りたいのだ。本物だとフォロワーが認めなければ、それはリーダーにとって致命的である。本物を定義するのはたやすくない。しかしながら、「偽物」は一目見ればわかるものだ。

部下は皆、「なぜこの人についていかなければならないのか?」を心底に感じ、それゆえに「自分をひきつけるこの人の特徴は何か?」を考える。自分ならではの特徴を伝えるスキルは、リーダーシップ発揮の基盤にある。本書でも、優れたリーダーたちは「自分らしくあること」で、フォロワーに自らの持ち味を示すこと、極めて巧みに己を知って打ち出すことを議論してきた。

前章でふれたように、自分らしさをうまく伝えられるかどうかは、自分に合ったコミュニケーションの方法を正しく選べるかどうかにもよる。思い出してほしい。トーマス・サッテルバーガーがタウンミーティングを、サイモン・グリフォードがロードショーをいかに見事に行ったかを。

自分自身に問うてみてほしい。

「あなたは、リーダーたる上での〈自分らしさ〉を認識できているか？」

「そしてそれを、うまく部下に伝えきれているか？」

そしてその結果として、

「あなたの部下は、あなたが何者であるのかを理解しているか？」

認めてくれること

フォロワーが次に求めるものは、「認めてくれること」だ。わかりやすく表現すれば、フォロワーは皆、自分の貢献に気付いてほしいのだ。社会心理学の研究者たちもこれまで、人が誰かに認められたい根源的な欲求を持つと繰りかえし語ってきた。ただし、自分を振りかえってみたとき、誰かに認められたいと思っているほどには、誰かを認めるようなことをしていない事実に思い至らないだろうか。

そうしない・できない理由を、忙しさに求める人もいるだろう。ことに、数多くの重要な意思決定に忙殺されかねないエグゼクティブともなれば、なおさらかもしれない。他人の努力に気付き、それを正しく認めてあげるような行為は、日々果たさなければならない優先事項の上位にはあがりえないのだろう。ただし、きちんと行わなければ伝わらないこともあるのだ。[2] 部下の努力や貢献をねぎらうのは年一回の人事査定のときだけで十分、と考えてしまう上司のいかに多いことか。

あるいはそもそも内向的で、個々人へのフィードバックが苦手な方もいるだろう。もちろん、内気だからといって部下の働きをねぎらえないわけではないが、やはり相応の努力が必要となる場合が多い。また、文化の違いもあるだろう。たとえば英国人は、認めること・認められることのどちらに対しても居心地悪く感じる傾向があるようだ。またたとえば、「とにかくやれ」的な企業文化のもとでは、認めることは、それなしにはおれない弱虫のためにある、とさえも考えがちである。

良いリーダーはこうした障壁を越える。マーティン・ソレルは確かに、妥協を許さない非情なまでの業績重視型リーダーだが、だからといって部下を気遣わないわけではない。彼は、世界中の社員から届く電子メールに、素早く懇切に、そして自らの言葉で返信する。BBCのグレッグ・ダイクは、社長就任の数日後には、保守的かつ「英国的」な全職員に向かって、個々人の努力への感謝を率直に語った。ジョン・レーサムの場合はどうだろう。辛い一日を過ごした同僚の教師に時間を割いてこんなメモを書いている。「あなたは私にとって、かけがえのない人材だ」

ゼネラル・エレクトリック（GE）の会長として長く君臨したジャック・ウェルチは、手書きのメモで有名だ。素晴らしい成果に感謝するものであったり、さらなる奮起を促すものであったりとさまざまである。ポイントは、彼がGEのトップとして壮大な量の仕事をこなしつつも、部下の働きを認める言葉を選び抜いて記す時間をひねり出していたという点だ。手書きのメモが素晴らしい理由は、一つにはこの上なく個人的なメッセージとなること、そして一つには後々まで残ることだ。われわれの同僚が、ある日本人を東京に訪ねたとき、その事務所にはウェルチからのメモが額に入れて飾られていた。実際、多くのGE社員が、ウェルチがいかに社員を気にかけていたかのエピソードをいまだに口にするのだ。

またたとえば、すべてのミーティング参加者が自分の視線を感じるよう気を配った、トーマス・サッテルバーガーの巧みな目の使い方。あるいは、乗組員一人ひとりの献身なしではこの航海が達成できなかったことをクルー全員に感じさせるよう腐心したピート・ゴス。

さあ、問うてみてほしい。

「自分が率いるチームに、どれほどの心配りをしているか？」

「掲げた目標がいかに大切なものかを、皆に感じさせているか？」

「一人ひとりがその達成に重要な役割を担うことを、気付かせているか？」

胸の高まりを呼びさましてくれること

フォロワーはリーダーが、「胸の高まりを呼びさましてくれること」を求める。リーダーシップの根本は、集団をより高いレベルの努力とパフォーマンスに向け駆り立てる点にある。そこでは、単なるルーティンをこなし続ける以上が求められるのだ。

優れたリーダーはどう集団をいざなうのか。いかに高揚感を植えつけていくのか。たとえば自分ならではの持ち味を活かすことが一つ。いま一つは、部下との距離感をあえて開き、そこに生まれる「緊張感」を利用することだ。部下との距離を巧みに制御し、自らの「得体の知れなさ」を醸すリーダーも多い。その結果、部下はリーダーの存在に神秘性を感じ、高揚感を得るのだ。

さらに有効なのは、自らの価値観・ビジョンを打ち出し、その達成に邁進する情熱を示し続けることだ。このテーマは、リーダーシップに関する文献で幾度となく取りあげられてきた。たとえばスティーブ・ジョブズ、ビル・ゲイツ、ジャック・ウェルチ、アニータ・ロディックといった傑出したリーダーたちは、自らの情熱でもって、自らが率いる集団をいわば「電気に打たれたように」感化してしまうのだ。

リーダーシップ開発を目的としたワークショップの終了時に、参加者に時折質問する。

「戻ってきたあなたを、部下はどんな気持ちで迎えると思うか？」

自分たちのためになる新しい学びを持ち帰ってくれたと思うだろうか。あるいは、また今度は何を言い出すか心配だと思うだろうか。あなたは組織のエネルギーの源か、それとも、ロクでもない何かか。さて、

「あなたは、部下に高揚感を感じさせているか？」

つつみこんでくれること

フォロワーが求めるものの四つ目は、「つつみこんでくれること」だ。人は生まれながらにして、他人とのつながり・連帯を求める。何か大きなもの、なんらかの集団に属していたいと感じるものだ。その、いわばコミュニティと称すべきもののかたちは、さまざまでありうる。第5章で述べたように、極めて緊密に皆で支えあう場合もあれば、独立して役割を分かち合う場合もあるだろう。しかしいずれにせよ、優れたリーダーであるためには、「つながっていたい」と感じる部下の根源的な想いに踏みこまなくてはならない。

EA社のデビッド・ガードナーがヨーロッパの全社員をリゾート地に招待した記念旅行を振りかえってほしい。また、ジョン・レーサム校長のゴミ撲滅運動が、全員の権利と責任を学校という集団のなかに植えつけたことに、さらには、ポール・マクダモットが、荒廃したコミュニティに二〇年にわたって奉仕し続けたことに思いを馳せてほしい。

自問してみよう。

「あなたは、部下の帰属意識・忠誠心を喚起できているか？」

「組織に、コミュニティとしての一体感を醸成できているか？」

「組織の高い目標で、人と人とをつないでいるか？」

ここまでに述べてきた四つを踏まえることが、「関係性に立脚した」リーダーシップを発揮する礎となる。

そう、リーダーは、次のような問いに、部下が自ら答えうるように導いていかねばならないのだ。

「自分たちは、なぜここにいるのか？」

「自分たちは、何を目的として集まっているのか？」

「自分たちは、何を成し遂げようとしているのか？」

そして、

「なぜ、あなたがわたしたちのリーダーなのか？」

良い部下とは？

フォロワーがリーダーに求めるもの、その逆はどうだろうか。リーダーが求める良いフォロワーとは何だろうか。リーダーをリーダーたらしめるために、部下は何ができるのだろうか。これらは皆が念頭におくべきことだ。なぜならば、フォロワーとしての立場は、皆が経験するものだからだ。

実際のところ、フォロワーがリーダーを間違った方向にリードしてしまう例は絶えない。米国のケネディ大統領は、一九六〇年代初頭、今となっては疑わしいとしか言いようがない取り巻きからの助言に沿いベトナム介入を拡大した。四〇年余り経って、ブレア英国首相が下したイラク侵攻支持の決定も、同様の当てにならない情報に基づいていたように見える。ビジネスの世界では、華々しい業績を誇っていたエンロンが劇的な経営破綻に直面したとき、ケネス・レイ会長が社員の無節操さを非難したことが記憶に新しい。それぞれ、リーダーが自分に都合のいいことにしか耳を貸さなかった、という言い方もあるだろう。しかしいずれにせよ、リーダーシップがフォロワーに対してそうであるように、フォロワーシップもリーダーを正しい方向へも間違った方向へも導きうるのだ。

リン・オファマンの研究が示すように、リーダーがフォロワーの犠牲になるケースは実にさまざまだ[3]。

部下が多数決の原則を振りかざす場合が一つだ。典型的な例を挙げよう。技術者が強い発言力を有するような企業では、技術者の間では大いにもてはやされるが、実際に使う最終消費者にはほとんど訴求しない製品が生まれることがままある。たとえばＩＢＭ、アップル、デルが、専門家集団の正確無比なロジックにリーダーが抗えなかったことが（少なくとも一つの）原因となった大規模な失敗を経験してきている。

あるいは、もっとひそやかな要因――お世辞――でリーダーが道を踏みはずす場合もある。人は誰でも人に好かれて嫌な気持ちはしない。しかし、特に自己陶酔傾向の強いタイプのリーダーは、周りからのお世辞を鵜呑みにするあまり自負心が肥大化し、己を見失ってしまいがちだ。リーダーとして実績を残してきたエグゼクティブが、退職間近になって法外な特別報酬を求め、せっかく築いてきた評判をガタ落ちにするケースも多い。

そしてどちらの場合においても、意図的であったかどうかは抜きにしても、フォロワーがリーダーの「脱線」に一役かっているのだ。

しかしそれ以外に、フォロワーが単にリーダーとの関わりを絶った、あるいは完全にリーダーから気持ちが離れてしまったケースを極めて多く目にする。この気持ちの乖離は、現代の企業体が最も危惧すべき症状かもしれない。心のつながりを欠いた関係性は、リーダーシップを形骸化すると同時に、フォロワーシップを骨抜きにする。結果、無気力な社員を大量に生み出しかねないのだ。

本書の全編を通してわれわれは、有能なリーダーは周りの人々を鼓舞し、引きこむ力を持つと説いてきた。また、リーダーシップは（職階や肩書きを問わない）人と人との関係性に立脚すると繰りかえしてきた。

部下は必ずしも上司を選ばないかもしれない。しかしフォロワーは、リーダーを選ぶ。良いフォロワーとは、「主体的に」自ら動く人のことだ。すなわち、良いリーダーと共通した資質を持つ志願兵であり、ただ集められた徴収兵ではない。アリストテレスも、偉大なリーダーはまず「導かれること」を学ばなければならないと語った。実際、人はいつ何時もリーダーであり続けることはなく、時としてフォロワーの立場にもまわるのだ。では、良いフォロワーとはどのような人物であるのか。

第一は、たとえ自らの立場を危うくするリスクを伴うとしても、率直に懸念を口にする勇気を持っていることだ。リーダーが聞きたかろうがなかろうが、自分が信じることを伝えるのが良いフォロワーだ。映画界の大御所サム・ゴールドウィンの逸話をウォレン・ベニスが引き合いに出している。興行成績が極めて芳しくなかった時期、ゴールドウィンはスタッフを集めて問うた。「私とMGMの問題点をはっきりと教えてほしい。たとえそのために自分が仕事を失う気がするとしてもだ」[4]

何がフォロワーを、自らを危機にさらすことをいとわないほどに駆りたてうるのだろう。われわれは、組織として掲げる目標へのこだわりに鍵があると考える。誠実なフォロワーは、「なぜわれわれがここにいるのか」を常にリーダーに思いおこさせようとする。自分たちの組織とその使命、さらにはそこで自分が果たす役割への野望を胸に、あえて懸念や批判を口にするのだ。苦渋の選択として、内部告発の形にならざるをえない場合もあるかもしれない。しかしいずれにせよ、かかるフォロワーの志が存在する状態は、すこぶる健全であるといえよう。

また、すべてのフォロワーが同じ意見を持つわけではないだろう。良いリーダーとして多様な意見とそのぶつかり合いを許容するならば、フォロワーの意見のバラつきを覚悟しなければならない。ピーター・ブラベックの言葉を思い出してみよう。半分が拙速すぎると、もう半分が慎重すぎると感じていたとき、ピーター・ブラベックが何を語ったか思いかえしてみよう。異なる声に耳を傾け、根底に横たわる共通する目標や利益を見出すのだ。

第二に、リーダーの足らざる点を補完することだ。取り巻く状況はさまざまであっても、その中でいかに振る舞うべきかを見出す能力を磨き続けるのだ。たとえば、関係者がネットワーク的に協力しあう環境下では人間関係への気配りの重要性が、対照的に、ミッションクリティカルな中では規律性や迅速性が鍵を握ると理解する。あるいは、個々に役割を分担しあう中では過干渉の防止を、一方、結束の固い共同体文化の下では集団内の交流維持を念頭に活動するのだ。

良いフォロワーは、バランサーの役割を担う。自らの強みと弱みに気付き、その弱さをサポートする人材を見出すことを、リーダーが持つべきバランス感覚の一環として述べた。逆にいえば、リーダーができること・できないこと、得意なこと・苦手なことを理解し、それを主体的に補完するのが良いフォロワーの務めだ。ビジネス界では会長と社長の間に、スポーツ界では監督とコーチの間に見受けられるような「チームワーク」である。優れたリーダーがそうであるように、良いフォロワーも自分の強みとその活かし方を理解している。優れたリーダーとともにあることで、彼らはより自分らしくいられるのだ。

第三に、起こすべき変化とそのタイミングを正しく認識することだ。フォロワーとして、リーダーが時と場合によっては妥協を余儀なくされることを理解しておかねばならない。当初、リーダーは周囲との接点を見出せないかもしれない。しかし、良いリーダーは――自分が口にしたこと・心から求めていることを成し遂げるために――自分らしい強みと状況に順応する柔軟さを提示し続けることで、フォロワーからの信頼を得るのだ。E・P・ホランダーが、「特異性信頼」と呼んだものである。[5] 支持基盤が磐石でない政治指導者が、同様の信頼関係を構築することが多い。たとえば米国のクリントン大統領が政権一期目に、自らの政策への超党派的な支援を得たとき。あるいは英国のブレア首相が、社会保障・健康保険などを変わらず重視しつつも、労働党を次世代に向け大幅に刷新したとき。いずれのケースでも、恐らくはもともと変化に消極的であったはずの人々が、最終的にはリーダーと軌を一にしたのである。

逆の観点から見るとフォロワーは、リーダーが英断と妥協を繰りかえさねばならないこと、あるいは、近づいたり遠ざかったりせねばならないことを理解しておく必要がある。良いフォロワーは、リーダーと親友とを混同しない。共通の目的達成のためであれば、リーダーとフォロワーが距離をおくことが避けられない時期があると認識しているのだ。

フォロワーは、常に傍にいて導いてくれる安心感をリーダーに求める――特に不確実性の高い時代ではなおさら――という一般的な見識とは反する。しかし、優れたフォロワーシップは必然的に、ある程度の曖昧さ・不確実性の許容を伴うのだ。

フォロワーとして、リーダーがすべての答えを与えてくれると期待するのは愚にすぎるし、リーダーにとって何の助けにもならない。うつろいをますます速める現代社会において肝に銘じるべきは、リーダーの「学び」をよきフォロワーとして支援することにある。刻々と変化する状況に対処していく中では、チーム全体が相互に啓発しあうようなプロセスこそが鍵を握るのである。

その中では、フォロワーが実質的なリーダーとして振る舞いはじめることもあろう。逆の観点から見れば、リーダーが率いられる立場になることもあろう。

フォロワーとして――組織目標を共有するものとして――の究極的な義務は、極言すれば、どう見てもチームを失敗にしか導きそうにないリーダーを「見切る」こととといえるかもしれない。ギリギリの判断が求められよう。しかし、繰りかえし述べてきたように、リーダーシップは必然的に個人的リスクを伴う。現実問題として、うまくいかないこともある。そしてそのとき、必ずしもいつもではないが、リーダーの致命的な欠点が原因をなす場合も多いのだ。

リーダーが別の理由で失敗することもある。たとえば、いかんともしがたい外的要因や組織内の権力闘争に巻き込まれる場合である。

リーダーが、リスクの高い役回りであることは否定できない。必ず成功する保証はない上に、その秘訣もない。それでもなおリーダーシップは――結果的に支払う可能性のある代償が何であれ――しかるべき褒賞を秘めているのだ。この点を次章、最終章で探っていく。

第9章

リーダーシップ
——その代償と褒賞

The Price and
Prize of
Leadership

われわれは本書で、挑発的な響きすらある一つの問いを起点に議論してきた。

「なぜ、あなたがリーダーなのか？」

誰もがうなずくようなシンプルな答えなどない。リーダーシップはややこしい代物であり、その秘訣は安直なハウツーで描けるものではない。世に名だたるリーダーたちが綴る回顧録は、何かしらの大切な「手がかり」を与えてくれるかもしれない。しかしそれは、「あなたにとっての答え」ではない。憧れのリーダーを真似しようとするような試みは、致命的な失敗を引き起こしかねない。あくまでも重要なのは、「自分らしく」あることであり、「他人のように」なることではない。自身を優れたリーダーにするための処方箋は、自分にしか書けない。そしてそれは本書と同様、一晩で書き上げられる類いのものではない。その研鑽の道のりは一生続くのだ。

リーダーシップの研究成果にまで目を広げてみても、この問いへの答えは見つけられない。あまりに多くの研究が、個人特性論に終始し、リーダーシップが「人と人とのつながり」に立脚することを無視してきた。さらに、取りあげられた「リーダー像」は、組織の序列上位に位置する人物を指す場合がほとんどだ。ヒエラルキー上の位置づけとリーダーシップの所在を混同してしまっていたことが、リーダーシップの健全な考察を決定的に妨げてきた。確かに、リーダーが序列上の肩書きを有することは、リーダーシップ発揮の一助にはなるだろう。しかし肩書きを有することと、その人がリーダーとして優れていることとはまったくの別物なのだ。

リーダーの個人的特質をパターン化して捕捉しようとする試みはあらかた失敗している。リーダーが持つべき特性を明確に定義したリストは存在しない。そしてそんなリストが仮に存在したとしても、絶えまない改訂を伴うだろう。周囲の人々との関係性、あるいは取り巻く状況の変化に従い、リーダーに求められるものは推移していくからだ。この現実ゆえに、新しいリーダーシップのレシピなるものが、巷に発表されては消えていくのだ。

英雄的リーダーをもてはやした一九九〇年代が過ぎ、昨今、いわゆる「静かなリーダー」概念が耳目を集めつつある。しかしこれは、大きな社会環境の変化に、リーダーシップのスタイルが適応していく一例でしかない。時代が変遷するように、リーダーに求められるものも、うつろうのだ。

いたずらに答えを探し求めるのでなく

われわれは「レシピ」的なリーダーシップ論に抗い続けてきた。本書でも、さまざまな組織の、さまざまな場で活動する、さまざまな人々を取りあげてきた。われわれの主張は、リーダーシップは状況に左右されること、肩書きを問わないこと、人と人との関係性に根ざすこと、に礎をおく。あらためて記述すれば当たり前にも映るこれらの前提は、実はこれまでの研究では驚くほど脇におかれてきたものだ。

リーダーに求められるものは、そのリーダーがおかれた状況、ならびに周囲との人間的関係性により律せられる。そこでまず鍵となるのは、状況を感知すること、つまり、時と場を読み切って的確に対応することだ。優れたリーダーは、自分がなすべきこと、そして「今」越えてはならない一線を理解している。周囲に歩み寄るべきか突き放すべきか、あるいは、変化を加速すべきか減速すべきかの意思決定を「今」を鑑みて行うのだ。その振る舞いは、静的な特性項目リストでは捕捉しえない。

そして、良いリーダーは著しい状況変化の中にあっても、往々にして複雑に入り組む人と人との関係性を巧みに調整し続ける。そして成果を生み続けるのだ。

こうしたことを正しく行い続けたリーダーは、掲げた目標にたどりつくだろう。一方、事を誤れば、途上で力尽きてしまうだろう。近年の度重なるCEO交代劇の少なくとも一部は、リーダーとしての状況判断ミス、あるいは部下との関係構築不足に原因があろう。ただし、勘違いしてはならない。メディアで喧伝されるのが著名なリーダーの失敗ばかりだからといって、事は企業経営者レベルに限った話ではないのだ。大企業であるがゆえに、名の売れた人物であるがゆえに、つい耳目が集まってしまうに過ぎない。報道で聞きかじった情報のみで、何が起こったかを適当に解釈する愚は避けねばならない。

組織内のあらゆるレベルのリーダーが、同じ課題に直面している。リーダーシップは肩書きを問わない。それゆえに、特に企業の規模が大きくなれば、さまざまなところにリーダーが存在しうる。本書ではこのような、必ずしも世間に知られてはいないリーダーたちも紹介してきた。

どこにいようとも、何をしていようとも、リーダーに課せられたチャレンジはまったく同じものだ。自分らしくあること、そして直面する状況の中で巧みな舵取りを行うことだ。

人々が仰ぎ見る対象とするのは、「人物」であり「肩書き」ではない。卓越したリーダーは、本来の自分らしさ――持ち味、情熱、価値観、そして弱点――を認識し、打ち出していく。そうしてフォロワーを魅了し、鼓舞していくのだ。

「本物」のリーダーが、今ほど求められている時代はない。

リーダーが失脚するとき

本書では、大企業の役員から、慈善団体の現場職員まで、数多くのリーダーについて語ってきた。中には、すでにその職にない方々もいることに気づかれたかもしれない。この事実は見過ごすべきではない。リーダーが役割を追われていく、そのプロセスを考察する。

おそらくもっとも衝撃的な例は、ＢＢＣのグレッグ・ダイク社長の辞任劇だろう。回顧録の中で自身述べているように彼は、「わずか三日の間に、英国最大のメディア企業のトップから無職の身に転がり落ちた」[1]。ＢＢＣを率いた過去半世紀のリーダーたちの中で、最も大きな変革を導いた人物でありながら、彼はいわば身内ともいえるＢＢＣ理事会によって辞任を余儀なくされた。最終的に彼に与えられた選択肢は、辞任か解任かの二者択一だった。さて、彼の運命をここまで劇的に反転させたものは何か？

まず辞任までの経過をたどろう。二〇〇三年五月二九日、BBCラジオの看板ニュース番組「トゥデイ」での、アンドリュー・ギリガン記者による報道が発端だった。サダム・フセイン大統領率いるイラクにまつわる「四五分情報」――四五分あればイラクは大量破壊兵器を実戦装備できる――を、英国政府が誤りと知りながら政府報告書に盛りこんだ（そうして世論を開戦になびかせようとした）と糾弾するものだった。これがBBCと英国政府の対立の引き金となり、のちのBBCのギャビン・デービス会長とグレッグ・ダイク社長の辞任劇につながっていく。この論争は世を揺るがせ、BBCの情報源であるとの疑いをかけられた、軍事専門家デビッド・ケリー博士が自殺するという痛ましい出来事すら引き起こした。最高裁判事ハットン卿を長とする独立司法調査委員会が設置されるに至り、この委員会の調査報告書、「ハットン・レポート」公表でこの騒ぎはクライマックスを迎えた。その内容は、政府関係者をほぼ完全に潔白とし、事件の全責任はBBCにある――ギリガン報道はまったくの誤報である――と結論づけていた。ダイクは身を引かざるをえなかった。

彼の辞任は、かねてより忠誠心や愛社精神とは無縁と思われていたBBC職員を驚くべき行動に駆りたてた。ロンドンのみならず、主要な都市、またウェールズ、スコットランド、北アイルランドの首都で、何千人もが通りに繰り出したのだ。ハーブ・シュロッサー元NBC社長は、ＢＢＣ職員がＣＥＯ辞任に抗議してデモ行進する様を目の当たりにし、「西洋世界の歴史のなかではじめてのことだ」と述べた。[2]

ダイクが辞任に際して全社員に送ったメールは、一つの大きなきっかけだった。以下に全文を紹介したい。一読いただければ、ＢＢＣという組織およびそこで働く人々と彼との、強い絆が察しられるだろう。

これほど辛いメールを書いたことがない。まもなくわたしは、四年間務めた社長職を退くと世に公表する。ここを離れたくない。君たちとの別れはこの上なく辛い。しかし、ＢＢＣは、ハットン・レポートで厳しく非難された。わたしには、社長としての経営責任がある。

ＢＢＣの判断に間違いがあったことを認める。非常に残念だが、わたしがここにいる限り、今回の事件にけじめをつけることはできない。幕を引かなくてはならない。君たちやわたしのためではなく、すべての人々のために、ＢＢＣの将来を守るべく決着をつけなければならない。尊大に聞こえるかもしれない。しかしＢＢＣはかけがえのない存在だ。今回の騒動の間、独立性と公益性を守り続けること、それだけを目指してきた。

過去四年間、われわれは皆で多くを成し遂げてきた。この場所を根本から変革できたと信じるし、わたしが去ったあともそうあり続けることを願う。ＢＢＣは昔からずっと素晴らしい組織であり続けてきた。わたしはここを、働くすべての人が大事にされていると感じるような人間らしい場所にするべく努力してきた。もしそう皆も感じてくれているなら、私は悲しいながらも満足してBBCを後にできる。

君たちのこれまでの支援に心からお礼を言いたい。

感傷的に響くかもしれないが、君たちと会えなくなることが、本当に寂しい。

――グレッグ[3]

フォロワーに与えた影響

六〇〇〇人以上のBBC職員がダイクのメールに応えた。圧倒的大多数は、ダイクの失職を惜しむ内容だった。彼は回顧録の中で、うち二通を紹介している。いずれも、彼がBBCという組織にいかに大きな影響を与えたかを感じさせてくれるものだ。

押さえつけられ、活力をそがれ、さらには感性まで奪われていた集団に、あなたは命を吹きこんだ。皆を生きかえらせ、活き活きとさせ、BBCを愛させ、そして社長を尊敬する気持ちを思い出させてくれた。あなたは、かけがえのないものを残してくれた。[4]

男も女も、ジャーナリストさえも、今日は泣いた。皆で集まり、それぞれの気持ち、不安や失望を語りあった。それもこれも、将来への希望や展望、そして誇りを描き出してくれたあなたが去ってしまうからだ。[5]

ダイクがこの組織にどれほどの影響を与えたかは、職員の意識調査をはじめとしたあらゆる証拠に探れる。彼はなぜ、不運な辞任にまで追い込まれてしまったのか？

クリアにしておきたい。われわれは彼の辞任は、ＢＢＣに極めて大きなダメージを与えたものと見なしている。彼は人々を巻きこんで鼓舞するリーダーだ。実際、リーダーを志すべての人々にとって、彼から学ぶべきことは多い。しかしまたわれわれは、彼の失脚劇に「心すべき教訓」を見出しておくべきだ。残念ながら、彼がなんらかの失敗を犯したのは疑いないのだから。

自分「らしさ」打ち出しの巧拙が、リーダーシップ発揮に強く影響することを一貫して主張してきた。格言でいえば、「Be Yourself――ありのままの自分でいよ」だ。ダイクはこの点、優れている。彼は、自分らしさに思いをめぐらせ、自分が心底大事にするものが何かを表明し続けてきた。短所――たとえば癇癪持ちであること――もさらけ出してきた。

しかし、ひょっとしたらより致命的な弱点もありそうだ。彼はそのキャリアの中で、あるパターンを繰りかえしてきた。テレビ会社ＴＶ‐ＡＭを彼は着任後一年で去った。上司ブルース・ジンゲルと大喧嘩したからだ。ロンドン・ウィークエンドＴＶ（ＬＷＴ）社では、資産運用会社マーキュリー・アセット・マネジメントと経営権をめぐる争いを繰り広げ、結果的に敗れた。そしてＢＢＣで、世界の放送界でも屈指のポジションから追われた。

ダイクは闘争を好み、そこから逃げるような性分ではないのだ。自伝の中でも、自らこのことを認めている。たとえば、ＢＢＣを一方的に攻めたてる内容だったハットン・レポート後の報道についてこう語っている。「『ＢＢＣが強い反応を示した』との解釈で報道がなされた。個人的には、これは和解を匂わせる表現だと感じた。そういう融和的なのは苦手なので、あるいは自分は本件の最前線に立つには適任でなかったかとも思う[6]」

ＬＷＴが激しい諍いを経てグラナダテレビに買収された際に、彼は社長留任の求めを足蹴にしている。新しいオーナーたちを「敵」と見たのだ。人々を、敵か味方か、に単純化して判断してしまう性向がすこしばかり強すぎるのだ。

リーダーシップ発揮には、優れた状況感知力が必要であるとも主張してきた。この点でもダイクは秀でている。彼は着任直後、番組制作スタッフのモラルの低さに目ざとく気づいた。ＢＢＣのような組織の飛躍の鍵を握る、創造的才能にあふれた人々を彼は心から思いやった。加えて、裏方で支える人々、たとえば社員食堂スタッフ、警備員、運転手にも深い思いやりを示し、実際彼らの多くがダイクを慕っていた。しかし一方で、ＢＢＣ理事会のメンバーだったエスタブリッシュな面々に対してはどうだったのか。

当初は良好な関係の維持に努めた。しかし彼はもともと、敬っていない人間を敬っている振りはできない性分だ。ある意味彼は、政治的ゲームへの参加を拒否したともいえる。「理事だからといって特別扱いする気はなかった。彼らが歩いた場所を聖地と崇めるような気はまったくなかった。意地を張っていたのではない。それが私なのだ」[7]

しかし結果として、これが破滅のもとだったといえる。特にダイクは「鼻持ちならぬ婦人」と称していた理事たちを見誤っていた。ホッグ男爵夫人とポーリン・ネビル＝ジョーンズ夫人だ。二人に好かれていないことは承知していた。だが、騒動の最中でも、高級官僚出身で政府とのつながりも強いポーリン夫人は、どの道、自分を社長として残すつもりだと思いこんでいた。しかし実際のところ、ポーリン夫人の思惑は違っていたし、ホッグ男爵夫人もあらゆる場面で攻撃を続けてダイクの立場を徐々に弱めた。

実際、辞任かさもなければ解任という理事会通告は、寝耳に水であったようだ。「気配を感じておくべきだったのだろうが」後日彼は語っている。「まったく気づかなかった。あれは本当にショックだった」[8]

判定は下された

われわれはまた、優れたリーダーは自らが率いる人々との間に一体感を醸すと主張してきた。ここでもグレッグ・ダイクの評点は高い。彼はＢＢＣの中核を成す番組制作スタッフと心を通じ合っていた。一例として、国立科学博物館で講演を依頼されたとき、ダイクはＢＢＣの誇る科学番組「The Blue Planet」と「Walking with Dinosaurs」のビデオクリップ上映からはじめた。

そしてちょっと間合いを取って述べた。「これが世界最高の科学番組です」。ダイクは、人々の人生を豊かにすることを目指し続けるＢＢＣのような組織を率いることに誇りを感じていた。

しかし、ギリガン報道が巻き起こした混乱に対処するにあたっては、ＢＢＣ報道部門のスタンスに同化しすぎてはいなかったか。政府からの抗議に即時激しく反論した経緯を見るに、その可能性は否定できない。慎重で客観的な社内調査をあらためて行うことが、本当に求められた「勇敢さ」だったのかもしれない。

フォロワーはそのとき何を果たしたのか？　騒動の中で、幹部たちがダイクに何を助言していたかはっきり知る術はない。しかし、ある幹部が語るには、社内には慎重な声も多かったという。社長がいきなり矢面に立つほどの問題ではない、あるいは、もしそうすれば社長の立場を賭する結果になる、といった忠告だ。しかし（最重要とみなしていた）ＢＢＣの独立性の堅守に躍起になっていた――そして政府がこれを脅かしていると感じていた――ダイクに、そんなアドバイスを受けつける耳はなかったようだ。

有能なリーダーは、自分に挑んでくる強さを持ったフォロワーを必要とする。前章で述べたように「本物」のリーダーを「本物」のフォロワーが補完するのだ。リーダーの間違いを全力で正そうとする人物だ。そしてリーダーは自ら、そんな人材を増やす努力をしなければならない。グレッグ・ダイクのようなカリスマが最も意識すべき危なっかしさは、「巨大な樫の木陰では何も育たない」ことにある。

ダイクの友人であり、また指南役でもあったクリストファー・ブランド卿が、騒ぎの数年前にすでに理事長を退任していたことが大きかったとも思える。ブランド卿が、ＢＢＣと政府との真っ向対決や、理事たちの批評家然とした態度を許したとは考えがたい。

ダイクが去ったことが、ＢＢＣにもたらす影響はこれからも続く。彼は確かに、比較的短い期間で多くのことを成し遂げた。もう少し時間が与えられていたら、彼が相当なエネルギーを注ぎこんでいた企業文化変革もより確実に根付いていただろう。しかしいまや良くない兆候がみられる。組織の大部分が、すでにかつての内向きで陰鬱な状態に戻りつつあるようだ。面談したＢＢＣ関係者の言葉が印象に残る。「祭りは終わった――また昔のさえない毎日に逆戻りだ」

本章執筆時点で、会社側は人員削減計画を練り、組合側はストライキを検討する状況にある。ダイクを辞任に追いこんだツケは、彼が成し遂げた変革の大半が残念ながら短命に終わる形であらわれるかもしれない。

リーダーシップの褒賞と代償はこのようなものだ。つまるところリーダーシップは、その人気度や帰結ではなく、実効性でこそ評価されるべきものなのだ。

倫理性について

われわれは一貫して、リーダーシップはそれ自体が目指すものではないと述べてきた。集団として掲げた目標の追求を伴ってはじめて、意味をなすことを論じてきた。リーダーシップとは、単なるテクニックでもなければ、レシピや方程式を学んで獲得できるものでもない。目標追求の中で発揮されたときにのみ、意味のあるものとなるのだ。

しかし目標とは何か？

事業の利益を極大化することだろうか、世界の人々に食糧を届けることだろうか、病気に苦しむ子供たちを救うことだろうか、それとも競合企業を打ち負かすことだろうか。

リーダーが決定するのだ。

そしてその決定は倫理に反するものであってはならない。曖昧にごまかして切り抜けられる問題ではない。リーダーは、周りの人々を鼓舞して巻きこみ、掲げたゴールを目指して邁進させる役割を担う。そのため、組織として目指すゴールや目標の設定にあたって、倫理規範を正しく踏まえる責務はリーダーにあるのだ。

なぜマックス・ヴェーバーは、カリスマ的リーダーシップこそが、世の中の果てしない機械化──「世界の脱魔術化」──を防ぎうると信じていたのか。倫理性の織りこみが目標設定時の絶対条件でさえあれば、技術的合理性の思想の蔓延──合理的にすべてがあらかじめ決まった「鉄の檻」に人々が従属する社会の到来──を食い止められると考えたからだ。どんな目標であれ、「技術的には」理にかなった達成手段が存在する。しかし、目標そのものが倫理を踏まえていれば、達成の手段もただ単に合理的であればよいわけではなくなる。社会全体が共通規範として踏まえるべき倫理的価値観が、個々の集団の活動を律するのだ。そしてこれによってこそ、皆にとって本物である規範に立脚するからこそ、集団の活動が意義あるものとなるのだ。

ただしヴェーバーでさえも、そんなリーダーシップが時として危険であることは認めざるをえなかった。有能なリーダーが、いつも「良いこと」をなす保証はない。人類の歴史には、集団を煽動する抜群の能力をもって、甚大な災厄を引き起こすようなリーダーが数多く登場してきた。人道に反するとてつもない罪のほとんどの背景には、カリスマ的リーダーが存在している。目標が倫理性を欠けば、リーダーシップは、一個人の欲望達成のために集団の力を曲げて使うための道具と化しかねないのだ。

しかしだからといって、悲観的になる必要はない。優れたリーダーシップは、組織、ひいては社会にとっての高邁な目標を目指す上で必要不可欠なものだ。リーダーシップにたじろいではならない。リーダーシップが危険性をはらむからといって、自らのリーダーシップを引き出して磨きあげ続ける努力から目をそらしてはならない。自らのおかれた状況下、自分に何ができるのかを模索し続ける意識を失ってはならない。

あなたのリーダーシップは、あなたのためだけのものではない。関係する人々を目覚めさせるもの、潜在しているエネルギーを解き放たせるものだ。そしてリーダーシップとは、それほどにパワフルであるがゆえに、リーダーは倫理規範に身を律して向き合わなければならないのだ。

企業体に着眼して目標を語ろう。企業は本当のところ何のためにあるのか？

資本主義社会における企業にとって、その答えは伝統的に株主価値の増大であった。ミルトン・フリードマンをはじめとした人々は、株主価値増大への立脚こそが、企業活動に倫理性を埋めこみうるものであるとする。たしかに極言すれば、社員（役員も含めて）は、自分たちのものではない組織に、個々の価値観や希望をすりこもうとする存在といえなくはない。しかしいずれにせよわれわれは、株主価値増大のみを目標に据えることは、リーダーシップの基盤として脆すぎると考える。実際、長年繁栄を続ける企業は、他のなんらかの目標の追求にエネルギーを割き、そしてその副産物として株主価値の向上をもたらすのだ。

はたして一度として、「すまないが、今日は帰りが遅くなる。株主価値向上で忙しくてね」という会話が存在したことがあろうか。むしろ耳慣れたのは、「同僚を手伝っているんだ」「顧客が困っているんだ」「素晴らしい音楽ができそうなんだ」「研究が佳境なんだ」、あるいは「儲かりそうないい話があるんだ」の類いだ。株主価値向上の呪文が、人々をひときわ優れたパフォーマンスに駆り立てたことはない。

このことはまた、昨今誰もが口にするコーポレート・ガバナンス——決まりや手続きで倫理課題に対応しようとする取り組み——概念の背景説明に役立つかもしれない。リーダーはここでも身を潜めることはできない。強烈な合理主義者デビッド・ヒュームの言葉に共感するようなリーダーも確かにいるだろう。「欲望、すなわち何かを獲得したいという欲求は」彼は言う。「あらゆる時、あらゆる場所で、あらゆる人に作用する普遍の熱情なのだ」[9]。一八世紀のスコットランドの哲学者が、ある意味現代的に響くこの精神に達していたということは興味深い。

しかし忘れてはならない。好むと好まざるとにかかわらず、リーダーシップ発揮の結果として得られるなんらかの成果は、あらためて倫理規範に照らされるのだ。今の時代の混沌を目にするとき、われわれはむしろ、啓蒙主義時代のもう一人の大家、エマニュエル・カントの思想こそ重要に思う。倫理にまつわる彼の思想は、「自治の原則」として表現されており、それらは、本書で取りあげてきたテーマの多くにつながるものだ。

まず彼は、倫理性の基盤をヒエラルキーに求めることはできないと主張している。つまり、肩書きを持つか持たないかを問わず、われわれは何かしらの指示を受ける際、常にその倫理性を自問する義務を負うのだ。エンロンで機密書類をシュレッダーにかけた社員、あるいは、米軍アブグレイブ刑務所で不埒を働いた看守は自ら立ち止まらなくてはならなかったのだ。このカントの視点は、リーダーシップは肩書きを問わず、人間的な関係性に立脚するというわれわれの主張に強く関連する。そして一歩踏みこめば、倫理的義務はリーダーとフォロワーの両者が負わなければならないと示しているのだ。

カントはまた、良心のもととなる道徳的原則を示している。これもまた、われわれがいまこそ見つめ直すべきことに思える。「その人を主体ととらえよ。自己目的達成のための手段と見なしてはならない[10]」。この含蓄ある指針は、本書のはじめに記した、現代社会が抱える課題にも深く関係するものだ。個々人が自由を謳歌する前提となる共通的倫理観の強化、希薄化した人と人とのつながりに代わる新たな人間的関係性の創出、一人孤立せず自ら皆のために動き出す意識の喚起。

生きる意義・働く意義を感じ、個々人が自分らしくいられる場所。リーダーとフォロワーは手を携えて、組織をそんな場所にしていくことができる。

忘れてはならない。その中でリーダーの役割を果たすことは、常に個人的なリスクを伴うものだ。自らが場を失う可能性や待ち受けているだろう艱難辛苦を認識しつつも、リーダーは足を踏み出さねばならない。リーダーシップの代償と褒賞である。

シャルル・ド・ゴールはいう。

「リーダーシップは代償を求める。終わりなく自己を鍛え続けること、ひきも切らずリスクをとり続けること、絶え間なく葛藤し続けること……リーダーシップという威厳には漠然とした物悲しさがつきまとう[11]」

リーダーシップが目指すべきもの

暗いトーンが続いた。

リーダーシップは、素晴らしいものだ。明るく本書を締めよう。

われわれは研究活動の中で、数多くの良いリーダーと出会ってきた。おかれた状況は異なれども、自分なりの工夫を凝らしながら、周りの人々を鼓舞し、素晴らしい成果をあげている人々を目にしてきた。

そしてそんなとき、われわれはいつも、喜びと驚きを感じてきた。

リーダーは、働く意義と胸の高鳴りを与えてくれる。自分らしさの発揮とほどよい妥協の間を漂いながらも、確実に変化をもたらしてくれる。

本書を仕上げようとしているところで、あるお誘いを受けた。地元の医療機関で要職を務めてきた医師の退職慰労会だ。彼は、医師としての実績はもちろん、慈善活動、コミュニティ活動への献身でも広く知られていた。会場は彼が診てきた人々で一杯だった。会場に到着する出席者一人ひとりを、彼は自ら迎えて言葉を交わした。このため長い行列となったが、誰も気にしている様子はなかった。

そしてスピーチが始まった。

「あなたは、かけがえのない人だ」

「あなたは、ジョン先生だ。ただの医者じゃない」

「あなたは、私たちを人間として診てくれた。患者番号ではなくて」

「あなたは、非番だったことはなかった」

「あなたは、本当に私たちのことを気にかけてくれた」

「あなたは、素晴らしい病院を創りあげてくれた」

「あなたは、慈善活動や地元への熱い想いを見せてくれた。スピードの出る車にも」

「あなたは、いつも皆のために働いていた。奥さんの理解にも感謝しなくては」

「あなたは、いつも先頭を歩いていた。二〇歳近く若い人たちとトレッキングするときも」

すべてが、この医師の「人物」を物語っていた。

パーティーの終わり近くになり、チャリティートレッキング仲間の一人が、このジョン先生のあるエピソードを紹介した。ヒマラヤの奥深い地域まで出かけたとき、彼はトレッキングを中断してまる二日間、診療が必要な地元民の診察にあたったというのだ。

「本当に光栄です」

感動の面持ちでジョン先生は語った。

「でも、みなさんご存知のように、私はこと仕事になると一筋縄ではいかないですよ」

このイベントは心を打った。そしてさまざまなことを思い出させてくれた。リーダーシップはあらゆるところにある。ジョン先生は単なるロールプレーヤーではなかった。リーダーとしての素晴らしい資質を実践に活かし、人々に格別の感情を抱かせた。彼は自分の情熱――スポーツカーへの情熱も含め――をさらした。立派な医療機関の構築にも一役買った。リーダーシップは片手間の仕事ではない。彼はそれを理解していた。

そして最後の挨拶。果たすべきことへのこだわりのあまり、一緒に仕事がしづらい存在になることもあったと自ら認める。

ジョン先生は、本書の根底にある不変のテーマを体現している。彼はまさに彼らしくあり、自分の持ち味を伝えた。取り巻く状況を正確に読み取り、自らがなすべきことを追い求めていた。そして、彼の同僚も患者もジョン先生に率いられることに喜びを感じていた。誇りにさえ思っていたのだ。

さあ、自分自身に問いかけよう。

「なぜ、あなたがリーダーなのか?」

付録A——自らのポテンシャルを考えてみる

「なぜ、あなたがリーダーなのか？」

われわれはこの問いを起点にリーダーシップを考察してきた。研究活動の中では、もちろん数多くの人々と議論を重ねてきた。民間企業、軍隊、教会、慈善団体、スポーツチーム、政府機関……実に多岐にわたり、おかれた状況も役割もさまざまであった。

しかし、面談相手が誰であるかを問わず、「自らのリーダーシップ」を省みる上で、繰りかえし議題にあがった項目がある。ここでそれをご紹介したい。

ただし、われわれが提示するのは、優れたリーダーになるための何か気のきいたレシピなどではない（持つべき個人特性の列挙で事足りる話ではないのだ）。リーダーは、自らがおかれた状況のなかで、自らが何をなしうるかを考えねばならない。つまり、求められるリーダーシップとは何か、一人ひとりが見出さねばならないのだ。

リーダーシップの研鑽がたやすいものだ、などという気休めを提供するつもりはない。そして実際、たやすいものではないのだ。良いリーダーが、さらに良いリーダーとなるために創意工夫を凝らす姿に、われわれは心打たれ続けてきた。

かわりに提示するもの。それは、自分自身のリーダーシップのポテンシャルを、個々人が探るきっかけとなるだろう七つの質問である。腰を据えて、じっくりと自らに問うてみてほしい。あらかじめ断っておきたい。簡単に答えられる質問ではない。また、簡単に答えるべき質問でもない。

このリストを、はじめて用いたときのエピソードを紹介しよう。われわれは、ある才気あふれる役員のグループと、日々議論を繰りかえしていた。そしてある日、（不安な気持ちを抱えつつも）このリストを一人ひとりに手渡し、回答をお願いしてみた。しばらくしてそれぞれの執務室を回ると、一人の役員がソファで横になっている。眠っているようにみえる。

この質問リストは馬鹿げたものだったようだ。そう肩を落として立ち去ろうとしたとき、彼は目を開いた。われわれは恐る恐る「いかがですか？」と尋ねてみた。

彼は答えて言った。

「これまでに投げかけられた質問の中で、最もむずかしいものだ」

さあ、トライしてみよう。

1．あなたならではの持ち味は何か？

自分と他の誰かとの違いを念頭においてほしい。同僚や部下など周りの人々の琴線を揺さぶる、誰かの物真似ではない、あなたらしい、今おかれた状況下で大きな意味を持ちうる、自分「ならでは」の強みは何か。また、周りの人々、そして組織を見渡したとき、あなた自身が

「皆のために掲げたい」ビジョンや目標、そして価値観はどんなものか？　この問いへの答えが、あなたのリーダーシップの礎をなすのだ。（第2章）

2．あなたの愛らしい欠点は何か？

完全無欠を装いたい気持ちには、大きな罠が潜む。完璧なリーダーに人は魅力を感じない。ちょっとした弱みが垣間見えるからこそ、周りは人間味を感じて率いられていくのだ。自分も完璧である必要はないと安堵し、そしてあなたのために自分がなしうることがあると考えるのだ。ただし、だからといって、リーダーとしての役割に支障をきたすような弱点ではない。そんなリーダーを人は望まない。逆説的だが、良いリーダーは、ささいな欠点に皆の呆れや不平を集中させる。またそうすることで、人間的魅力を周りにいっそう感じさせるのだ。（第3章）

3．かすかな兆しを感じ取れるか？

他人の微妙な態度の変化を、あなたがどれだけ敏感に（そして正確に）感知できるかを考えてみてほしい。上司や同僚、そして部下の、それぞれの心の機微を読みとりながら良い関係を維持し続けることができるかどうか。顧客や競合ではどうか。あるいは、自分が本当は嫌いな人たちとはどうか。また、自分の感度がより高まるのはどんなときだろうか。一対一のときか、あるいは少人数のグループか、大勢で集まったときか。リーダーシップは、周りとの関係性に

立脚する。その中では、この状況感知力の巧拙が大きくものをいうのだ。（第4章）

4．ほどほどに妥協できるか？

あなたの、集団にとけこむ能力を考えてほしい。肝に銘じなければならない。自らのやりたいことをこらえて引きさがる勇気もなければ、リーダーとしては長生きできない。また、他人との意見の相違のなかに共通する点を嗅ぎわけることもできなければ、人間的な関係性はつくれない。ただし、自分が本当に成し遂げたいことができなくなるほどの妥協ではない。そこまでいくと本末転倒だ。ここまでは折り合ってかまわない、という線を引けるかどうか、ということだ。（第5章）

5．周りとの距離感を操れるか？

率いていく周りの人々と、近しい関係を築けているか。彼らが胸に秘める目標や価値観、あるいは働く動機を、どれほど理解しているかを考えてほしい。そしてまた、しかるべきとき——たとえば目標達成に没頭させたいときや、ぬるま湯的な雰囲気を一掃したいとき——には、凛として彼らを突き放せるかどうか。なあなあな関係から抜け出せない、あるいは逆にいつまでも孤立しているようなリーダーは、実は案外多いものだ。この、集団との社会的距離のコントロールが、組織を正しく動かす上での鍵となるのだ。（第6章）

6．組織のリズムやペースを感じられるか？

いつスピードアップすべきか、また、いつスローダウンすべきかを判断する力がどの程度かを振りかえってほしい。変化を急ぎすぎると組織は改革疲れを起こすだろう。かといって、のんびりしすぎるとジワジワと死に至るかもしれない。成果を常にせっつかれる状態にあっても（おおかたの人がそうだろう）、自分の都合で浮き足立つことなく、全体を見渡して組織が歩む速度をコントロールすることができるか。オーケストラの指揮者のごとく、個々の努力を組み合わせて、全体で最大の効果をあげるようなことができるか。（第7章）

7．コミュニケーションは得意か？

補足しよう。何を伝えるのが得意で、何を伝えるのが苦手か。また、どう伝えるのが得意で、どう伝えるのが苦手か。あなたは、自分の強み、弱み、価値観、ビジョンをうまく周りに対して表現できるか。フォーマルな場面、インフォーマルな場面のどちらで、あなたのあなたらしさは輝くか。あるいは、ユーモアやたとえ話、逸話を使うようなことができるか。そしてまた、人の意見を聞く耳を持っているか。バラバラな意見や希望の中に、着地点を見出すことができるか。（第7章、第8章）

付録B——自分の立ち位置を考えてみる

リーダーシップは、「自分らしさを見極める」力、そしてそれを「体現する」力の双方からなる。人には得手不得手がある。われわれの活動の中でも、両方を満たすにはまだ至らない人々を多く見てきた。

単純にまとめ過ぎたきらいはあるが、極めてシンプルな図を用意した。自分が今どこに位置していて、次に何を研鑽すればよいのかの大枠をつかむ上での参考にしていただきたく思う。

領域B——良いリーダー

「自分らしさを見極め」、「体現することができる」。良いリーダーだ。

立ち位置

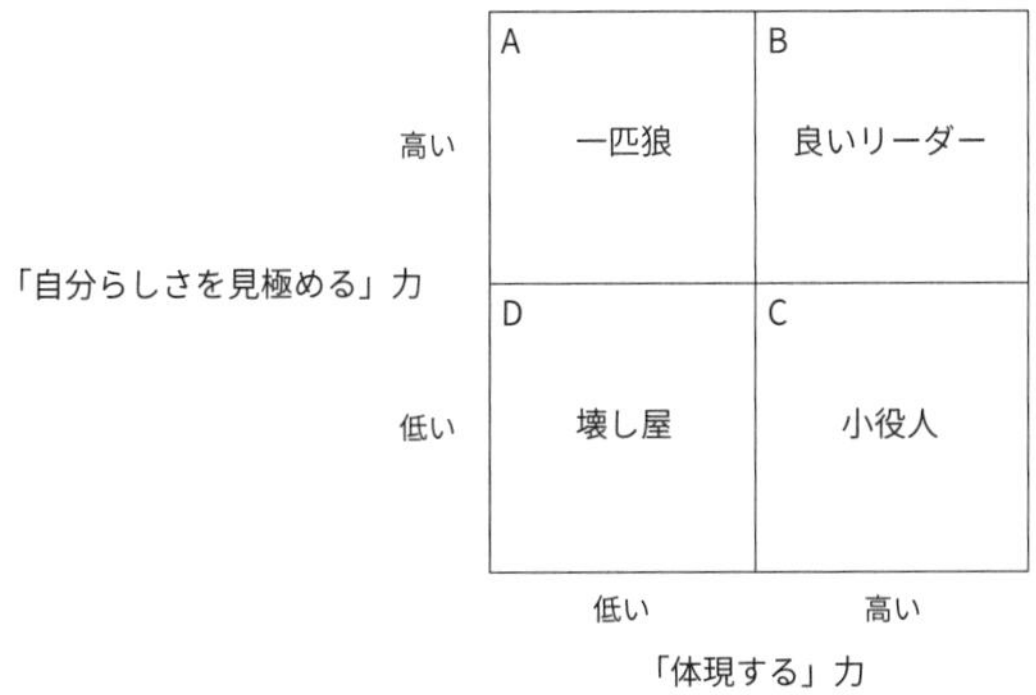

領域A——一匹狼

「自分らしさを見極める」ことに自信がある。自分ならではの持ち味と、自分が（皆とともに）成し遂げたい高邁な目標を把握している。そしてそれらは、自分の周りの人々の心を動かしうると信じている。しかし、それを発揮するためのスキルがまだ弱い。たとえば状況が読めず、うまく自分の想いを伝えられない。あるいは、周りの人々の気持ちが読めない。たとえるなら一匹狼だ。

領域C——小役人

「体現する」ことに自信がある。場の空気や雰囲気すら読みとり、正しく状況を理解できる。時に優しく、時に厳しく、「今あるべき」周りの人々との社会的距離を適切に判断し制御できる。しかし、個人としての確固たる基礎、自分「らしさ」が打ち出せない。このため、周りの人々の目にはあなたが誰かに操られているように映る。そして、その下で自分たちがただ動かせられているように感じてしまう。いわば小役人だ。

領域D——壊し屋

両方に不安がある。とあるオフィスのドタバタ劇を描いた英国のテレビドラマ「The Office」をご存知だろうか。ともすれば、その中心にいる主人公、デビッド・ブレント——無神経で無能、部下の気持ちがわからず皆を振り回し続けている——のような人だ。そこまでは酷くないとしても、残念ながらどこかといえばここに入る人、そしてこのタイプが大勢いる組織は……少なくない。組織にとってよくない人、壊し屋、としておこう。

なお、極めて抽象的な表現ながら、横軸の方が一般に研鑽しやすい。「体現する」力は、たとえばビジネススクールが提供する、コミュニケーションやコーチングの研修でもきっかけを得られるだろう。一方、縦軸はより困難だ。「自分らしさ」は人が教えてくれるものではないからだ。

いずれにせよ、良いリーダーとなるまでの道のりは高く険しい。自分を領域AかCに位置づけた方、そしてBとした方はなおさら、「あなたにしか達成できないほどの」高みに達しているものか否か、あらためて検証してみてほしい。

謝辞

リーダーシップの本質を探るわれわれの旅は、多くの方々に支えられてきた。この五年間、さまざまな組織の、さまざまな場で活動する、さまざまな人々と議論を重ねてきた。われわれのために時間を割き、知恵と経験を語ってくれたすべての方々への感謝の念で一杯である。

ノーマン・アダミ、ドーン・オーストウィック、ベルミロ・デ・アゼベード、ジョン・ボウマー、ピーター・ブラベック、ビル・バーンズ、パティ・カザト、ポール・デナヒー、リック・ドビス、グレッグ・ダイク、ナイアル・フィッツジェラルド、デビッド・ガードナー、ピート・ゴス、サイモン・グリフォード、フランツ・フーマー、マーガレット・ジェイムズ、ジョン・レーサム、パット・ローレス、アラン・レヴィ、ポラン・マンキューゾ、ナイジェル・モリス、ロブ・マーレイ、イアン・パウエル、デビッド・プロッサー、トーマス・サッテルバーガー、マーティン・ソレル卿、ジーン・トムリン、カレル・バースティーン。特にお礼を申し上げたい。

組織としての協力も多くいただいた。アデコ、バークレイズ銀行、BBC、キャピタル・ワン、チャイム、エレクトロニック・アーツ、GAP、グラクソ・スミスクライン、ハイネケン、リーガル・アンド・ゼネラル、ルフトハンザ、マークス・アンド・スペンサー、ネスレ、ポリグラム、プライスウォーターハウスクーパーズ、ロシュ、ロッドボロ学校、SABミラー、ソナエ、ソニー、ユニリーバ、WPP。

それぞれの先で、リーダー、そしてその人物をいただくフォロワーの皆さんと、示唆深い時間を共有できたことに深く感謝したい。

ロンドン・ビジネススクール、INSEAD、ヘンリー・マネジメントカレッジをはじめとした大学に所属する皆さんにも、多大な労力を割いていただいた。自らの意見をぶつけてくれるのみならず、時には、「意図的に反駁する立場」からわれわれの主張を磨いてくれた。

ずっと、われわれの傍にいて支えてくれた同僚たちにも触れたい。エステル・ボウマン、ジェイ・コンガー、故スマントラ・ゴーシャル、ジョン・ハント。ヘレン・リースには、代理人として出版社との交渉で骨を折ってもらった。

キャロライン・マッデンにも感謝を捧げたい。原稿とメモの整理を根気よく行ってもらったおかげで、本書は完成したのだ。

ハーバード・ビジネススクール・プレスのジェフ・キーホウの忍耐と知的好奇心にも助けられた。ハーバード・ビジネス・レビューの編集者、スージー・ウェットラウファーとトム・スチュワートはずっと後押ししてくれた。ダイアン・クートウをはじめとする編集室内のスタッフの支援にも感謝している。サントップ・メディアのスチュアート・クレイナー、デス・ディアラブは優れた洞察と編集能力を発揮してくれた。

最後に、本書執筆にかまけて一緒に過ごす努力が足りなかったわれわれのことを、長いこと我慢してくれた家族の皆、ヴィッキー、シャーリー、ハナ、トム、ライアン、ジェンマ、ロビーに心からありがとうと言いたい。

二〇〇五年六月、ロンドンにて

ロブ・ゴーフィー、ガレス・ジョーンズ

第 9 章

1. Greg Dyke, *Inside Story* (London: Harper Collins, 2004).
2. 同上
3. 同上
4. 同上
5. 同上
6. 同上
7. 同上
8. 同上
9. David Hume, Essays, *Moral, Political, and Literary* (Indianapolis, IN: Liberty Classics, 1987).
10. Cited in Karl Popper, *In Search of a Better World* (London: Routledge, 1992).
11. John Adair, *Inspiring Leadership* (London: Thorogood, 2003).

12. 英国では天気や道路のこみ具合などが話題となる．米国ではスポーツが，そして，オランダではなぜかコーヒーが話題になるのだ．
13. Adair, *Inspiring Leadership*.

第 7 章

1. 特に出典を記したもの以外，引用はすべて著者のインタビューから．
2. Nancy Rothbard and Jay Conger, "Orit Gadiesh: Pride at Bain & Co. (A)," Case 9-494-031 (Boston: Harvard Business School, 1993).
3. Jay Conger, *Winning Them Over* (New York: Simon & Schuster, 1998).
4. Stephen Denning, "Telling Tales," *Harvard Business Review*, May 2004.
5. Sydney Finkelstein, "Seven Habits of Highly Ineffective Leaders," *Business Strategy Review*, Winter 2003.
6. 同上
7. 同上
8. Leslie A. Perlow and Stephanie Williams, "Is Silence Killing Your Company?" *Harvard Business Review*, May 2003.
9. Suzy Welaufer and Peter Brabeck, "The Business Case Against Revolution," *Harvard Business Review*, February 2001.
10. "Nesle' s Long-Term View," *Economist*, August 29, 2002.
11. John W. Hunt, *Managing People at Work* (London: McGraw-Hill, 1992).
12. Malcolm Gladwell, "The Perfect Chief Executive," *Times* (London), August 20, 2002.
13. Michael Hay and Peter Williamson, *The Handbook of Strategy* (Oxford: Blackwell, 1991).
14. Karl E. Weick and Diane L, Coutu, "Sense and Reliability: A conversation with Celebrated Psychologist Karl E. Weick," *Harvard Business Review*, April 2003.

第 8 章

1. Loren Gary, "How Leaders Recruit the Right Kind of Followers," *Harvard Management Update*, September 2002; Robert E Kelly, *The Power of Followership* (New York: Doubleday Currency, 1992)〔ロバート・E・ケリー著『指導力革命――リーダーシップからフォロワーシップへ』牧野昇訳，プレジデント社，1993 年〕．
2. Heike Bruch and Sumantra Ghoshal, "Managing Is the Art of Doing and Getting Done," *Business Strategy Review*, Autumn 2004.
3. Lynn Offerman, "When Followers Become Toxic," *Harvard Business Review*, January 2004.
4. Warren Bennis, *An Invented Life: Reflections on Leadership and Change* (Boulder, CO: Perseus Books, 1994).
5. E. P. Hollander, "Conformity, Status and Idiosyncrasy Credit," *Psychological Review* 65 (1958); and *Leaders, Groups, and Influence* (Oxford: Oxford University Press, 1664).

ビュー』2004年4月号〕.
5. エミール・デュルケーム，カール・マルクス，マックス・ウエーバー，ゲオルク・ジンメルの著作に見られる概念である.
6. Victor Vroom, *Work and Motivation* (New York: Wiley, 1954); R. D. Pritchard, "Organizational Productivity," in *Handbook of Industrial and Organizational Psychology*, 2nd ed., eds. Marvin D. Dunnette and Leaetta M. Hough (Palo Alto, CA: Consulting Psychologists Press, 1992) を参照のこと.
7. George Homans, *The Human Group* (London, Routledge and Keegan Paul, 1951)〔『ヒューマン・グループ』〕.
8. Gary Hamel and C. K. Prahalad, *Competing for the Future* (Boston: Harvard University Press, 1994)〔ゲイリー・ハメル，C・K・プラハラード著『コア・コンピタンス経営——大競争時代を勝ち抜く戦略』一條和生訳，日本経済新聞社，1995年〕が示す戦略的意図の概念に示されたもの.
9. Rob Goffee and Gareth Jones, *The Character of a Corporation*, 2nd ed. (London: Profile Books, 2003) で提起したもの.
10. John Adair, *Inspiring Leadership* (London: Thorogood, 2002) に詳しい.
11. Pierre Bourdieu, *Distinction: A Social Critique of the Judgement of Taste* (Boston: Harvard University Press, 1984)〔ピエール・ブルデュー著『ディスタンクシオン——社会的判断力批判（1・2）』石井洋二郎訳，藤原書店，1990年〕.
12. Warren Bennis, "The Seven Ages of the Leader," *Harvard Business Review*, January 2004〔ウォレン・G・ベニス著「リーダーは『七つの幕』を演じる」，『DIAMOND ハーバード・ビジネス・レビュー』2004年4月号〕.

第6章

1. 特に出典を記したもの以外，引用はすべて著者のインタビューから.
2. Georg Simmel, "Social Distance," in *The Sociology of Georg Simmel*, ed. Kurt H. Wolff (New York: Free Press, 1950); David Frisby, *Georg Simmel* (London: Tavistock, 1984).
3. Richard Sennett, *The Corrosion of Character* (New York: W.W. Norton, 1998).
4. リーダーシップと肩書きは無関係である．地位の差と能力の差は別物である.
5. George Homans, *The Human Group* (London: Routledge and Keegan Paul, 1951).
6. John Adair, *Inspiring Leadership* (London: Thorogood, 2002).
7. 同上
8. John W. Hunt, *Managing People at Work* (London: McGraw-Hill, 1992).
9. 認知的不協和理論にも順ずる．認知的不協和は，二つ以上の矛盾する態度や感情のはざまに生まれる．そしてあらゆることの信憑性に疑問が持たれるようになる.
10. Daniel Goleman, *Emotional Intelligence* (New York: Bantam, 1995)〔『EQリーダーシップ』〕.
11. 英国安全衛生委員会はストレスを「過度の圧力，その他のタイプの強要への負反応」と定義する．英国では，職場で健康を害するほどのストレスを経験する人がおよそ50万人．「非常に」ストレスを感じる人は500万人にのぼる．米国では労働人口の約三分の一が働きすぎ，あるいは仕事が多すぎると感じている.

Business School Press, 2002)〔ダニエル・ゴールマン，リチャード・ボヤツィス，アニー・マッキー著『EQリーダーシップ――成功する人の「こころの知能指数」の活かし方』土屋京子訳，日本経済新聞社，2002年〕．
4. 19世紀に古典的な社会理論が登場したときからの中心的な考え方．エミール・デュルケームの著作で最も明瞭に表現されている．*The Division of Labor in Society* (New York: Free Press, 1984)〔エミール・デュルケーム著『社会分業論』田原音和訳，青木書店，2005年，復刻版〕，および Steven Lukes, ed., *Durkheim: The Rules of Sociological Method and Selected Texts on Sociology and Its Method* (London: Macmillan, 1982). 事実としての社会，それだけで独立した（sui generis）ものとしての社会を主張した．20世紀には，タルコット・パーソンズがその著作で，目的と手段，および行動の前提となる状況の理解を主張している．両者の主張は，リーダーシップに関する他の多くの文献に見られる単純な自発的行動主義とは著しい対照を見せる．
5. George Homans, *The Human Group* (London, Routledge and Keegan Paul, 1951)〔G・C・ホーマンズ著『ヒューマン・グループ』馬場明男，早川浩一共訳，誠信書房，1951年〕．
6. Peter L. Berger and Thomas Luckmann, *The Social Construction of Reality* (New York: Anchor Books, 1966)〔ピーター・L・バーガー，トーマス・ルックマン著『現実の社会的構成――知識社会学論考』山口節郎訳，新曜社，2003年（『日常世界の構成』1977年刊の新版）〕．
7. リーダーたちの多くは，他人に関する情報を自然と手に入れているように見える．しかし，仔細を眺めてみると，かなり体系的な作業を経て各個人の人物像を描いている．提唱したネットワーク図は，このプロセスに役立つよう考案されたものである．
8. 組織行動学にまつわる文献のほとんどが概説している．たとえば，L. J. Mullins, *Management and Organizational Behavior*, 7th ed. (London: Financial Times Prentice Hall, 2004).
9. John Katzenbach and Douglas K. Smith, *The Wisdom of Teams* (Boston: Harvard Business School Press, 1992)〔ジョン・カッツェンバック，ダグラス・K・スミス著『〈高業績チーム〉の知恵――企業を革新する自己実現型組織』横山禎徳監訳，吉良直人訳，ダイヤモンド社，1994年〕．
10. Randall Peterson and T. L. Simons, "Task Conflict and Relationship Conflict in Top Management Teams," *Journal of Applied Psychology*, 2000.
11. John W. Hunt, *Managing People at Work* (London: McGraw-Hill, 1992).
12. Deborah L. Duarte and Nancy Tennant Snyder, *Mastering Virtual Teams*, 2nd ed. (San Francisco: Jossey Bass, 2001).
13. Anthony Storr, *The Art of Psychotherapy* (London: Butterworth-Heinemann, 1990).
14. Tony Cockerill, "Ryder Cup Lessons in Team Play," *Business Strategy Review*, Winter 2004.

第5章

1. 特に出典を記したもの以外，引用はすべて著者のインタビューから．
2. *Daily Telegraph* (London), November 17, 2004.
3. この論点に関する詳細は，Knowledge@Wharton の "Clash of the Titans: When Top Executive Don't Get Along with the Team" を参照．
4. Warren Bennis, "The Seven Ages of the Leader," *Harvard Business Review*, January 2004〔ウォレン・G・ベニス著「リーダーは『七つの幕』を演じる」，『DIAMOND ハーバード・ビジネス・レ

15. 文化的多様性とアイデンティティについてのより詳しい議論は以下を参照. Nancy J. Adler, *International Dimensions of Organizational Behavior*, 3rd ed. (Cincinati, OH: Southwestern College Publishing, 1997); and P. Christopher Earley and Randall S. Peterson, "Elusive Cultural Chameleon: Cultural Intelligence as a New Approach to Intercultural Training for the Global Manager," *Academy of Management Learning and Education*, 2003.
16. C. Wright Mills, *The Sociological Imagination* (Oxford: Oxford University Press, 1990).
17. David Riesman, *The Lonely Crowd* (New Haven, CT: Yale University Press, 1973).
18. Ray Oldenburg, *The Great Good Place* (New York: Paragon House, 1991).

第 3 章

1. 特に出典を記したもの以外, 引用はすべて著者のインタビューから.
2. コンサイス・オックスフォード・ディクショナリーでは「欠点」を些細な弱みや癖と定義する. 致命的な欠陥とはまったく異なるものだ.
3. リーダーシップは手段である. 何かを成し遂げるための, 人と人との関係性を指す. 良いものであれば事足りもする関係――友人関係や家族関係――とは本質的に異なる. 昨今の議論ではしばしば忘れられていることだ.
4. Alistair Mant, *Leaders We Deserve* (Blackwell, 1983).
5. Greg Dyke, *Inside Story* (HarperCollins, 2004).
6. Charles Taylor, *Sources of the Self* (Harvard University Press, 1989).
7. John W. Hunt, *Managing People at Work* (McGraw-Hill, 1992), John Hunt, "The Leader as Exemplar," *Business Strategy Review*, 1997. また Drive (Bloomsbury, 1999) 内のジョン・ヴィニーの議論を参照.
8. キャリア構造の変化に関する洞察は以下を参照. Maury Peiperl et al., *Career Frontiers* (Oxford University Press, 2000).
9. この現象は新しくはなく, われわれは 1980 年代半ばの調査で認識した. Richard Scase and Robert Goffee, *Reluctant Managers: Their Work and Lifestyle* (Unwin Hyman, 1989).
10. Studs Terkel, *Working* (Wildwood House, 1975)〔『仕事!』〕.
11. 個人的な弱みを許容する程度は, 文化によっても異なる. たとえばアジア圏では, 体面がより重視される. しかしいずれにせよ, リーダーが弱みをさらして人間味を高めることを妨げるものではない.
12. Simon Barnes, "Football Mourns Old Big 'Ead," *Times* (London), September 21, 2004.
13. Michael Parkinson, "Brain Clough," *Sunday Telegraph*, September 26, 2004.
14. Michael Parkinson, "He Was Loveable and Impossible, Wise and Silly. A Pickle of a Man," *Daily Telegraph*, September 21, 2004.
15. http://www.nottinghamforest.premiumtv.co.uk/

第 4 章

1. 特に出典を記したもの以外, 引用はすべて著者のインタビューから.
2. Daniel Goleman, *Emotional Intelligence* (New York: Bantam, 1995)〔『EQ』〕を参照.
3. Daniel Goleman, Richard Boyatzis and Annie McKee, *Primal Leadership* (Boston: Harvard

18. このテーマは John Adair, *Inspiring Leadership* (Thorogood, 2002) に登場する何人かの重要な歴史的・政治的リーダーたちの記述のなかに出てくる.
19. Heike Bruch and Sumantra Ghoshal, "Management Is the Art of Doing and Getting Done," *Business Strategy Review*, Autumn 2004.

第 2 章

1. 特に出典を記したもの以外, 引用はすべて著者のインタビューから.
2. 前著でも同じテーマを論じている. Richard Scase and Robert Goffee, *Reluctant Managers: Their Work and Lifestyles* (Unwin Hyman, 1989).
3. 職場変革とアイデンティティの問題は以下を参照. Richard Sennett, *The Corrosion of Character* (W. W. Norton, 1998).
4. Carl R. Rogers, *On Becoming a Person* (Peter Smith Publisher, 1996)〔C・R・ロジャーズ著『ロジャーズが語る自己実現の道』諸富祥彦, 末武康弘, 保坂亨訳, 岩崎学術出版社, 2005 年〕. Robert Ornstein, *The Roots of the Self* (HarperCollins, 1973), Kenneth Gergen, *The Saturated Self* (Basic Books, 1992).
5. 盛田昭夫著『学歴無用論』(朝日新聞社, 1987 年).
6. リーダーが人々の活力を引き出すために感情をどう活用するかについては以下の議論が示唆に富む. Daniel Goleman, *Emotional Intelligence* (New York: Bantam, 1995)〔ダニエル・ゴールマン著『EQ――こころの知能指数』土屋京子訳, 講談社, 1996 年〕.
7. Jim Collins, *Good to Great* (New York: HarperBusiness, 2001)〔ジェームズ・C・コリンズ著『ビジョナリーカンパニー 2　飛躍の法則』山岡洋一訳, 日経 BP 社, 2001 年〕.
8. アイデンティティと役割, 役割の距離については, 以下の古典的名著を参照. Erving Goffman, *The Presentation of Self in Everyday Life* (Gloucester, MA: Peter Smith Publisher, 1999)〔E・ゴッフマン著『行為と演技――日常生活における自己呈示』石黒毅訳, 誠信書房, 1974 年〕.
9. グレッグ・ダイクと同様, ジーン・トムリンは後に職を失った. 第 9 章で論じるように, リーダーシップは必然的に個人をリスクにさらす. それには職を失うリスクも含まれる.
10. Manfred Kets de Vries (see Diane Coutu, "Putting Leaders on the Couch," *Harvard Business Review*, January 2004), *The Leadership Mystique* (London: Financial Times Prentice Hall, 2002); and Michael Maccoby, "Narcissistic Leaders," *Harvard Business Review*, January-February 2000.
11. Jay Conger and Rabindra N. Kanungo, *Charismatic Leadership in Organizations* (London: Sage, 1998).
12. ランドとジョブズについては以下で議論されている. Conger and Kanungo, *Charismatic Leadership in Organizations* (London: Sage, 1998).
13. 『ハーバード・ビジネス・レビュー』誌への寄稿文献数の多さが昨今の「静かなリーダーシップ」の人気を証明している. たとえば以下がある. Joseph L. Badaracco, Jr., "We Don't Need Another Hero," *Harvard Business Review*, September 2001; James Collins, "Level 5 Leadership: The Triumph of Humility and Fierce Resolve," *Harvard Business Review*, January 2001; Debra Meyerson, Radical Change, the Quiet Way," *Harvard Business Review*, October 2001.
14. David Kolb, Experiential Learning (London: Financial Times Prentice Hall, 1983).

3. この見方をわれわれは最初に "Why Should Anyone Be Led by You?" *Harvard Business Review*, September-October 2000 で記した.
4. Manfred Kets de Vries (Diane Coutu, "Putting Leaders on the Couch," *Harvard Business Review* January 2004), *The Leadership Mystique* (Financial Times Prentice Hall, 2002), Michael Maccoby, "Narcissistic Leaders," *Harvard Business Review*, January-February 2000.
5. Mary Parker Follet, *Dynamic Administration* (Harper, 1941), Fred Fiedler, *A Theory of Leadership Effectiveness* (McGraw-Hill, 1967)〔メアリ・P・フォレット著『組織行動の原理』米田清貴・三戸公訳, 未来社, 1997 年〕, Paul Hersey, *The Situational Leader* (Center for Leadership Studies, 1984), Victor H. Vroom, "Situational Factors in Leadership," in *Organization 21C*, ed. Subir Chowdhury (Financial Times Prentice Hall, 2003).
6. 社会的現実性は社会学の領域で提起されたが, これをスコープにいれたリーダーシップ研究はほとんど観察されない. 古典研究は以下を参照. Peter L. Berger and Thomas Luckmann, *The Social Construction of Reality* (Anchor Books, 1966)〔ピーター・L・バーガー他著『現実の社会的構成――知識社会学論考』山口節郎訳, 新曜社, 2003 年〕.
7. 承認の重要性や挑戦的行動の魅力に関するモチベーション研究は概ね的を射ている. John W. Hunt, *Managing People at Work* (McGraw-Hill, 1992).
8. 心理学的研究は以下によく整理されている. Carl R. Rogers, *On Becoming a Person* (Peter Smith Publisher, 1996), Robert Ornstein, *The Roots of the Self* (HarperCollins, 1973), Kenneth Gergen, *The Saturated Self* (Basic Books, 1992).
9. *The Concise Oxford Dictionary* (Oxford University Press, 1995).
10. Robert Dick and Tim Dalmau, *Values in Action: Applying the Ideas of Argyris and Schon* (Interchange, 1990).
11. Jeffrey Pfeffer and Robert Sutton, *The Knowing-Doing Gap* (Harvard Business School Press, 1999)〔ジェフリー・ペッファー他著『変われる会社, 変われない会社』長谷川喜一郎・菅田絢子訳, 流通科学大学出版, 2000 年〕.
12. Warren Bennis, *On Becoming a Leader* (Addison-Wesley, 1989)〔ウォーレン・ベニス著『リーダーになる』芝山幹郎訳, 新潮社, 1992 年〕.
13. Seymour Martin Lipset and Reinhard Bendix, *Social Mobility in Industrial Society* (Transaction Publishers, 1992), John H. Goldthorpe, *Social Mobility and Class Structure in Modern Britain* (Clarendon Press, 1980), Rosabeth Moss Kanter, *Men and Women of the Corporation* (Bassic Books, 1977)〔ロザベス・モスカンター著『企業のなかの男と女』高井葉子訳, 生産性出版, 1995 年〕.
14. Goffee and Jones, "Why Should Anyone Be Led by You?"
15. P. Christopher Earley and Elaine Mosakowski, "Cultural Intelligence," *Harvard Business Review*, October 2004.
16. Steven Lukes, ed., Durkheim: *The Rules of Sociological Method and Selected Texts on Socioloy and Its Method* (Macmillan, 1982), Emilie Durkheim, *Suicide: A Study in Sociology* (Free Press, 1951).
17. Georg Simmel, "Social Distance," in *The Sociology of Georg Simmel*, ed. Kurt H. Wolff (Free Press, 1950), David Frisby, *Georg Simmel* (Tavistock, 1984).

原注

＊ 原書本文に頻出する語「authentic」や「authenticity」についてはさまざまな訳語が考えられるが，本書では基本的に「本物」「本物の」などとした．

＊ 原題「Why Should Anyone Be Led by You?」を「なぜ，あなたがリーダーなのか?」としたのに合わせて，本文中でも同様のフレーズに同じ訳文をあてている箇所がある．

序章

1. 特に出典を記したもの以外，引用はすべて著者のインタビューから．
2. Robert D. Putnam, *Bowling Alone: The Collapse and Revival of American Community* (Simon & Schuster, 2000)〔ロバート・D・パットナム著『孤独なボウリング――米国コミュニティの崩壊と再生』柴内康文訳，柏書房，2006 年〕．
3. Max Weber, *Economy and Society* (Harvard University Press, 1954).
4. Alexis de Tocqueville, *Democracy in America* (University of Chicago Press, 2000)〔アレクシス・ド・トクヴィル著『アメリカの民主政治』井伊玄太郎訳，講談社，1987 年〕．
5. David Reisman, *The Lonely Crowd: A Study of the Changing American Character* (Yale University Press, 1961)〔デビッド・リースマン著『孤独な群衆』加藤秀俊訳，みすず書房，1964 年〕．
6. Putnam, *Bowling Alone*〔『孤独なボウリング』〕．
7. Richard Sennett, *The Corrosion of Character* (W. W. Norton, 1998)〔リチャード・セネット著『それでも新資本主義についていくか』斎藤秀正訳，ダイヤモンド社，1999 年〕．
8. Michael B. Arthur and Denise M. Rousseau, eds., *The Boundaryless Career: A New Employment Principle for a New Organizational Era* (Oxford University Press, 1996).
9. Richard Scase and Robert Goffee, *Reluctant Managers: Their Work and Lifestyles* (Unwin Hyman, 1989).
10. Max Weber, "Science as a Vocation," in *From Max Weber: Essays in Sociology* (Oxford University Press, 1975).

第 1 章

1. モチベーション，チーム，個人と組織の変革など，リーダーシップに付随する学問領域は豊富だ．しかし，リーダーシップは残念ながら狭く定義される傾向にある．組織行動を説く書物のリーダーシップの章の大半は，決まりきった内容に過ぎない．リーダーシップのありようは状況に依存するとの結論は多く，われわれもまったく同意するものだが，多くの論考は残念ながらそこに留まり，個人が自分のリーダーシップの改善策を見出す一助にはなりにくい．最近の論評は，たとえば，L. J. Mullins, *Management and Organizational Behavior*, 7th ed. (Financial Times Prentice Hall, 2004). 古典的なものから現在に至るまでのリーダーシップ研究の優れた批評は Jay Conger and Rabindra N. Kanungo, *Charismatic Leadership in Organizations* (Sage, 1998)〔ジェイ・A・コンガー他著『カリスマ的リーダーシップ』片柳佐智子訳，流通科学大学出版，1999 年〕．
2. 本章の引用は以下に対するインタビューから．Bill Burns (2002), Franz Humer (2000).

●著者紹介

ロブ・ゴーフィー

Rob Goffee

組織行動学の専門家。ロンドン・ビジネススクール名誉教授。組織コンサルティングを行うクリエイティブ・マネジメント・アソシエーツの共同設立者。本書の下敷きとなった論文「共感のリーダーシップ」でマッキンゼー賞（ハーバード・ビジネス・レビュー最優秀論文賞）を受賞。これまでネスレ、ユニリーバ、LVMH、ロシュ、アラップなど優良企業の幹部社員への研修を行ってきたほか、FTSE100企業へのコンサルティングも行っている。ガレス・ジョーンズとの共著『DREAM WORKPLACE』（英治出版）。

ガレス・ジョーンズ

Gareth Jones

組織行動学の専門家。IEビジネススクール客員教授、ロンドン・ビジネススクール経営開発センターフェロー、INSEAD客員教授。組織コンサルティングを行うクリエイティブ・マネジメント・アソシエーツの共同設立者。BBCやポリグラムで人材育成、組織開発に携わったのち現職。ロブ・ゴーフィーとともにリーダーシップ育成、組織開発の支援を行っている。

●訳者紹介

アーサー・ディ・リトル・ジャパン株式会社

Arthur D. Little Japan, Inc.

1886年、MITのアーサー・デホン・リトル博士が創業。以来一貫して、イノベーションが導く社会・産業の未来の洞察に基づく「経営とテクノロジーの融合」をテーマとしたマネジメントコンサルティングを展開。

新しい時代を先取りして動いていくための戦略立案・組織改革を、“Side-by-Side”のコンセプトのもと、クライアント企業の経営層・実務層と手を携えて推し進めていくスタイルでサービスを提供。

アーサー・ディ・リトル・ジャパンは、1978年に設立されおよそ40年以上に渡り活動。クライアント企業の強みの見極めを通じた競争力強化を本流とする経営変革支援で実績と知見を蓄積。

https://www.adlittle.com/jp-ja/

なぜ、あなたがリーダーなのか［新版］

本物は「自分らしさ」を武器にする

発行日	2017 年　1 月 31 日　第 1 版　第 1 刷 2024 年　4 月 12 日　第 1 版　第 3 刷
著者	ロブ・ゴーフィー、ガレス・ジョーンズ
訳者	アーサー・ディ・リトル・ジャパン株式会社
発行人	原田英治
発行	英治出版株式会社 〒150-0022　東京都渋谷区恵比寿南1-9-12 ピトレスクビル4F 電話　03-5773-0193　　FAX　03-5773-0194 www.eijipress.co.jp
プロデューサー	下田理
スタッフ	高野達成　藤竹賢一郎　山下智也　鈴木美穂　田中三枝 平野貴裕　上村悠也　桑江リリー　石﨑優木　渡邉吏佐子 中西さおり　関紀子　齋藤さくら　荒金真美　廣畑達也
印刷・製本	中央精版印刷株式会社
装丁	遠藤陽一（Design Workshop Jin, Inc.）
翻訳協力	清川幸美（4、5 章）、山下清彦（6、7 章）、黒川敬子（8、9 章、付録） 株式会社トランネット　www.trannet.co.jp
校正	株式会社ヴェリタ

ISBN978-4-86276-234-4　C0034　Printed in Japan